Protéger un majeur vulnérable

Protéger un majeur vulnérable

2013-2014

2e édition

Laurence Pécaut-Rivolier
Conseiller référendaire à la Cour de cassation

Delmas express

2e ÉDITION
À JOUR AU
1ER SEPTEMBRE
2012
PARIS

Dans la collection Delmas express

Assurance-vie, mode d'emploi 2012, 3e éd.
Le Court B.

Crédit à la consommation 2012|2013, 1re éd.
Biardeaud G., Flores Ph.

Le PACS 2010, 3e éd.
Mécary C.

Location, mode d'emploi 2013, 8e éd.
Rouquet Y.

Réussir son divorce 2013|2014, 5e éd.
Lalère P.

Successions 2011|2012, 2e éd.
Sagaut J.-F.

Dans la collection Encyclopédie Delmas

Divorce. Séparations de corps et de fait 2010|2011, 21e éd.
Daste A., Morgen-Guillemin A.

Évaluation du préjudice corporel 2011|2012, 1re éd.
Heurton B., Mor G.

Patrimoine du couple 2011|2012, 13e éd.
Champion J.

Successions 2013|2014, 21e éd.
Sauvage F.

Transmission du patrimoine 2011|2012, 16e éd.
Riondet E., Sédillot H.

Service relations clients
Tél. 08 20 80 00 17
Fax 01 40 64 52 90

ISBN 978-2-247-11556-3
ISSN 0750 3431
Dépôt légal
octobre 2012

www.editions-delmas.com

Delmas est une collection des Éditions Dalloz

31-35, rue Froidevaux

75014 PARIS

75685 PARIS CEDEX 14

+33 (0)8 40 64 54 54 tél.

+33 (0)1 40 64 54 97 fax

www.editions-DALLOZ.fr

Remerciements

Je tiens à adresser un grand merci à l'*AJ famille*, et particulièrement à sa remarquable rédactrice en chef, Valérie Avena-Robardet, qui a bien voulu autoriser la reproduction dans cet ouvrage de certains documents de la revue. Je tiens également à rendre un sincère hommage à tous ceux, familles et professionnels, qui se dévouent pour faire que la protection des majeurs soit une vraie protection et non un carcan opaque, et parmi ceux-là, particulièrement à Anne Caron et à Thierry Verheyde.

Sommaire

Delmas express

mode d'emploi

Comment se repérer ?

Mise en garde contre un risque.

Conseil.

Extrait d'une décision de justice particulièrement utile.

Texte officiel : article d'un code, d'une loi, d'un décret…

Illustration de l'explication par un exemple.

Exemple d'acte à télécharger sur www.editions-delmas.com

Pour trouver plus facilement les réponses à ses questions, figurent à la fin de chaque Delmas express, des **Compléments** :

- un **mini code**,
- un **glossaire**,
- une **foire aux questions (FAQ)**,
- la **liste des exemples d'actes**,
- un **index thématique alphabétique**.

Avant-propos

Nous avons tous dans notre entourage proche une personne vulnérable. Handicap, maladie, difficultés liées à l'âge sont malheureusement des événements qui atteignent directement ou indirectement la plupart d'entre nous. Comment protéger au mieux ces personnes ? Quels mécanismes juridiques ou sociaux existent, et comment y accéder ? Comment adapter sa réponse, en aidant sans diminuer ou humilier ? Et lorsqu'on ne peut pas soi-même assurer la protection, comment savoir si tout se passe correctement ?

C'est pour répondre à toutes ces questions que ce livre se donne pour ambition d'exposer, le plus clairement possible, les différents dispositifs existants et la manière dont ils fonctionnent. Écrit par un juge des tutelles qui, pendant quinze ans, a rencontré des majeurs vulnérables, des familles, des professionnels, et tenté de les aider à résoudre les problèmes quotidiens, ce livre est juridique mais aussi pratique, et ne cache rien des difficultés qu'il faut parfois surmonter. Pour que chacun puisse, au mieux, faire valoir ses droits.

Cette deuxième édition intègre les nouvelles données et expériences nées de trois ans d'application de la loi du 5 mars 2007, entrée en vigueur le 1er janvier 2009, qui a réformé tout le système de protection des majeurs. Ses dispositions seront évoquées tout au long des développements de cet ouvrage.

Cette loi avait un triple objectif :

– Diminuer le nombre de mesures de protection, à la fois parce qu'on craignait que certaines ne correspondent pas à des situations de nécessité réelle, et à la fois parce que ces mesures sont coûteuses pour la collectivité ;

– Renforcer les droits du majeur sous protection, dont l'ancienne loi parlait effectivement très peu, et qui sont au centre du nouveau dispositif, au risque de diminuer l'efficacité du système de protection. Mais l'équilibre est toujours complexe;

– Créer une véritable profession des tuteurs et curateurs professionnels, désormais désignés sous l'appellation : mandataires judiciaires à la protection des majeurs, avec des obligations en terme de formation, de contrôle et de transparence.

La loi prévoyait qu'un bilan interviendrait au bout de deux ans d'application de la loi. Cela n'a pas été le cas. Mais la Cour des comptes a établi un rapport de bilan, le 6 décembre 2011, dont les constats sont fort intéressants. Par ailleurs, quelques chiffres donnent un éclairage à la situation actuelle de la protection des majeurs.

	2000	2007	2010	2011
Nombre total de mesures de protection	567 363	708 784	750 183	764 000
Nombre de requêtes en ouverture de nouvelles mesures	85 302	97 195	87 824	
Nombre total de nouvelles mesures ouvertes	57 094	66 869	60 887	
Dont : nombre de nouvelles mesures de curatelle	28 188	32 678	25 674	
Dont : nombre de nouvelles mesures de tutelle	28 905	34 190	34 140	
Nombre de mesures gérées :				
- Par la famille		27 800	28 623	
- Par un professionnel		33 070	31 190	

Récapitulatif global de l'ensemble des mesures

Nombre	2000	2007			2010			2011		
Mesures de protection	567 363	708 784	+ 141 421	+ 25 %	750 183	+ 41 399	+ 6 %	764 000	+ 13 817	+ 2 %
Requêtes en ouverture de nouvelles mesures	85 302	97 195	+ 11 893	+ 14 %	87 824	– 9 371	– 10 %			
Nouvelles mesures ouvertes	57 094	66 869	+ 9 775	+ 17 %	60 887	– 5 982	– 9 %			
- dont : nouvelles mesures de curatelle	28 188	32 678	+ 4 490	+ 16 %	25 674	– 7 004	– 21 %			
- dont : nouvelles mesures de tutelle	28 905	34 190	+ 5 285	+ 18 %	34 140	– 50	0 %			
Mesures gérées :										
- par la famille		27 800			28 623	+ 823	+ 3 %			
- par un professionnel		33 070			31 190	– 1 880	– 6 %			

La loi semble avoir donc permis un petit ralentissement du nombre d'ouverture de mesures, mais bien moins important que ce que ses initiateurs avaient escompté. On peut en outre penser qu'il provient plus de la nouvelle complexité imposée aux familles pour l'ouverture d'une mesure que d'une baisse réelle des besoins.

Par ailleurs, malgré les efforts, la famille n'est toujours présente que pour environ 45 % des mesures de protection.

Les nouveaux dispositifs alternatifs ne fonctionnent pas à leur pleine mesure encore.

Le nombre de mandats de protection future mis en œuvre est très réduit (405 mandats mis à exécution en 2010) et le nombre de mesures d'accompagnement administratif peu élevé (environ 10 000 mesures en 2010).

Une des difficultés vient probablement du malentendu qui a présidé à l'adoption de la loi : souvent présentée comme un remède aux abus que les médias avaient souvent dénoncés, la loi s'est surtout attachée à limiter le nombre de mesures et leur durée, quand elle aurait surtout dû, tenant compte de données démographiques inéluctables, créer des mécanismes plus adaptés, mais plus coûteux.

Et puis la loi a échoué aussi sur un dernier point, très accessoire il est vrai, mais qui a pesé sur la rédaction de cet ouvrage : aucun terme générique n'a été trouvé pour désigner tous ceux qui, tuteurs, curateurs, mandataires judiciaires à la protection des majeurs, exercent une mesure de protection. Protecteurs ? C'aurait été tendancieux. Assistant ? Ca n'aurait pas couvert les mandats de représentation. Mandataire judiciaire ? Ca n'aurait pas été assez parlant. Résultat, lorsqu'on veut désigner toutes ces personnes, rien d'autre que « personnes-en-charge-de-la-mesure-de-protection ». L'auteur s'excuse de cette lourdeur. Heureusement, le majeur, lui, a son appellation : il est majeur protégé. Ce qui est, pour le coup, un indéniable progrès, par rapport à son ancienne appellation : majeur incapable.

Laurence Pécaut-Rivolier

Tableau récapitulatif des différentes mesures de protections et de leurs effets

Effets de la mesure de protection	Sauvegarde de justice (avec mandataire spécial)	Curatelle simple	Curatelle renforcée	Tutelle
Durée de la mesure	• Un an maximum • Avant un an, si la sauvegarde de justice a été décidée pour effectuer un acte précis (v. s^s n° 506)	• La durée de la mesure est fixée librement par le juge • Elle e peut excéder cinq ans • Elle peut être renouvelée pour une durée qui ne peut être supérieure à cinq ans, selon une procédure spécifique (auditions, avis médical) (v. s^s n° 1306)	• La durée de la mesure est fixée librement par le juge • Elle ne peut excéder cinq ans • Elle peut être renouvelée pour une durée qui ne peut être supérieure à cinq ans, selon une procédure spécifique (auditions, avis médical) (v. s^s n° 1306)	• La durée de la mesure est fixée librement par le juge • Elle ne peut excéder cinq ans lors de la première décision • Elle peut être renouvelée, selon une procédure spécifique (auditions, avis médical) • S'il apparait lors du renouvellement que la situation n'est pas susceptible d'amélioration « selon les données acquises de la science », le renouvellement peut être supérieur à cinq ans (v. s^s n° 1306)
Gestion courante (actes d'administration : dépenses habituelles, etc...)	• Si le mandataire a une mission générale de gestion de biens, il s'occupe de la gestion courante. Le majeur est provisoirement dessaisi de la gestion • Mais le mandat peut être circonscrit à des actes particuliers (v. s^s n° 506)	• Le majeur est entièrement libre de la gestion courante • Le curateur n'a aucune mission particulière à cet égard (v. s^s n°s 805 et 905)	• Le curateur perçoit seul les revenus du majeur protégé • Le curateur assure le règlement des dépenses auprès des tiers • Le majeur gère librement l'excédent, c'est-à-dire les sommes qui ne sont pas affectées au règlement des dépenses (v. s^s n° 812)	• Le tuteur accomplit seul les actes courants et d'administration • Le majeur est seulement informé de la gestion d'une manière adaptée à son état (v. s^s n°s 820 et 907)

Effets de la mesure de protection	Sauvegarde de justice (avec mandataire spécial)	Curatelle simple	Curatelle renforcée	Tutelle
Gestion des actes importants (actes de disposition : placements, ventes immobilières, achats d'une certaine valeur)	• Ces actes ne peuvent pas être effectués pendant la période provisoire de sauvegarde de justice • Sauf si le juge en donne expressément le pouvoir au mandataire spécial (v. s^s n° 506)	• Les actes de disposition nécessitent la double signature du majeur et du curateur (v. s^s n°s 805 et 905)	• Les actes de disposition nécessitent la double signature du majeur et du curateur (v. s^s n°s 812 et 905)	• Les actes de disposition sont accomplis par le tuteur, avec l'autorisation préalable du conseil de famille ou du juge des tutelles (v. s^s n°s 821 et 908)
Accomplissement des actes personnels	• Le majeur prend seul les décisions concernant sa personne	• Le curateur doit veiller à ce que le majeur ait toute l'information, adaptée à son état, sur les décisions personnelles à prendre • En principe, le majeur sous curatelle prend seul les décisions concernant sa personne • Mais le juge peut décider que le curateur l'assistera dans ces décisions (co-signature) (v. s^s n°s 1101 s.)	• Le curateur doit veiller à ce que le majeur ait toute l'information, adaptée à son état, sur les décisions personnelles à prendre • En principe, le majeur sous curatelle prend seul les décisions concernant sa personne • Mais le juge peut décider que le curateur l'assistera dans ces décisions (co-signature) (v. s^s n°s 1101 s.)	• Le tuteur doit veiller à ce que le majeur ait toute l'information, adaptée à son état, sur les décisions personnelles à prendre • S'il le peut, le majeur sous tutelle prend seul les décisions concernant sa personne • Mais le juge peut décider que le tuteur l'assistera dans ces décisions (co-signature) • Le juge peut également décider, si le majeur est hors d'état de manifester sa volonté, que le tuteur le représentera entièrement (v. s^s n°s 1101 s.)

Effets de la mesure de protection	Sauvegarde de justice (avec mandataire spécial)	Curatelle simple	Curatelle renforcée	Tutelle
Actes dits « strictement personnels » (déclaration ou reconnaissance d'un enfant, consentement à adoption, actes d'autorité parentale…)	• Le majeur prend seul la décision (v. s[s] n° 1115)	• Le majeur prend seul la décision (v. s[s] n° 1115)	• Le majeur prend seul la décision (v. s[s] n° 1115)	• Le majeur prend seul la décision. S'il n'est pas en état de le faire, l'acte est impossible (v. s[s] n° 1115)
Actes médicaux	• Le majeur a droit à toute information utile • Il peut demander à consulter son dossier médical • Il donne seul son consentement aux actes médicaux • Il peut cependant désigner une personne de confiance (v. s[s] n°s 1122 s.)	• Le majeur a droit à toute information utile • Il peut demander à consulter son dossier médical • Il donne seul son consentement aux actes médicaux • Il peut cependant désigner une personne de confiance (v. s[s] n°s 1122 s.)	• Le majeur a droit à toute information utile • Il peut demander à consulter son dossier médical • Il donne seul son consentement aux actes médicaux • Il peut cependant désigner une personne de confiance (v. s[s] n°s 1122 s.)	• Le majeur a droit à toute information utile • Seul le tuteur peut demander, en son nom, l'accès au dossier médical • Le majeur donne son consentement aux actes médicaux, s'il le peut. À défaut, le tuteur le représente • Le majeur, après sa mise sous tutelle, ne peut plus désigner de personne de confiance (v. s[s] n°s 1122 s.)

Effets de la mesure de protection	Sauvegarde de justice (avec mandataire spécial)	Curatelle simple	Curatelle renforcée	Tutelle
Testament	• Le majeur est libre de rédiger son testament • Le majeur est libre de modifier un ancien testament (v. ss n° 1009)	• Le majeur est libre de rédiger son testament • Le majeur est libre de révoquer un ancien testament (v. ss n° 1009)	• Le majeur est libre de rédiger son testament • Le majeur est libre de révoquer un ancien testament (v. ss n° 1009)	• Le majeur ne peut plus rédiger SAUF s'il y est autorisé par le juge des tutelles • Le majeur peut librement révoquer un ancien testament (v. ss n° 1015) • Le testament rédigé par un majeur sous tutelle moins de deux ans avant sa mise sous tutelle peut être annulé si la cause qui a conduit à sa mise sous tutelle existait déjà notoirement au moment de la signature du testament
Mariage	• Le majeur sous sauvegarde est libre de se marier	• Le majeur sous curatelle peut se marier avec l'autorisation du curateur • Si le curateur s'oppose au mariage, le majeur sous curatelle peut demander directement au juge des tutelles cette autorisation (v. ss n° 1202)	• Le majeur sous curatelle peut se marier avec l'autorisation du curateur • Si le curateur s'oppose au mariage, le majeur sous curatelle peut demander directement au juge des tutelles cette autorisation (v. ss n° 1202)	• Le majeur sous tutelle peut se marier avec l'autorisation du juge des tutelles, qui doit au préalable auditionner les futurs époux, et recueillir l'avis de la famille proche (v. ss n° 1203)

Effets de la mesure de protection	Sauvegarde de justice (avec mandataire spécial)	Curatelle simple	Curatelle renforcée	Tutelle
Divorce	• L'ouverture d'une procédure de sauvegarde de justice suspend automatiquement la procédure de divorce (v. s[s] n° 1205)	• Le majeur sous curatelle ne peut pas divorcer par consentement mutuel • Il peut être demandeur ou défendeur à toute autre procédure de divorce • Le curateur doit recevoir notification de tous les actes de la procédure (v. s[s] n° 1206)	• Le majeur sous curatelle ne peut pas divorcer par consentement mutuel • Il peut être demandeur ou défendeur à toute autre procédure de divorce • Le curateur doit recevoir notification de tous les actes de la procédure (v. s[s] n° 1206)	• Le majeur sous tutelle ne peut pas divorcer par consentement mutuel • Il peut demander le divorce, avec l'autorisation du juge des tutelles qui devra préalablement auditionner le majeur, recueillir l'avis de la famille proche, et disposer d'un avis médical • Il est entièrement représenté par son tuteur s'il est défendeur au divorce (v. s[s] n° 1207)

Propositions du livre blanc sur la protection juridique des majeurs

Ci-dessous a été reprise la synthèse des 25 propositions publiée dans le Livre blanc sur la protection juridique des majeurs : *Rechercher les meilleures solutions pour contribuer à l'épanouissement de la personne protégée*. Cet ouvrage fait suite à la tenue des Assises nationales de la protection juridique organisées par l'Union nationale des associations familiales (Unaf), la Convention nationale des associations de protection de l'enfant (Cnape), la Fédération nationale des associations tutélaires (Fnat), et l'Union nationale des associations de parents, de personnes handicapées mentales et de leurs amis (Unapei), le 9 et 10 février 2012 en vue d'établir des propositions d'évolution du dispositif, mis en œuvre par la réforme de 2007.

1. Créer un observatoire national de la protection juridique, piloté par l'État, notamment à partir des schémas régionaux.

2. Organiser la justice de la protection des majeurs en s'inspirant du modèle de la justice des Mineurs (Parquet spécialisé, création d'une fonction spécifique de juge des tutelles et dispositif de décision d'urgence).

3. Prendre en compte le revenu fiscal de référence pour déterminer le niveau de participation du majeur au financement de sa protection.

4. Prélever la participation financière des personnes protégées par un tiers (Trésor public) et non par le mandataire judiciaire.

5. Mettre en place des indicateurs communs à la profession comprenant des indicateurs qualitatifs d'activité.

6. Mener une mission parlementaire d'évaluation sur l'application de la réforme de 2007 sur la protection juridique des majeurs.

7. Garantir à toutes les personnes protégées les mêmes droits prévus par le Code de l'Action Sociale et des Familles, notamment en prévoyant, par décret, pour tous les mandataires, quel que soit leur statut, de répondre aux mêmes obligations d'information et de participation des personnes protégées à l'exercice de leur mesure.

8. Instaurer une prise en charge du coût du certificat médical circonstancié : frais de justice, prestation de compensation du handicap, financement spécifique au niveau départemental, remboursement par la Sécurité sociale…

9. Étendre le principe de subsidiarité à l'indemnité complémentaire (financement à la charge de la personne protégée et subsidiairement à la charge de l'État).

10. Garantir le rôle de l'État en matière de contrôle des comptes de gestion, mission qui doit rester une prérogative régalienne, notamment en généralisant l'expérimentation du contrôle des comptes par le Trésor public.

11. Permettre au juge des tutelles, dans les situations d'urgence, de s'autosaisir et de prononcer une mesure de protection provisoire de type sauvegarde, par une décision spécialement motivée, ne pouvant excéder trois mois.

12. Rendre implicite l'accord du juge dans les décisions d'urgence, au-delà d'un certain délai.

13. Financer de manière spécifique et pérenne le dispositif d'information et de soutien aux tuteurs familiaux (ISTF) sur l'ensemble du territoire français.

14. Étendre la mesure d'accompagnement social personnalisé (Masp) et la mesure d'accompagnement judiciaire (Maj) à toutes les ressources, au-delà des prestations sociales.

15. Rendre obligatoire la formation des médecins inscrits sur la liste départementale et sensibiliser l'ensemble des partenaires concernés par le sujet.

16. Prévoir, pour tout mandat de protection future, une inscription au fichier national des dernières volontés et faire apparaître, comme pour la tutelle et la curatelle, une mention en marge de l'État civil pour ceux qui sont effectifs.

17. Limiter la validité du mandat de protection future à 5 ans avec possibilité, pour le mandant, de le renouveler par simple décision de confirmation au notaire.

18. Harmoniser le Code de santé publique avec le Code civil.

19. Apporter de manière urgente une réponse à la question des délais de renouvellement des décisions de protection en cours.

20. Supprimer la présence obligatoire des deux témoins lors de l'inventaire du patrimoine du majeur protégé, et rendre valide l'inventaire fait par le MJPM dès lors qu'il est assermenté.

21. Fixer un cadre précis de remise des comptes, notamment en créant une attestation de dépôt donnée par le greffier à l'ensemble des acteurs.

22. Créer un diplôme d'État obligatoire en lieu et place du certificat national de compétence, et par conséquent un code Répertoire national des certificats professionnels (RNCP) pour les mandataires judiciaires.

23. Créer une mention protection juridique aux diplômes destinés aux cadres (pour le Caferuis, par exemple).

24. Mettre en place des espaces éthiques, pluridisciplinaires et financés, au niveau départemental.

25. Garantir l'indépendance et l'absence de conflit d'intérêts pour le tuteur ou curateur, quel que soit son statut.

1
Personnes concernées par la protection judiciaire

> Mineur
> Majeur

Un **mineur** (v. s[s] n° 101), sous l'**autorité parentale** de ses deux parents (v. s[s] n° 103) ou d'un seul (v. s[s] n° 105), ou par l'ouverture d'une **tutelle** (v. s[s] n° 106).
Un **majeur** (v. s[s] n° 110) par un **régime de protection judiciaire** (**sauvegarde**, **curatelle** ou **tutelle**, v. s[s] n° 112) ou **non judiciaire** (v. s[s] n° 116).

› Mineur

›› Protection de plein droit

101 **Exercice de l'autorité parentale et administration légale des biens.** La situation des mineurs est évoquée, sommairement et uniquement ici, pour ne plus y revenir dans le cadre de cet ouvrage consacré à la protection des majeurs.

Les mineurs sont protégés de plein droit, du fait de leur **situation de minorité** et de leur **vulnérabilité supposée**.

La protection est, de plein droit également, assurée normalement par les **père et mère**. Ceux-ci sont investis d'une double mission : ils exercent l'autorité parentale sur leur enfant, c'est-à-dire qu'ils prennent ensemble les décisions personnelles qui le concernent, et ils exercent l'administration légale de ses biens.

102 **Compétence du juge aux affaires familiales (Jaf).** Depuis le 1er janvier 2010, c'est au **juge aux affaires familiales**, déjà compétent en cas de conflits des parents dans l'exercice de l'autorité parentale, qu'appartient la compétence concernant les mineurs. Il pourra ainsi mieux apprécier globalement les décisions à prendre pour l'enfant. Le juge aux affaires familiales siège au tribunal de grande instance du lieu de résidence du mineur.

Cette compétence a été modifiée par une loi du 12 mai 2009. Jusqu'en 2010, trois juges étaient compétents quand il s'agissait d'un mineur. Pour la mise en place d'une mesure d'assistance éducative ou de placement pour un enfant en danger, la compétence incombait et incombe toujours au juge pour enfants. Pour les questions d'autorité parentale (notamment litiges entre les parents sur les décisions personnelles à prendre pour l'enfant), c'était le juge aux affaires familiales. Pour toutes les questions de gestion des biens d'un mineur, la compétence était celle du juge des tutelles des mineurs.

»» Autorité parentale exercée par les deux parents

103 **Principe : Autorité parentale exercée conjointement par les deux parents.** Les deux parents, dès lors qu'ils ont reconnu un enfant mineur avant qu'il n'ait atteint l'âge d'un an, exercent ensemble l'autorité parentale. C'est un principe érigé par le code civil. Sauf décision contraire du juge, ce principe vaut que les parents habitent ensemble ou non, soient ou non mariés. **Il demeure totalement indépendant de la fixation, en cas de divorce ou de séparation, des droits de visite et d'hébergement au profit de chacun des parents.**

Si les deux parents exercent ensemble l'autorité parentale, ils sont alors « administrateurs légaux purs et simples » des biens de leurs enfants. Cet énoncé signifie que la loi leur fait confiance pour gérer ensemble, et au mieux, la situation de leur enfant. Ils peuvent chacun prendre toutes les **décisions courantes** (aller chercher l'enfant à l'école, l'amener chez un médecin ou en vacances, l'inscrire dans un centre), et doivent prendre ensemble les **décisions importantes** (opération médicale, prélèvement d'argent sur un compte appartenant au mineur, etc.).

104 **Exception : intervention du juge aux affaires familiales en cas de difficulté particulière.** Dans le cadre de l'**autorité parentale conjointe**, et de l'**administration légale pure et simple**, le juge des tutelles n'intervient donc pas, sauf s'il y a une difficulté particulière, et sauf dans le cadre de l'accomplissement de certains actes : acceptation d'une transaction avec une compagnie d'assurance suite à un accident en est un des exemples les plus courants.

»» Autorité parentale exercée par un seul des parents

105 **Quatre cas.** Il peut arriver qu'un seul des parents exerce l'autorité parentale, ce qui se produit dans quatre cas.

- **Un seul des parents a reconnu l'enfant avant l'âge d'un an.** Il est toujours possible, même lorsque le second parent n'a reconnu l'enfant qu'après l'âge d'un an, que les deux parents fassent une déclaration conjointe pour que l'autorité parentale soit déclarée commune devant le greffier en chef du tribunal de grande instance.

- **Une décision judiciaire**, du juge aux affaires familiales, ou du juge pour enfants, peut prévoir expressément que l'autorité parentale ne soit exercée que par l'un des parents.
- **Un des parents** est **décédé**.
- **Un des parents** est **hors d'état de manifester sa volonté**, en raison de son incapacité (tutelle), de son absence ou de toute autre cause qui doit être alors judiciairement constatée. Dans ce cas, l'**administration légale des biens de l'enfant est dite sous contrôle judiciaire**. Le parent qui exerce l'autorité parentale prend seul toutes les décisions courantes, mais il doit demander **l'autorisation du juge des tutelles** pour les décisions importantes concernant la gestion des biens de l'enfant, par exemple pour utiliser l'argent de l'enfant à des dépenses concernant ce dernier (achat de mobilier, paiement des études...). Si l'enfant a un patrimoine, le parent doit chaque année transmettre au juge des tutelles un **compte rendu succinct de gestion**, afin de vérifier que le patrimoine est normalement géré.

Les parents ont la jouissance légale des biens de leurs enfants. Ce qui signifie qu'ils peuvent utiliser, librement, les revenus produits par ces biens (intérêts, loyers...) pour la vie familiale.

» Ouverture d'une mesure de tutelle

106 **Quatre cas.** Le régime de la tutelle s'ouvre si **aucun des deux parents ne peut exercer l'autorité parentale**, ce qui arrive dans quatre cas.

- Les **deux parents** sont **décédés**.
- Les **deux parents** sont **hors d'état de manifester leur volonté**.
- Les **deux parents** se sont vu **retirer l'autorité parentale** par décision judiciaire (décision exceptionnelle).

• Le juge des tutelles a estimé que **le parent exerçant seul l'autorité parentale** n'était **pas en mesure d'assurer l'administration légale**, même sous contrôle judiciaire des biens du mineur.

107 **Réunion préalable du conseil de famille. Depuis le 1er janvier 2010**, le juge aux affaires familiales (auparavant le juge des tutelles) – dès qu'il est prévenu par un membre de la famille, ou par des services sociaux de l'un des quatre cas précités (v. ss n° 106) –, réunit un conseil de famille composé d'au moins quatre membres, qui doivent être choisis dans le cercle familial ou amical en fonction de l'intérêt de l'enfant, de ses liens affectifs, des relations qu'ils entretenaient avec les parents (puisqu'ils vont devoir assurer la continuité de la pratique parentale) et de leur disponibilité.

Le conseil de famille est présidé par le juge des tutelles.

108 **Choix d'un tuteur et d'un subrogé tuteur.** Lors de la première réunion, les membres du conseil de famille doivent choisir un tuteur et un subrogé tuteur au sein du conseil. Si le dernier survivant des deux parents a, par testament, émis la volonté qu'une personne en particulier soit désignée tuteur, ce choix s'impose au conseil de famille, sauf raison grave de l'écarter. Sinon, le vote est libre.

Le plus souvent, le tuteur est la personne de la famille qui accueille l'enfant chez lui. Mais il ne s'agit pas d'une obligation, et il peut également être décidé de confier séparément la tutelle à la personne, à celui qui héberge le mineur, et la tutelle aux biens, confiée à une autre personne.

109 **Missions du tuteur et du subrogé tuteur.** Le tuteur prend soin de la personne du mineur et le représente dans tous les actes de la vie civile. Cependant, lorsque des décisions personnelles ou financières importantes doivent être prises, le conseil de famille doit être réuni.

Le subrogé tuteur, également élu au sein du conseil de famille, est chargé de surveiller l'exercice de sa mission par le tuteur, et de le suppléer en cas de risque de conflit d'intérêt.

Chaque année, le tuteur rend compte de sa mission et remet un compte de gestion, auparavant visé par le subrogé tuteur, au greffier en chef du tribunal d'instance qui vérifie que tout est correct.

› Majeur

»› Capacité ou incapacité : aide ou protection

110 **Âge légal de la capacité.** À 18 ans, on devient majeur aux yeux de la loi. « À cet âge, chacun est capable d'exercer les droits dont il a la jouissance », selon le principe affirmé par l'article 414 du code civil.

Toutefois, certains adultes ne peuvent pas s'occuper eux-mêmes de leurs affaires. Ils doivent être aidés, et protégés.

»› La mise en place d'un régime de protection n'est jamais automatique

111 **La mesure de protection doit être prononcée par le juge sur demande expresse et motivée.** À l'inverse de ce qui se passe pour les mineurs, la mise en place d'un régime de protection, quel qu'il soit, n'est jamais automatique. En effet, le régime de protection comporte toujours une part de contrainte, d'incapacité, et suppose donc tout à la fois que l'instauration d'un régime de protection ait été expressément demandée en raison de sa nécessité et de l'absence de toute autre solution, et qu'une mesure ait été expressément prononcée.

C'est pourquoi :

- ni le fait qu'un mineur, ayant atteint ses 18 ans, ait été suivi jusque-là par un juge des tutelles des mineurs en raison de son handicap ;
- ni la reconnaissance médicale ou institutionnelle (Cotorep, etc.) de l'incapacité ;

– ni l'hospitalisation psychiatrique, même contraignante (d'office ou à la demande d'un tiers) n'implique que le **juge des tutelles des majeurs** ouvre, de plein droit, un dossier de protection.

La rigueur des conditions permettant d'ouvrir une mesure de protection envers un majeur a été largement renforcée par la loi du 5 mars 2007. La mise en place d'un régime de curatelle ou de tutelle est désormais extrêmement encadrée.

Il est recommandé au parent d'un enfant mineur, qui aura probablement besoin d'une protection, de commencer les démarches quelques mois avant sa majorité (notamment v. ss n° 321).

»» Ouverture d'un régime de protection judiciaire : sauvegarde de justice, curatelle, tutelle

112 **Trois conditions pour l'ouverture d'un régime de protection judiciaire.** L'ouverture d'un régime de protection judiciaire de type sauvegarde de justice, curatelle, tutelle, suppose, outre une procédure stricte (v. ss nos 401 s.), trois conditions.

113 **1re condition : Altération, médicalement constatée, de la capacité mentale ou physique.** Il faut d'abord que la personne à protéger soit « dans l'impossibilité de pourvoir seule à ses intérêts en raison d'une altération, médicalement constatée, soit de ses facultés mentales, soit de ses facultés corporelles, de nature à empêcher l'expression de sa volonté » (C. civ., art. 425).

Le cadre est toujours médical. S'il n'y a pas d'altération des facultés mentales ou physiques, il ne peut y avoir de mesure de protection civile, même si la personne est dans l'incapacité de s'occuper de ses affaires.

Avant la loi du 5 mars 2007, il était possible de demander une mesure de protection pour un majeur qui, sans subir une atteinte médicalement constatable de ses facultés, se montrait **dangereusement prodigue**. Les termes de l'ancien texte étaient assez désuets puisqu'ils autorisaient une curatelle pour « intempérance, prodigalité ou oisiveté ». Mais beaucoup pensaient nécessaire de maintenir la possibilité d'un dispositif de protection dans le cas de personnes se mettant en danger par une compulsion entraînant des dépenses excessives (boisson, jeux, etc.). Le législateur en a décidé autrement. Ce cas de protection a totalement disparu de la loi nouvelle. De même, les régimes de protection judiciaires ne concernent pas les personnes qui sont simplement **en difficulté pour s'occuper de leurs affaires** en raison de difficultés sociales ou même en raison d'une addiction (alcool, drogue), sauf s'il en résulte une incapacité mentale ou physique.

Par conséquent, les régimes de protection ne peuvent s'appliquer qu'à ceux qui, atteints d'une altération de leur capacité mentale ou physique, médicalement constatée, sont de ce fait dans l'incapacité d'exprimer une volonté éclairée et de s'occuper seuls de leurs affaires.

L'**importance de l'incapacité** déterminera ensuite la **gravité du régime** à mettre en place : simple assistance (v. ss nos 802 s.), représentation (v. ss nos 818 s.)... Il y a évidemment une différence considérable entre une personne ayant besoin d'être aidée pour certains actes importants en raison d'un handicap léger, et une personne totalement hors d'état d'exprimer sa volonté.

114 **2e condition : Nécessité de la mesure de protection.** Il faut ensuite que la mesure de protection soit nécessaire.

Il arrive bien souvent qu'une personne, absolument incapable de s'occuper de ses affaires seule en raison d'une incapacité, n'ait pas pour autant besoin d'une mesure de protection judiciaire. La présence d'un entourage familial de confiance, le fonctionnement de mécanismes de procuration (notamment bancaires) dûment consentis par la personne avant son incapacité, et l'absence d'actes particulièrement importants à accomplir peut tout à fait dispenser de la mise en place d'une mesure judiciaire.

Certes, il peut apparaître plus sécurisant, tant pour les membres de la famille que pour les organismes extérieurs, que la gestion par autrui des biens d'un majeur se fasse sous le contrôle du juge des tutelles. Mais ce contrôle est lourd, et il ne se justifie pas toujours. C'est pourquoi le législateur a imposé le critère de nécessité : même si une mesure de protection apparaît parfaitement justifiée au regard de l'état de l'intéressé, elle ne sera pas prononcée si elle n'apparaît pas indispensable pour permettre une gestion des biens dans son intérêt.

115 **3e condition : Impossibilité de mettre en place une mesure de protection plus légère.** Il faut enfin qu'aucune autre mesure, plus légère, ne permette de s'occuper des intérêts de la personne.

Divers mécanismes permettent d'agir pour le compte d'une personne n'ayant plus capacité pour le faire elle-même (v. ss n° 201), sans avoir besoin d'un régime de protection judiciaire.

Toutefois, la loi pose comme condition à l'ouverture d'une mesure de protection judiciaire qu'ait été préalablement vérifié qu'aucun de ces mécanismes ne pouvait être mis en œuvre à la place de la tutelle ou de la curatelle.

» Recours à d'autres mécanismes de protection

116 **Subsidiarité du régime de protection judiciaire.** L'ouverture d'un régime de protection judiciaire est toujours subsidiaire. Ce doit être le dernier recours, lorsqu'aucun autre mécanisme d'aide n'est possible.

Cette subsidiarité s'explique par le fait que **toute mesure de protection judiciaire** est, dans le même temps, **privative de libertés** : le majeur ne peut plus accomplir seul un certain nombre d'actes, tant patrimoniaux (vendre, acheter…) que personnels (se marier, etc.). Plusieurs mesures peuvent être envisagées pour éviter une mesure de protection judiciaire (v. ss nos 201 s. et ss nos 1501 s.). Il importe en tout état de cause de garder à l'esprit deux idées majeures :

• **La mise sous protection d'une personne n'est jamais une obligation.** Elle peut être nécessaire voire indispensable pour le protéger, mais le seul fait qu'une personne ne soit plus apte à s'occuper de ses affaires ne contraint pas son entourage, s'il peut faire autrement, à engager une procédure de protection judiciaire. L'angoisse de se voir reprocher par le reste de la famille une gestion sans contrôle des biens du majeur peut être facilement atténuée par la mise en place de mécanismes de transparence assez simple, comme l'envoi régulier de comptes de gestion, ou la réunion périodique des membres de la famille pour expliquer ce qui a été fait, ou même parvenir à des décisions collégiales.

Pourvu que le « gestionnaire de fait » ait scrupuleusement gardé trace de ce qu'il a fait pour le majeur, il ne pourra pas lui être reproché de ne pas avoir demandé l'ouverture d'une mesure de protection.

• **La mise sous protection n'est jamais irréversible.** La décision d'ouverture d'une mesure de protection est assortie d'un **terme précis**. En outre, la mesure peut être **levée à tout moment** si elle n'est plus nécessaire ou opportune (sur la fin des mesures de protection v. ss nos 1301 s.).

2
Mesures alternatives à la protection judiciaire

Instaurer une mesure de protection pour une personne devenue inapte à gérer ses affaires n'est jamais une obligation. Au contraire : la loi prône la subsidiarité des mesures judiciaires de protection, incitant largement la famille à rechercher d'autres solutions moins lourdes. Quelles sont ces solutions ? Des **mécanismes de protection moins lourds** peuvent être utilisés : **procurations** pour des actes déterminés (v. s^s n°s 201 et 202) ; règles de **représentation normale entre époux**, pour les actes courants et les biens communs (v. s^s n°s 203 à 207) ; **habilitations spéciales entre époux** en situation de crise (v. s^s n°s 209 à 214) ; **présomption d'absence**, pour agir au nom de la personne absente (v. s^s n°s 215 à 219) ; **sauvegarde de justice autonome**, mesure provisoire cantonnée à des actes déterminés (v. s^s n°s 220 à 224), **mandat de protection future** (v. s^s n° 225).

» Procuration

201 **Un outil simple mais efficace.** Les procurations sont des outils simples et répandus qui permettent d'agir efficacement pour le compte d'une autre personne et assurer la gestion courante de son budget. Il s'agit en fait d'un **mandat conventionnel donné à autrui**.

Sous cette dénomination se trouvent cependant des actes très différents. Il y a bien sûr la très classique procuration bancaire, qui permet d'autoriser une ou plusieurs autres personnes à agir sur un ou plusieurs comptes bancaires, aussi bien pour effectuer des **dépôts** que des **retraits**.

La procuration peut être également donnée dans un autre cadre, pour effectuer **un ou plusieurs actes déterminés**. Il doit s'agir d'un **écrit**, suffisamment **précis**, qui peut être fait **sous seing privé**, c'est-à-dire sous la forme simple d'un écrit manuscrit, ou **devant notaire** (procuration notariée).

L'utilisation d'une procuration peut donc, à elle seule, permettre d'éviter la mise en place d'un régime de protection.

202 **Un outil cependant limité.** La procuration suppose cependant trois conditions.

- **Une bonne entente familiale.** L'utilisation des procurations s'effectue sans **aucun contrôle**, ce qui peut induire un climat de suspicion au sein de l'entourage familial.

Il est vivement recommandé, lorsqu'une procuration est utilisée pour gérer les affaires d'une personne qui n'est plus en capacité de le faire elle-même, de tenir scrupuleusement les comptes des utilisations faites de la procuration et d'en remettre copie périodiquement aux autres membres de la famille.

- **Une gestion simple.** Un mandat conventionnel, même notarié, ne peut pas prévoir toutes les situations. S'il est assez aisé d'assurer, par le biais de différentes procurations, la gestion courante des revenus et dépenses.

Toutefois, il est hasardeux de réaliser par le biais des procurations des opérations financières d'envergure ou de gérer des patrimoines importants.

• **La signature de la procuration par la personne inapte…** ***avant*** **la survenance de cette inaptitude.** La procuration étant un mandat conventionnel, elle ne peut être donnée que par quelqu'un qui a toutes les capacités nécessaires pour délivrer un consentement éclairé à l'acte. Si tel n'est pas le cas, l'établissement même de la procuration sera refusé par le notaire ou la banque, et en tout état de cause, pourra donner lieu à annulation.

Ce mode de gestion doit donc avoir été envisagé et autorisé par la personne au moment où elle avait encore une conscience suffisante pour le faire.

› Représentation normale entre époux

»› Actes couverts par le régime matrimonial dit primaire

203 **Le « Régime primaire » permet de faire face à de nombreuses situations.** Le mariage comporte des règles juridiques de représentation entre époux. Dans le cadre du régime primaire, qui s'applique à tous les conjoints quel que soit le régime matrimonial pour lequel ils aient opté (communauté légale, séparation de biens, communauté universelle…), la loi prévoit plusieurs cas.

Avec la simple application de ce régime primaire, il est généralement possible, sans passer par un régime judiciaire de protection, de gérer la vie commune même si l'autre conjoint n'est plus capable de cosigner ou consentir aux actes.

204 **Chaque conjoint peut seul ouvrir et faire fonctionner un compte en banque.** Chacun des époux est libre d'ouvrir un compte en banque et de le faire fonctionner seul (C. civ., art. 221).

Par extension, lorsque les époux ont ouvert un compte courant en commun, chacun est présumé avoir reçu pouvoir pour le faire fonctionner seul.

205 **Chaque conjoint peut seul agir pour l'entretien du ménage et l'éducation des enfants.** Chacun des époux a le pouvoir de faire seul tous les actes qui ont pour objet l'entretien du ménage et l'éducation des enfants. La dette qui peut être contractée à cette occasion est, en principe, commune (C. civ., art. 220). Sont ainsi concernés les **acquisitions de biens meubles courants** (nourriture, habillement, chauffage), ou même moins courants s'il ne s'agit pas d'un objet somptuaire mais bien d'un **objet nécessaire à une vie familiale normale** (achat d'un véhicule), la location d'un logement, le paiement du loyer et des charges...

206 **Chaque conjoint est protégé contre les excès éventuels de l'autre.** À l'inverse, chacun des époux est protégé contre les excès éventuels de l'autre, puisque les dettes contractées par l'un ne peuvent engager le conjoint s'il s'agit soit de dépenses manifestement excessives, soit d'achats à crédit, sauf s'il s'agit d'emprunts de sommes modestes nécessaires aux besoins de la vie courante.

Ces deux notions sont volontairement floues, pour laisser une marge d'appréciation qui dépend selon la jurisprudence de plusieurs éléments que sont le train de vie du ménage, l'utilité et l'inutilité de l'opération, la bonne ou la mauvaise foi du tiers contractant.

- **En cas de litige**, c'est le juge qui décide si l'acte effectué doit être considéré comme engageant solidairement les deux époux ou non. C'est ainsi que l'acquisition d'un magnétoscope a pu être considérée comme excessive au regard du train de vie modeste des époux (Paris, 21 mai 1982, RG n° 82-1228), alors que peut ne pas l'être l'achat d'un mobilier plus onéreux si le ménage a des ressources élevées (Civ. 1re, 3 juin 2006, RG n° 03-14.542).

- **L'époux est délié de la solidarité** s'il peut établir que **la dépense n'a pas pour objet l'entretien du ménage et l'éducation des enfants**. Si la preuve peut être difficile à rapporter dans certaines situations, elle évite au conjoint d'avoir à prendre en charge le paiement de dettes de jeu ou de boissons dont il n'est que trop manifeste qu'elles n'ont pas été contractées dans l'intérêt familial.

• Chacun des époux est réputé **habilité à gérer les biens communs**, dès lors qu'il s'agit d'**actes conservatoires** (entretien du logement, etc.) ou d'**actes d'administration** (actes de gestion courante) (C. civ., art. 1422 s.).

• Chacun des époux peut **exiger de l'autre qu'il contribue aux charges du mariage**, au besoin en faisant fixer cette contribution par le juge aux affaires familiales, et en obtenant l'autorisation d'un virement ou d'un prélèvement.

»» Actes non couverts par le régime matrimonial dit primaire

207 **Situations non couvertes par le cadre dit du régime primaire.** Ce système légal de gestion a des limites :

– il ne peut couvrir les **actes importants**, **dits de disposition**, qui nécessitent l'**accord des deux époux** ;

– il ne permet pas la **gestion des biens propres à chaque époux**, et peut notamment induire des blocages rapides lorsque l'époux devenu inapte a des comptes personnels sans procuration, ou des biens immobiliers à son nom propre.

L'existence de biens « propres » dépend du régime matrimonial choisi par les époux. Il en existe trois grandes catégories.

• Le régime légal est celui de la communauté des biens réduite aux acquêts. Sont communs aux deux époux les biens acquis pendant le mariage. Sont propres à chacun d'entre eux les biens acquis avant le mariage, ou, provenant de donations ou successions postérieures (C. civ., art. 1400 s.). C'est ce régime qui s'applique de droit lorsque les époux n'ont pas fait de contrat de mariage.

• Les époux peuvent opter pour le régime de la séparation de biens. En ce cas, chacun reste propriétaire en propre des biens qu'il acquiert.

• Les époux peuvent enfin décider du régime de la communauté universelle. Ils sont alors réputés propriétaires l'un et l'autre de tous les biens de chacun.

Selon le régime choisi, les pouvoirs de l'époux seront notablement différents. La Cour de cassation a estimé que le fait que les époux aient opté pour le régime de la communauté universelle était un élément de nature à écarter la demande de mise sous protection d'un des époux formé par l'enfant du couple (Civ. 1re, 1er févr. 2012, n° 11-11.346, P).

Il est possible de changer de régime matrimonial en cours de mariage, par acte notarié, après au moins deux ans de mariage (C. civ., art. 1397).

La loi a par ailleurs prévu un dispositif spécial d'habilitation de l'autre époux lorsqu'un blocage se présente, et que l'application du régime matrimonial n'est pas suffisante.

› Autorisation et habilitation spéciale entre époux

208 **Un régime légal face à une situation de crise.** La loi a prévu qu'il puisse y avoir des situations où l'application du régime primaire ne suffirait pas et où il faudrait **permettre à l'un des époux de représenter l'autre pour des raisons graves**. Pour éviter qu'il soit alors nécessaire d'instituer un régime de protection classique, qui permettrait certes à un époux, de droit tuteur de son conjoint, de représenter l'autre, mais en se soumettant au contrôle permanent du juge des tutelles et avec l'obligation de rendre compte, le code civil a prévu un **régime spécial d'autorisation et d'habilitation entre époux**. Il figure aux articles 217 et 219 du code civil.

Depuis le 1er janvier 2005, les **demandes d'autorisation et d'habilitation**, figurant aux articles 217 et 219 du code civil, sont de la **compétence du juge des tutelles**, lorsque le conjoint est hors d'état de manifester sa volonté; cette compétence lui est attribuée en application de l'article 1286 du code de procédure civile tel qu'il a été modifié par le décret n° 2004-1158 du 29 octobre 2004 portant réforme de la procédure en matière familiale. Ainsi simplifiée et transférée au juge habituel de l'incapacité, la procédure commence à être beaucoup plus connue et utilisée, quoique probablement encore très insuffisamment. Ainsi, en 2005, 265 requêtes en habilitation ont été soumises au juge des tutelles. En 2010, 1 381 requêtes ont été formées.

Avant le 1er janvier 2005, ce régime de crise n'était pratiquement jamais utilisé. Pour le mettre en œuvre, il fallait présenter une demande spéciale au tribunal de grande instance selon une procédure relativement complexe, nécessitant l'assistance d'un avocat. En cas d'incapacité d'un des époux, le réflexe était donc plutôt de demander la mise en place d'un régime de protection classique.

Il est possible à un conjoint de demander à être autorisé à effectuer certains actes sans l'accord de son époux dans des hypothèses autres que l'incapacité. L'article 217 prévoit en effet la possibilité d'une telle autorisation lorsque le refus du conjoint n'est pas justifié par l'intérêt de la famille. Dans ce cas cependant, ce n'est pas le juge des tutelles qui est compétent, mais toujours le tribunal de grande instance.

209 **Quand demander une habilitation ou une autorisation ?** La procédure peut être mise en œuvre lorsqu'un des époux est « hors d'état d'exprimer sa volonté ».

La loi ne précise pas ce qu'elle entend par cette formule, et il y a sur cette question très peu de jurisprudence. On peut toutefois tenter une liste, non exhaustive évidemment, des **situations visées**.

• Lorsque l'époux par suite d'une maladie ou d'un accident n'est **plus en état psychologique d'exprimer sa volonté**. Cela inclut les personnes qui, tout en gardant une possibilité d'expression, ne sont plus en état d'exprimer un consentement libre et éclairé, c'est-à-dire conscient.

• Lorsque l'époux, suite à une **invalidité physique grave**, n'est **pas en mesure d'exprimer valablement son accord à un acte juridique**.

La procédure est particulièrement indiquée dans ce type de situation, alors que par le passé, on a vu des procédures de tutelle demandées et ouvertes pour des personnes parfaitement aptes à exprimer leur volonté mais qui, en raison d'un handicap physique les empêchant d'apposer leur signature sur l'acte, ne pouvaient y consentir. L'habilitation permet dans ce cas de dépasser le blocage ponctuel sans pour autant placer le conjoint sous un régime invalidant d'incapacité.

• Lorsque l'**éloignement de l'époux** rend impossible sa participation à l'acte. Ce type de situation est évidemment devenu plus rare avec l'amélioration des moyens de communication, mais il peut encore survenir : mission éloignée sans accès aux réseaux de communication, captivité...

• Lorsque **l'un des époux ne donne plus de ses nouvelles**, induisant de ce fait une situation de blocage pour tous les actes qui nécessitent son accord. Cette situation doit être distinguée de celle où l'époux, sans être absent ou disparu, refuse de donner son consentement à un acte ou de participer aux décisions familiales. Dans ce dernier cas, l'article 217 peut également s'appliquer, mais le juge des tutelles n'est pas compétent (v. s^s^ n° 208).

Selon l'acte à accomplir, deux sortes de demandes d'habilitation sont prévues dans le cadre des articles 217 et 219 du code civil. L'autorisation « limitée » de l'article 217 (v. s^s^ n° 210) et l'habilitation « large » de l'article 219 (v. s^s^ n° 211).

210 **Pour quels actes demander l'autorisation « limitée » donnée dans le cadre de l'article 217 du code civil.** L'autorisation « limitée » donnée dans le cadre de l'article 217 du code civil s'applique aux situations dans lesquelles un époux a impérativement besoin du consentement de l'autre pour effectuer un acte. Il s'agit alors de demander simplement l'**autorisation de passer seul cet acte**.

Ce peut être parce que l'acte sort de la gestion courante du patrimoine familial et nécessite donc la signature conjointe des deux époux, alors que l'un seulement est en état de procéder à cette signature. Tel est le cas par exemple de la vente d'un bien immobilier, ou la liquidation d'un placement financier effectué par les deux époux.

Ce peut être également parce que l'acte, qui porte sur un bien appartenant exclusivement à l'époux valide, nécessite pourtant l'autorisation de l'autre en raison de son impact familial. Telle par exemple la vente du bien immobilier dans lequel réside la famille.

L'autorisation demandée dans le cadre de l'article 217 du code civil concerne donc toujours des actes qui, pour l'une ou l'autre des raisons mentionnées ci-dessus, auraient nécessité l'accord des deux conjoints. Elle ne peut donc s'appliquer aux situations dans lesquelles le conjoint hors d'état de manifester sa volonté devait normalement signer l'acte seul (vente d'un bien lui appartenant exclusivement, par exemple). Dans ce dernier cas, seul l'article 219 peut recevoir application (v. s^s^ n° 211).

L'autorisation de l'article 217 du code civil est donnée pour **un ou plusieurs actes déterminés et précis**. Elle ne peut être ni générale, ni imprécise : lorsque l'autorisation est demandée, c'est qu'un acte particulier doit être signé, à certaines conditions connues, dans un avenir proche. L'autorisation est donnée dans ce cadre.

211 **Pour quels actes demander l'habilitation « large » donnée dans le cadre de l'article 219 du code civil.** Une habilitation beaucoup plus « large » que l'autorisation « limitée » donnée dans le cadre de l'article 217 du code civil est permise par l'article 219

dudit code. Cet article prévoit en effet que : « Si l'un des époux se trouve hors d'état de manifester sa volonté, l'autre peut se faire habiliter par justice à le représenter, d'une manière générale, ou pour certains actes particuliers, dans l'exercice des pouvoirs résultant du régime matrimonial, les conditions et l'étendue de cette représentation étant fixées par le juge. »

Il est donc possible, par application de l'article 219, de **recevoir une habilitation à représenter son conjoint**, même pour des actes que celui-ci, normalement, était seul en mesure d'effectuer (par exemple, vendre un bien qui lui appartenait en propre). L'habilitation peut être demandée pour effectuer **un acte en particulier**, ou peut être sollicitée de manière plus générale, pour **effectuer au nom du conjoint tous les actes nécessaires à la vie familiale**.

Dans ce cas, il sera demandé par le juge des tutelles d'établir de manière beaucoup plus stricte que le conjoint est dans l'incapacité, à long terme, de manifester sa volonté. Un simple éloignement géographique ne pourra certainement pas suffire.

212 **Comment former sa demande ?** La demande doit être formée auprès du **juge des tutelles du tribunal d'instance** du lieu de résidence des époux.

Elle peut être formée par **simple requête**, ce qui veut dire qu'elle peut être effectuée sur papier libre, sans qu'il soit besoin ni de l'intervention d'un avocat ou d'un professionnel du droit, ni d'un formulaire spécifique.

Cependant, la requête doit comporter un certain nombre de **mentions obligatoires** (pour exemple de requête aux fins d'autorisation v. s^{s} n° 226 et pour exemple de requête aux fins d'autorisation v. s^{s} n° 227).

La requête peut être déposée directement au **greffe du tribunal d'instance**, ou envoyée par La Poste.

La requête doit être accompagnée d'un certain nombre de **pièces justificatives**. D'abord, les documents attestant de l'impossibilité dans laquelle se trouve le conjoint de manifester sa volonté. En général, il s'agit d'**éléments d'ordre médical**, et il est conseillé de faire établir par le médecin traitant une **attestation** certifiant que le conjoint n'est pas en état de procéder lui-même à l'acte (ou aux actes) envisagé(s). Si l'impossibilité n'est pas médicale, il faudra alors fournir des **documents** démontrant la situation qui empêche totalement le conjoint d'effectuer l'acte.

> ⚠ Un simple éloignement, s'il n'est pas contraint et de longue durée, ne suffit évidemment pas : il ne s'agit pas d'obtenir une procuration, mais de demander à un juge une autorisation permettant de surmonter une situation exceptionnelle.

Il faut également fournir **tous les documents patrimoniaux** permettant au juge des tutelles de connaître et comprendre l'acte pour lequel l'habilitation ou l'autorisation est demandée : acte de propriété, attestations de valeur vénale, promesse de vente...

Il est en outre conseillé, surtout si la demande d'habilitation est large, de fournir des **attestations des enfants (ou enfants du conjoint) majeurs certifiant qu'ils ne s'opposent pas à la procédure**.

213 **Procédure devant le juge des tutelles.** La procédure devant le juge des tutelles relève de la matière **gracieuse** c'est-à-dire que, ne naissant pas d'un litige, elle est **conduite directement par le juge**.

Lorsque le dossier est complet, le juge convoquera donc la personne qui a déposé la requête, afin que lui soit exposée oralement la situation. Il doit également entendre le conjoint, sauf si cette audition est impossible. Un certificat médical est alors à fournir attestant de l'impossibilité d'une audition.

Si le juge a besoin d'**informations complémentaires** pour prendre sa décision, il peut procéder à toute mesure d'instruction utile : **audition** de membres de la famille, **enquête sociale**, **expertise immobilière**...

Il est possible que la demande d'autorisation ou d'habilitation se heurte à des difficultés, par exemple parce que certains membres de la famille s'y opposent. Dans ce cas, le juge des tutelles peut, si cela lui est demandé ou d'office, décider que la demande sera examinée au cours d'un **débat contradictoire**, auquel participeront toutes les personnes qu'il aura estimé utile de convoquer (C. pr. civ., art. 1213 ; réd. issue décr. 5 déc. 2008).

À l'issue de l'instruction du dossier, le juge des tutelles rend une **décision**, soit pour refuser l'habilitation ou l'autorisation demandée, soit pour l'accorder.

La décision est **notifiée aux deux conjoints**, et aux personnes qui peuvent être directement affectées par cette décision (par exemple, vente d'un bien appartenant en indivision aux enfants). Un **recours** est possible, dans les quinze jours de cette notification (sur les conditions d'exercice du recours v. s[s] n°s 1401 s.).

214 **Effets d'une décision d'autorisation ou d'habilitation.** La décision permet à l'époux de signer, pour le compte de son conjoint, l'acte en cause. Elle ne l'y oblige jamais : **l'époux reste toujours libre de ne pas procéder à l'acte autorisé**.

L'acte ainsi signé s'impose au conjoint comme s'il y avait lui-même procédé.

La procédure judiciaire se termine lorsque la décision est rendue. À l'inverse des procédures de mise sous protection classique, le conjoint n'a donc pas à rendre compte des actes qu'il a effectués dans le cadre de l'autorisation.

En revanche, il est possible, si l'habilitation a été donnée de manière générale, de demander au juge d'y mettre fin dans les mêmes conditions que pour mettre en place la procédure initiale.

L'habilitation entre époux permet donc de faire face à de nombreuses situations. Avec une limite : elle ne permet de remplacer son époux que pour les actes patrimoniaux, et non pour les actes personnels. La cour d'appel de Douai a admis dans une décision du 2 février 2012 (RG n° 11-05.594), que lorsqu'un époux était habilité à gérer les biens de l'autre grâce au régime matrimonial ou à l'habilitation ci-dessus évoquée, il pouvait être mis en place une tutelle limitée aux actes personnels (en l'espèce, il s'agissait de pouvoir faire face aux demandes d'autorisations médicales).

» Présomption d'absence

215 **Procédure permettant d'agir pour le compte d'une personne disparue ou ne donnant plus de nouvelles.** Il existe une procédure spéciale qui permet d'agir pour le compte d'une personne qui a disparu ou qui ne donne plus aucune nouvelle ou aucun signe de vie, alors pourtant que, compte tenu notamment de l'existence d'un patrimoine, des actes doivent impérativement être effectués.

La situation est d'ailleurs souvent dévoilée lorsque s'ouvre une succession qui, pour être définitivement réglée, nécessite la signature de tous les héritiers. Que faire si l'un d'entre eux est introuvable ?

La procédure est prévue par les articles 112 à 132 du code civil.

216 **Conditions de la présomption d'absence.** La procédure de présomption d'absence peut être mise en œuvre lorsqu'« une personne a cessé de paraître au lieu de son domicile ou de sa résidence sans que l'on en ait eu de nouvelles ».

Le texte ne précise **pas de durée minimale d'absence**. Toutefois, il faut que cette durée ait été suffisamment longue pour qu'on puisse considérer que la personne ne donnera pas de ses nouvelles dans un délai rapproché.

La difficulté est de rapporter la **preuve de la disparition**. Cette preuve peut se faire par tous moyens : courriers échangés ou revenus « NPAI », recherches du notaire, attestations familiales... La preuve la plus fréquente résulte de la **procédure d'enquête dans l'intérêt des familles**, qui est menée par le commissariat ou la gendarmerie à la demande de la famille. Cette enquête, qui peut durer quelques mois, se termine si la personne est impossible à localiser par un procès-verbal de vaines recherches qui peut utilement être remis au juge.

La procédure s'applique également aux personnes qui, par suite d'un éloignement, se trouvent malgré elles dans l'impossibilité d'exprimer leur volonté (C. civ., art. 120). L'hypothèse, peu fréquente, est celle d'une captivité à l'étranger ou d'une mission sans accès possible aux moyens de communication.

217 **Mise en œuvre de la présomption d'absence. Toute personne intéressée** – et pas seulement un membre de la famille – peut saisir le **juge des tutelles** pour déclencher la procédure de présomption d'absence.

Le juge des tutelles compétent est celui exerçant au sein du **tribunal d'instance** du lieu où la personne demeure ou a eu sa dernière résidence. Si aucune adresse n'est connue, même ancienne, le tribunal compétent est celui du lieu où demeure la personne qui dépose la requête.

La **requête** est formée par courrier ou déclaration déposée au **greffe**. Elle contient les éléments d'identification, les éléments concernant la disparition de l'intéressé, les différentes recherches menées pour le retrouver, et les raisons qui amènent à déclencher la procédure de présomption d'absence (pour un exemple de requête v. ss n° 228).

Le juge des tutelles entend le requérant, la personne qui se porte candidate pour représenter le majeur, et le cas échéant toute personne qu'il lui semble utile d'auditionner. Il peut demander des **informations complémentaires**.

> Le juge des tutelles n'a pas de pouvoir d'investigation particulier. C'est donc à la famille, aidée de divers professionnels (notaires, avocats, services de police, banque…) qu'il appartient de mener préalablement les recherches nécessaires.

S'il est établi que la personne a véritablement disparu, et qu'il est de son intérêt de lui désigner un représentant pour s'occuper en son absence de ses affaires, le juge des tutelles rend une **décision de présomption d'absence**. Il peut désigner, en qualité de **représentant du présumé absent**, soit un **parent ou allié**, soit, à défaut, une **personne extérieure à la famille** (ce peut être un **notaire**, un **avocat**, ou un **mandataire judiciaire à la protection des majeurs**, habilité à gérer les tutelles et curatelles).

218 **Pouvoirs du représentant du présumé absent.** Lorsque le juge prend une décision de présomption d'absence, il nomme dans le même temps un représentant chargé de veiller aux intérêts de l'absent.

Le **pouvoir de représentation** peut être restreint, par le juge, à l'**exécution d'un ou plusieurs actes déterminés**, ou ne porter que sur **certains biens** (C. civ., art. 113).

Il peut également être **général** : en ce cas, le représentant a exactement les **mêmes pouvoirs qu'un tuteur**. Il administre tous les biens du présumé absent, prend seul les décisions courantes (actes d'administration), et doit obtenir l'autorisation du juge des tutelles pour les décisions importantes (actes de disposition). **Il rend compte chaque année, au juge des tutelles, de sa mission**.

Par ailleurs, le **juge des tutelles** peut, dans le cadre de sa décision, **fixer les sommes** qui pourront être **prélevées régulièrement** sur le patrimoine de l'absent pour être **affectées à l'entretien de la famille ou aux charges du mariage**. Ainsi, lorsqu'une personne a disparu sans laisser d'adresse, il est possible d'affecter une partie des revenus qu'elle perçoit, ou de prélever sur le capital qui subsiste pour contribuer à l'entretien de sa famille.

Les **fonctions** de représentant du présumé absent sont normalement **gratuites**. Toutefois, la loi permet qu'il puisse être prévu une **rémunération**, notamment lorsqu'elles sont exercées par un **professionnel** (C. civ., art. 114). C'est le juge qui fixe alors cette rémunération.

219 **Fin de la présomption d'absence.** La mesure de présomption d'absence **prend fin de quatre manières**.

• La mesure de présomption d'absence prend fin, évidemment, si **le présumé absent réapparaît ou donne de ses nouvelles**. Dans ce cas, il lui suffit de demander au juge de mettre fin à la présomption d'absence, ce qui lui redonne automatiquement ses pouvoirs sur la gestion de ses biens.

Le présumé absent qui réapparaît ne peut pas contester ce qui s'est fait pendant son absence, sauf en cas de fraude.

• La mesure de présomption d'absence prend fin également **sur décision du juge**, qui peut à tout moment, au regard des éléments qui lui sont fournis, mettre fin à la présomption d'absence, mettre fin à la mission du représentant ou le remplacer.

• La mesure de présomption d'absence prend fin lorsqu'il apparaît que **le présumé absent est décédé**.

• Enfin, la mesure de présomption d'absence peut se terminer lorsque, **après dix ans (à compter du jugement de présomption d'absence)**, la personne n'a toujours ni réapparu ni donné de nouvelles. Dans ce cas en effet, une autre procédure peut être introduite, cette fois devant le tribunal de grande instance, pour voir **déclarer l'absence**. Cette action, s'il y est fait droit, a les mêmes effets qu'une déclaration de décès (C. civ., art. 128), si ce n'est bien entendu que la décision devient non avenue si l'absent réapparaît.

Sauvegarde de justice « autonome »

220 **Une mesure ponctuelle évitant d'instaurer une protection judiciaire à long terme.** La procédure spéciale de sauvegarde de justice « autonome » est prévue par les articles 433, 437 et 439 nouveaux du code civil.

Le législateur de 2007 a créé une sorte de sauvegarde de justice autonome, provisoire, très différente de la sauvegarde de justice classique (sur le régime général de la sauvegarde de justice v. s[s] n°s 401 et s.), dans le but de permettre par une mesure ponctuelle d'éviter d'instaurer une protection judiciaire à long terme.

221 **Dans quelles situations peut-on demander une sauvegarde de justice autonome ?** La nouvelle procédure de sauvegarde de justice « autonome » s'adresse principalement aux familles qui, s'occupant dans de bonnes conditions d'un majeur vulnérable, grâce en général à un système de procurations bancaires étendues, se trouvent soudain empêchées d'accomplir un ou plusieurs actes déterminés parce qu'il s'agit d'**actes de disposition qui nécessitent impérativement la signature du majeur lui-même**. Ce peut être par exemple pour la **vente d'un bien immobilier** (du logement de la personne qui vit en maison de retraite, d'une résidence secondaire qui se détériore) ou pour **mettre fin à un placement** (par exemple, mettre fin à une assurance-vie souscrite par le majeur afin de pouvoir régler les factures courantes).

Elle peut aussi s'appliquer à des situations dans lesquelles une **personne est victime d'une incapacité provisoire** (coma, ou encore certaines séquelles d'accident, comme les traumatismes crâniens), qui peut empêcher de manière très circonscrite et ponctuelle l'expression de la volonté.

La **nouvelle procédure** permet, en ouvrant une mesure de sauvegarde de justice, d'**habiliter immédiatement un mandataire spécial** afin d'accomplir **un ou plusieurs actes déterminés, même de disposition** (vente, etc.), pour la gestion du patrimoine. Et, lorsque ces actes sont accomplis, le juge peut ordonner **mainlevée de la sauvegarde de justice**. La famille peut alors continuer à agir comme avant. Il est bien évident que ce système suppose une bonne entente et un bon fonctionnement familial.

Avant 2007, la seule solution était d'engager une procédure de **mise sous protection judiciaire** afin que l'un des membres de la famille puisse être désigné tuteur et être ainsi habilité à accomplir ces actes.

Cette solution avait **trois inconvénients** :

- elle était **longue**, puisque la procédure de tutelle n'aboutissait qu'au bout d'environ six mois d'instruction ;
- elle obligeait la famille et le majeur, ensuite, à se plier aux **contraintes** d'une mesure de protection judiciaire (et notamment à **rendre compte périodiquement**) ;
- elle obligeait à **choisir parmi les membres de la famille l'unique personne** qui assumerait pour l'avenir la gestion des biens ou des décisions personnelles.

222 **Procédure d'ouverture de la mesure de sauvegarde autonome.** La procédure de sauvegarde spéciale est, dans son contenu, la même que pour la sauvegarde de justice classique.

Elle ne peut donc être ouverte que si un certain nombre de **conditions** sont **réunies** (sur ce point v. s[s] n°s 401 s.) :

- une **requête d'un parent ou allié**, à présenter au **juge des tutelles** du lieu du domicile du majeur (v. s[s] n° 229) ;
- un état détaillé de la situation familiale et patrimoniale de la personne concernée ;
- un **certificat circonstancié d'un médecin** inscrit sur une liste spécifique, attestant de l'impossibilité pour la personne concernée de s'occuper seule de ses affaires.

Le juge des tutelles procédera ensuite à l'**instruction normale du dossier**, notamment en auditionnant le majeur vulnérable, le requérant, et les personnes de la famille qu'il lui semble nécessaire d'entendre.

Si la demande lui semble fondée et opportune, il **désigne un mandataire**, qui peut être soit **une des personnes du cercle familial** que la loi habilite à exercer les mesures de protection (époux, compagnon, parent, allié, ou personne résidant avec le majeur protégé et entretenant avec lui des liens étroits et stables), soit un **mandataire professionnel** (sur le mandataire judiciaire à la protection des majeurs v. s[s] n°s 701 s.).

L'ordonnance désignant le mandataire comportera la **liste des actes que le mandataire est autorisé à effectuer** en représentation du majeur, et les **conditions** de ces actes (ainsi, pour une vente, à quel prix elle doit être conclue).

Lorsque ces actes sont effectués, le mandataire envoie au juge des tutelles un **compte rendu de l'exécution de sa mission**. Il peut avoir également reçu pour obligation de justifier du placement des sommes éventuellement perçues dans le cadre de cette opération.

223 **Fin de la sauvegarde autonome.** La sauvegarde autonome peut prendre fin de **trois manières**.

• En principe, la sauvegarde de justice sera purement et simplement **levée par le juge des tutelles** qui l'a prononcée lorsque l'acte ou les actes autorisés auront été effectués (ou lorsqu'il aura été établi qu'il n'y avait plus besoin de les effectuer : un mandataire n'est jamais tenu de réaliser un acte pour lequel il a reçu autorisation, d'autant que les circonstances peuvent changer), ou lorsque le majeur aura repris possession de ses facultés.

Le juge peut aussi fixer dans l'ordonnance un **délai** au terme duquel la sauvegarde se terminera de plein droit.

• En tout état de cause, la sauvegarde prend fin **un an après son ouverture**. Ce délai peut être **renouvelé une fois**, mais par décision expresse prise par le juge, auquel devra être remis un certificat médical attestant de la nécessité du renouvellement.

• Enfin, la sauvegarde de justice peut prendre fin en raison de **l'ouverture d'une mesure de protection judiciaire classique**, de type curatelle ou tutelle. Il peut en effet arriver qu'en cours de procédure, la famille s'aperçoive qu'il est plus opportun de mettre en place un régime de protection à long terme. Il est également possible que cette mise en place soit décidée par le juge des tutelles qui, à l'occasion de son instruction, aura constaté qu'une telle mesure s'imposait, ce qui peut être le cas, notamment, s'il s'avère qu'en raison d'une forte mésentente familiale, le contrôle judiciaire est nécessaire pour l'avenir.

224 **Quels recours contre la décision d'ouverture d'une mesure de sauvegarde autonome ?** La **décision ouvrant une sauvegarde de justice** n'est en soi susceptible d'**aucun recours** (C. civ., art. 1249).

En revanche, la **décision par laquelle est désigné un mandataire spécial**, avec autorisation d'effectuer certains actes, est soumise à **recours**.

La décision est notifiée au majeur concerné, au mandataire, au requérant (s'il est différent du mandataire), mais également aux personnes dont les droits ou charges pourraient être modifiés par la décision. Un recours peut être formé dans un délai de **quinze jours à compter de la réception de la notification** (sur les modalités du recours v. s^{s} n°s 1401 s.).

» Mandat de protection future

225 **Régime de protection préventif.** Le mandat de protection future est une des grandes innovations créées par le législateur en 2007, pour prévenir la nécessité de mettre en place un régime de protection judiciaire en organisant cette protection, de manière conventionnelle, avant qu'un événement n'empêche l'expression de la volonté (sur ce mécanisme v. s^{s} n°s 301 s.).

» Exemples de requêtes

226 Exemple de requête aux fins d'autorisation

Requête aux fins d'autorisation

(C. civ., art. 217)

À M./Mme le juge des tutelles du tribunal d'instance de ....

Éléments d'état civil

Requérant : M. ....

Date et lieu de naissance ....

Profession ....

Domicile ....

Conjoint : M. ....

Date et lieu de naissance ....

Profession ....

Domicile ....

Composition de la famille proche ....

Enfants : nom, date de naissance, domicile ....

Autres : ....

Motif de la requête :

Expliquer quelle situation met le conjoint dans l'incapacité d'exprimer sa volonté [a) ....

Expliquer pourquoi l'autorisation est demandée : bien(s) concerné(s), opération(s) envisagée(s) [b) ....

Éléments personnels :

- Le conjoint a-t-il été informé de la procédure en cours ? Si non, pourquoi ?
- La famille proche a-t-elle été informée de la procédure en cours ? Si non, pourquoi ?

Documents fournis :

- acte de naissance des deux époux;
- acte de mariage;

– certificat médical établissant l'impossibilité pour le conjoint de manifester sa volonté [*si l'impossibilité n'est pas d'ordre médical : fournir tous éléments justificatifs utiles*] ;
– éléments concernant les actes pour lesquels l'autorisation est demandée (actes de propriété, attestations de valeur vénale, promesse de vente, comptes bancaires…).

Fait à ……… [*lieu*], le ……… [*date*]

[*Signature*]

………

227 Exemple de requête aux fins d'habilitation

Requête aux fins d'habilitation

(C. civ., art. 219)

À M./Mme le juge des tutelles du tribunal d'instance de ………

Éléments d'état civil

Requérant : M. ………

Date et lieu de naissance ………

Profession ………

Domicile ………

Conjoint : M. ………

Date et lieu de naissance ………

Profession ………

Domicile ………

Composition de la famille proche : ………

Enfants : nom, date de naissance, domicile ………

Autres : ………

Motif de la requête :

Expliquer quelle situation met le conjoint dans l'incapacité d'exprimer sa volonté [

a) ………

Expliquer pourquoi l'habilitation est demandée (actes concernés, ou si demande d'habilitation générale, pourquoi une telle habilitation générale est nécessaire pour permettre la gestion familiale)

b) ....

Éléments personnels :

– Le conjoint a-t-il été informé de la procédure en cours ? Si non, pourquoi ?
– La famille proche a-t-elle été informée de la procédure en cours ? Si non, pourquoi ?

Documents fournis :

– acte de naissance des deux époux;
– acte de mariage;
– certificat médical établissant l'impossibilité pour le conjoint de manifester sa volonté [*si l'impossibilité n'est pas d'ordre médical : fournir tous éléments justificatifs utiles*] ;
– éléments concernant les actes pour lesquels l'habilitation est demandée (actes de propriété, attestations de valeur vénale, promesse de vente, comptes bancaires...). Si la demande d'habilitation est générale : inventaire du patrimoine des époux.

Fait à .... [*lieu*], le .... [*date*]

[*Signature*]

....

228 Exemple de requête en présomption d'absence

Requête en présomption d'absence

(C. civ., art. 112 à 121)

À M./Mme le juge des tutelles du tribunal d'instance de ....

Éléments d'état civil

Requérant : M. ....

Date et lieu de naissance ....

Profession ....

Domicile ....

Lien avec le présumé absent : ....

Personne concernée (présumé absent) : M. ....

Date et lieu de naissance ....

Profession ....

Dernier domicile connu ....

Composition de la famille proche (conjoint, enfants, parents, frères, sœurs, autres) : ....

Nom, date de naissance, domicile ....

Nom et coordonnées de la personne qui accepterait éventuellement de représenter le présumé absent : ....

Circonstances de l'absence :

Expliquer depuis quand la personne a cessé de donner des nouvelles, les éventuels événements qui ont précédé la disparition...

a) Circonstances de l'absence

....

b) Recherches effectuées (courriers, recherche dans l'intérêt des familles...)

....

c) Actes qui rendent nécessaire une représentation du présumé absent :

....

Documents fournis :

- acte de naissance récent de l'absent;
- éléments concernant la disparition et les recherches effectuées;
- éléments concernant les actes à effectuer sur le patrimoine du présumé absent.

Fait à .... [*lieu*], le .... [*date*]

[*Signature*]

....

229 Exemple de requête aux fins de sauvegarde de justice autonome et de désignation d'un mandataire spécial

Requête aux fins de sauvegarde de justice et de désignation d'un mandataire spécial

(C. civ., art. 433 et 437; C. pr. civ., art. 1218)

Le, soussigné :

Auteur de la requête : ....

Nom : ....

Demeurant : ....

Né le : ...., à : ....

De nationalité : ....

Exerçant la profession de : ....

Lien avec le majeur à protéger : ....

Assisté de Maître [*facultatif*] : ....

Déclare vouloir saisir le juge des tutelles pour voir ordonner l'ouverture d'une mesure de sauvegarde de Justice à l'égard de :

M. ....

Né le : .... [*date*], à : .... [*lieu*]

De nationalité : ....

Afin que soit désigné un mandataire spécial pour effectuer certains actes déterminés

Nom, coordonnées, lien familial de la personne qui pourrait être désignée éventuellement mandataire spécial :

M. ....

Né le : ....

Demeurant : ....

Sont annexés à la présente requête :

- un justificatif d'état civil;
- une copie intégrale ou un extrait d'acte de naissance de la personne à protéger;

- un certificat médical circonstancié du ……… [*date*] rédigé par ………, médecin, choisi sur la liste établie par le procureur de la République;
- la liste des personnes appartenant à l'entourage de la personne à protéger dans la mesure où le requérant a connaissance de leur existence;
- un état du patrimoine du majeur, dans la mesure où le requérant a connaissance de sa consistance (patrimoine immobilier, comptes bancaires, revenus, dettes);

Tous éléments utiles pour comprendre la situation [

- les coordonnées du médecin traitant de la personne à protéger;

Expliquer la situation du majeur; préciser les actes particuliers qui rendent nécessaire la présente demande [

La présente requête est motivée par les éléments suivants :

………

………

La personne à protéger a été informée du dépôt d'une requête :

Oui ❒ Non ❒

Expliquer pourquoi [………

Fait à ……… [*lieu*] ……… [*date*]

[*Signature*]

………

Le Requérant

3

Anticipation de sa propre protection : le mandat de protection future

Mandat conventionnel, il permet d'organiser à l'avance sa protection au cas de survenance d'une incapacité (v. s[s] n° 301). Il peut être **notarié** (v. s[s] n°s 313 à 315), **sous seing privé** (v. s[s] n°s 316 à 318) ou **contresigné par un avocat** (v. s[s] n° 319), et obéit à des **dispositions communes** (v. s[s] n°s 304 à 312), tout en se distinguant du **mandat pour autrui** (v. s[s] n°s 321 à 323). Nouvellement institué, il suscite quelques questions en l'**absence de publicité** du mandat (v. s[s] n° 325), **défaut de protection du majeur vulnérable** (v. s[s] n° 329) et **contrôle limité de la mise en œuvre et de l'exécution** du mandat (v. s[s] n° 330).

› Qu'est-ce qu'un mandat de protection future ?

301 **Organisation de sa protection par anticipation d'une incapacité future.** Le mandat de protection future a pour finalité de permettre à chacun d'organiser à l'avance, pour le cas où une cause d'incapacité surviendrait, les conditions de sa protection.

Il semble qu'il n'ait pas à l'heure actuelle un succès en France, probablement à la fois parce que le dispositif a des failles (v. ss nos 324 s.) et à la fois parce que les Français sont plus habitués à s'en remettre à un contrôle du juge ou de l'Administration plutôt qu'à un dispositif contractuel applicable à une situation future. Il n'existe pas de chiffre permettant de connaître le nombre de mandats signés à ce jour, puisque ceux-ci ne sont pas recensés, néanmoins 400 environ auraient été déclenchés en 2010.

L'institution est originaire d'outre-Atlantique, et plus particulièrement du Québec, où elle est apparue à la fin des années 90 sous l'appellation de **mandat d'inaptitude** et a eu un succès considérable puisque plus d'un million de mandats ont été signés depuis lors.

302 **Caractéristiques particulières du mandat de protection future.** Le mandat de protection future a trois caractéristiques.

- Il est **purement conventionnel** et, par conséquent, sauf en cas de difficulté, le juge n'intervient ni dans sa conclusion, ni dans sa mise en œuvre, ni dans son exécution.
- Il porte à la fois **sur la personne qui est désignée comme mandataire, et sur les actes que ce mandataire pourra ou devra effectuer dans le cadre de son mandat**.

Il est également possible de se contenter de désigner à l'avance son tuteur ou son curateur, tout en s'en remettant au juge pour, le jour venu, mettre en place un régime de protection (v. ss nos 801 s.).

• Il peut être conclu par **acte sous seing privé** ou par **acte notarié**, mais ne revêt pas alors les mêmes effets.

> Il ne faut pas confondre le mandat de protection future, qui donne pouvoirs contractuels au mandataire d'effectuer des actes pour le compte du mandant lorsque celui-ci ne sera plus en état de les faire lui-même, et la disposition qui permet simplement de désigner à l'avance la personne qui sera nommée comme tuteur ou curateur dans le cadre d'une mesure de protection juridique ouverte par le juge des tutelles (v. s[s] n° 605).

Dispositions communes

303 **Qui peut signer un mandat de protection future ? Toute personne majeure ou mineure émancipée qui n'est pas sous protection**, et même un majeur sous curatelle avec l'assistance de son curateur.

Les **parents** ou le dernier vivant des père et mère **qui exercent l'autorité parentale sur leur enfant mineur** ou **assument la charge matérielle et affective de leur enfant majeur**, pour le jour où ils ne seront plus là (sur le mandat pour autrui v. s[s] n°s 321 s.).

304 **Qui peut être désigné mandataire ?**

• **Toute personne physique.** Le mandant peut désigner qui il souhaite, aussi bien un **membre de sa famille** qu'un **tiers** en qui il aurait confiance.

De nombreux **professionnels**, avocats, financiers, ou autres, ont d'ores et déjà indiqué qu'ils étaient prêts à assurer cette mission pour leurs clients.

Toutefois, lorsque le mandat s'exercera, le mandataire, par hypothèse, ne pourra plus se référer à son mandant pour recevoir des instructions. **Il devra donc prendre, seul, des décisions** qui peuvent influer directement sur les autres membres de la famille (fixation du montant de la contribution à l'entretien de la famille…) et sur les choix personnels du majeur (sommes affectées au logement, aux autres dépenses…).

La désignation d'un proche, connaissant bien les habitudes de vie du mandant, ou d'une association tutélaire paraît donc préférable. En effet, sauf à circonscrire le mandat à des actions financières précises, la **mission du mandataire** dans le cadre d'un **mandat de protection future** est tout à fait **différente** de celle qu'il peut avoir dans le cadre d'un **mandat classique** (v. s^{s} n°s 201 s.).
Toutefois, il est également possible de désigner **plusieurs mandataires**. Dans ce cadre, rien n'empêche de désigner un professionnel de confiance pour la gestion de certains biens précis (biens immobiliers, capitaux…) et de désigner un proche pour les autres aspects.

• **Une personne morale**, mais seulement si elle est inscrite sur la liste des **mandataires judiciaires à la protection des majeurs**. Cette liste, sur laquelle sont inscrits les organismes qui ont satisfait aux conditions de formation et de compétence nécessaires pour pouvoir exercer les mesures de tutelle ou de curatelle, est à disposition dans les greffes des tribunaux d'instance ou auprès du procureur de la République. Elle est gage de ce que les organismes exerceront la mesure en connaissance des conséquences financières et personnelles des décisions à prendre.

305 **Le mandataire peut-il être rémunéré ?** Le mandat s'exerce en principe **à titre gratuit**. Il peut cependant être rémunéré, à condition que cette **rémunération** ait été **expressément fixée**, dans son principe et son montant, **dans le mandat**.

306 **Quels sont les obligations du mandataire ?** La première des obligations du mandataire est d'**accepter le mandat**. Le mandat n'est valable que s'il comporte la signature du mandataire, attestant de l'acceptation à l'avance de la mission.

• Le mandataire doit **effectuer les formalités auprès du greffe du tribunal d'instance** pour que le mandat puisse être mis à exécution lorsqu'il s'aperçoit que le mandant est dans une situation qui ne lui permet plus de s'occuper seul de ses affaires.

• Le mandataire doit exécuter le mandat **personnellement**. Il doit le faire en « **bon père de famille** », c'est-à-dire s'occuper des affaires du mandant comme s'il s'agissait des siennes propres, mais sans prendre de risques inutiles.

• Le mandataire doit dresser **inventaire du patrimoine** lorsqu'il commence sa mission (sur l'inventaire de patrimoine v. n° 629). Il doit ensuite **rendre compte périodiquement** de l'exécution de sa mission, soit à la personne désignée dans le mandat pour recueillir les comptes, soit, si le mandat est notarié, au notaire.

• Le mandataire n'est **responsable** des actes qu'il effectue que s'il commet une **faute de gestion**. Cette faute s'apprécie dans les mêmes conditions que dans le cadre du mandat classique (C. civ., art. 424 et 1992). Elle est notamment appréciée de manière plus ou moins sévère selon que le mandat s'exerce à titre gratuit ou non.

En dehors du cas où il a commis une faute, ce qui peut conduire le mandant ou ses héritiers à demander une indemnisation, le mandataire n'est évidemment aucunement tenu sur ses biens propres des dettes du mandant.

307 **Quels sont les pouvoirs du mandataire ?** Les pouvoirs du mandataire, diffèrent selon que le mandat est sous seing privé ou notarié.

• Lorsqu'il s'agit d'un **mandat sous seing privé**, le mandataire dispose du **pouvoir d'administrer** les biens du majeur et, si le mandat le prévoit, de **le représenter pour les décisions personnelles** ; tout **acte de disposition** suppose l'**autorisation du juge des tutelles** (pour plus de précisions v. s[s] n° 316).

• Lorsqu'il s'agit d'un **mandat notarié**, le contenu étant libre, le mandataire peut accomplir **tous les actes de disposition**, à l'exception des actes à titre gratuit (pour plus de précisions v. s[s] n° 315).

308 **Peut-on changer d'avis ? Le mandant peut changer d'avis à tout moment**, pourvu que le mandat n'ait **pas encore reçu exécution**. Il peut donc le modifier, ou le révoquer, dans les mêmes

formes que celles qu'il avait adoptées pour la signature du mandat (notariée, sous seing privé, sous contreseing d'avocat).

De son côté, **le mandataire peut renoncer à exercer sa mission** en prévenant le mandant par lettre recommandée avec accusé de réception.

309 **Qui connaît l'existence du mandat de protection future ?** Aucune forme de publicité n'a été prévue par la loi. L'existence du mandat n'est donc connue que de ses deux signataires (le mandant et le mandataire) et du notaire, si le mandat est notarié.

Il n'existe pas de registre national des mandats, qui pourrait être consulté par un autre notaire.

Pour être certain que le mandat aura effet, il est vivement recommandé d'en remettre copie ou d'en donner connaissance à certains membres de la famille.

310 **Qui décide que le moment est venu de mettre en œuvre le mandat de protection future ?** C'est sur ce point que la nouvelle institution risque le plus de poser **difficulté**.

La loi en effet a voulu à tout prix éviter que le juge n'ait à intervenir dans le processus afin que le **mécanisme** demeure **conventionnel**.

Le mandat peut prendre effet lorsque celui qui l'a rédigé ne peut plus pourvoir seul à ses intérêts (C. civ., art. 481). La formule est proche de celle employée pour la mise en œuvre d'une mesure de protection classique (C. civ., art. 425). Il doit donc s'agir d'une **cause médicalement constatable**.

Le **mandataire** doit alors demander à un **médecin spécialiste**, inscrit sur la liste dressée par le procureur de la République pour établir les certificats aux fins de tutelle ou curatelle, une **attestation médicale confirmant que le mandant se trouve dans cette situation**.

Puis, il se présente au **greffe du tribunal d'instance** du lieu où demeure le mandant, accompagné de ce dernier (afin que le greffier puisse constater que la mise en œuvre du mandat est connue du mandant), et doit fournir les **pièces** suivantes :

- **original du mandat (ou copie notariée)**, comportant la double signature du mandant et du mandataire ;
- **certificat médical du médecin spécialiste datant de deux mois au plus**, attestant de la situation dans laquelle se trouve le mandant ;
- **pièce d'identité du mandant et du mandataire** ;
- **justificatif de résidence habituelle du mandant**.

Si le mandant n'est pas en état, médicalement, de se rendre au greffe du tribunal d'instance, le mandataire doit fournir un certificat médical attestant de cette impossibilité.

Le **greffier** n'est chargé que d'une **vérification purement formelle des documents produits**. Il doit donc simplement s'assurer que tous les documents obligatoires sont fournis. Il doit également vérifier que le mandat :

- comporte les deux signatures ;
- a été consenti et accepté par des personnes majeures (ou mineures émancipées au moment de sa signature), et qui n'étaient pas sous tutelle. Si le mandat a été signé par un majeur sous curatelle, le greffier vérifie qu'il comporte également la signature du curateur ;
- prévoit un mandataire qui, s'il s'agit d'une personne morale, figure sur la liste des organismes habilités à exercer une telle mission ;
- prévoit des modalités de contrôle de l'action du mandataire.

Si un des documents nécessaires, ou un des éléments soumis à la vérification du greffier manque au dossier, le greffier doit **refuser d'apposer son visa**. En ce cas, le mandataire, s'il conteste ce refus, peut former une **requête en contestation devant le juge des tutelles** qui se prononce par une ordonnance qui n'est pas soumise à recours.

Si le dossier est normalement constitué, **le greffier appose son visa** et le restitue ainsi **paraphé** au mandataire. Cette pièce permet au mandataire d'agir au nom et pour le compte du mandant pour toutes les actions prévues au mandat.

De même que la conclusion du mandat, **la mise à exécution** de celui-ci n'est soumise à **aucune publicité**. Même le greffier ne conserve pas copie du mandat qu'il a visé. Par conséquent, seuls le mandant et le mandataire savent que ce mandat a été mis en œuvre.

311 **Recours prévues pour limiter les risques du mandat de protection future.** Des voies de recours très simples et très ouvertes sont prévues par la loi pour limiter les risques d'un tel mandat.

À tout moment, le **juge des tutelles** peut être saisi **par tout intéressé**, sur simple requête. Le terme d'intéressé est très large et peut s'appliquer aussi bien à un membre de la famille qu'à un tiers averti (banquier...). Le juge des tutelles peut par ailleurs être saisi de **toute contestation** :
- concernant la **mise en œuvre du mandat**, si une personne estime que le mandant n'était pas hors d'état de s'occuper de ses œuvres ;
- concernant les **conditions d'exécution du mandat**, si une personne estime que le mandataire va au-delà de sa mission, ou qu'il l'exécute mal, ou encore qu'il ne l'exécute pas du tout ;
- concernant les **conditions dans lesquelles le mandataire rend compte de sa gestion** à celui désigné dans le mandat.

Il peut être également saisi **par le mandataire** pour **compléter le mandat** qui se révélerait insuffisant au regard des circonstances, ou qui souhaiterait être **déchargé de sa mission**.

Le juge des tutelles statue sans forme. **La procédure est orale**, et les parties peuvent s'expliquer en personne, sans avoir besoin d'un avocat.

S'il apparaît que le mandataire n'exécute pas correctement sa mission, le juge peut l'en décharger. Dans ce cas, il pourra être conduit, pour assurer malgré tout la représentation de celui qui avait rédigé le mandat, à **ouvrir une procédure de protection** de type tutelle ou curatelle.

312 **Durée du mandat de protection future.** Sauf s'il en a été prévu une dans l'acte, il n'y en a pas, alors que la loi a prévu un terme pour les mesures de protection. **Le mandat existe jusqu'à ce qu'il y soit mis expressément fin**, soit parce que la **mesure** est **devenue inutile** (il faut alors déposer au greffe du tribunal d'instance un **certificat médical** d'un médecin spécialiste attestant de ce que l'exécution du mandat n'est plus utile), soit parce que le juge en a ordonné la **levée**.

› Mandat notarié

›› Conditions de conclusion du mandat notarié

313 **Signature du mandat devant un notaire**. Le mandat de protection future notarié est signé devant un notaire.

Le notaire est librement choisi par le mandant. Le mandataire doit être prévenu du jour de la signature et accepter expressément ce mandat, toujours devant chez le notaire.

Le notaire remet une **copie authentique au mandant**, une **au mandataire**, et en conserve une.

Le mandat notarié peut être modifié à tout moment, dans les mêmes formes.

›› Contenu du mandat notarié

314 **Actes sur lesquels peut porter le mandat.** Le contenu du mandat authentique est **totalement libre**, et donc éventuellement très large.

– Il peut porter sur la **gestion du patrimoine** et peut alors autoriser le mandataire à effectuer tous **actes d'administration**, mais également tous **actes de disposition** (les actes les plus importants).

Une seule exclusion : le mandataire ne peut jamais être autorisé à effectuer pour le compte du mandant les **actes à titre gratuit** (donations). Pour ces actes, il faut obligatoirement **l'autorisation du juge des tutelles**.

– Il peut également porter sur la **protection de la personne**. Dans ce cas cependant, les **pouvoirs confiés au mandataire** doivent rester dans le cadre de ce qui est prévu par les articles 457-1 à 459-2 du code civil concernant la **protection de la personne dans les mesures de tutelle et de curatelle** (v. ss nos 701 s. et 801 s.). De ce fait, même si un mandat confère au mandataire le droit de prendre certaines décisions personnelles aux lieu et place du mandant, cette représentation ne s'exercera que si le mandant est effectivement, au moment où la décision doit être prise, hors d'état d'exprimer une quelconque volonté. En tout état de cause, une information adaptée à son état devra lui être donnée.

»» Exécution du mandat notarié

315 **Contrôle de l'exécution du mandat par le notaire.** Le **notaire**, devant qui le mandat a été signé, a une **mission** tout à fait **particulière** et spécifique : le législateur lui a confié la charge de **surveiller la gestion, par le mandataire, des biens du mandant**.

En effet, en application de l'article 491 du code civil, le mandataire doit, chaque année, **adresser au notaire les comptes de gestion**, auxquels doivent être annexées toutes les **pièces justificatives**. Il doit également, lors du déclenchement des effets du mandat, remettre au notaire un **inventaire des biens** au jour où il commence d'en assurer la gestion, et réactualiser si nécessaire cet inventaire régulièrement.

Le notaire n'a pas pour mission de contrôler les comptes de manière approfondie, comme le fait le greffier en chef du tribunal d'instance en matière de tutelle. Il se contente de **vérifier qu'ils ne**

recèlent pas des anomalies, ou mouvements de fonds suspects.

S'il lui apparaît que la gestion des comptes pose manifestement difficulté, il lui appartient de **transmettre les comptes au juge des tutelles** pour que ce dernier puisse prendre toute mesure utile. Il lui appartient également, bien évidemment, de **saisir le juge des tutelles** si le mandataire ne lui remet pas, comme il en a l'obligation, les comptes et les justificatifs annuels.

Si le notaire ne décèle pas d'anomalie, il conserve les pièces qui lui ont été transmises, afin de pouvoir les remettre le cas échéant au juge des tutelles s'il lui en est fait la demande.

> ⚠ Le notaire n'a qu'un rôle de surveillance et non de contrôle des comptes, ce qui veut dire qu'il n'est tenu d'intervenir qu'en cas d'irrégularité manifeste. Il n'est donc pas inutile d'instituer le cas échéant une double sécurité, en prévoyant dans le mandat un contrôle des comptes par une personne de la famille ou un professionnel.

› Mandat sous seing privé

316 **Conditions de conclusion.** Le mandat sous seing privé a le grand avantage de la **simplicité**. Il peut être rédigé **sans l'assistance d'un professionnel**, peut être conservé librement à son domicile, et peut être **modifié à tout moment**.

Au regard cependant de l'importance des effets du mandat de protection future, le législateur n'a pas voulu laisser les particuliers devoir rédiger seuls les clauses d'un mandat au risque de supporter ensuite les conséquences d'une maladresse de rédaction.

- Le **mandat sous seing privé**, lorsqu'il est effectué **hors de l'assistance d'un professionnel**, doit donc impérativement être établi selon le modèle obligatoire qui a été défini par le **décret du 30 novembre 2007**.

L'exemple est proposé sous forme de **formulaire** à remplir (Cerfa n° 13592*02, v. s^s n° 5401 en fin d'ouvrage).

Ce formulaire comprend de **nombreuses options** qu'il appartient au mandant de déterminer. Ainsi, le mandat peut porter sur toute ou partie seulement de la gestion du patrimoine. Il peut, ou non, comporter des pouvoirs confiés au mandataire s'agissant de la protection de la personne.

Le mandant doit donc compléter le formulaire, choisir parmi les différentes options, et peut, s'agissant de la gestion patrimoniale, préciser ses choix.

Il y est aidé par une importante **notice explicative** (Cerfa n° 51226, v. s^s n° 5402) mentionnée à la suite du formulaire (Cerfa n° 13592*02 reproduit n° 5401 en fin d'ouvrage) qui expose les différentes possibilités et comporte un **lexique des mots utilisés**.

– Le mandat doit être impérativement **daté** et **signé** de la main du **mandant**.

– Le mandat doit être **expressément accepté** par le **mandataire** choisi par le mandant. Le mandataire doit donc signer l'acte.

317 **Contenu du mandat sous seing privé.** À l'inverse du mandat notarié, le **contenu du mandat sous seing privé n'est pas libre**. Il ne peut porter que sur **certains actes, précisément énumérés par la loi**, et qui figurent dans le modèle mis à la disposition des particuliers.

• S'agissant de la **gestion du patrimoine**, le mandat ne peut conférer que les pouvoirs d'administration des biens, c'est-à-dire la **gestion courante** : perception des revenus, paiement des dettes, mise en location, etc. (sur les actes qualifiés d'actes d'administration ou de disposition, v. s^s n°s 901 s.).

Par conséquent, s'il s'avère, en cours d'exécution du mandat, qu'un **acte de disposition** doit être effectué (vente, placement…), le mandataire ne pourra que **saisir le juge des tutelles**. Celui-ci, au regard de la situation, décidera soit d'autoriser spécifiquement le mandataire à réaliser l'acte, soit d'ouvrir une mesure de protection classique.

• S'agissant de la **protection de la personne**, le mandat peut, ou non, inclure dans la mission du mandataire la protection de la personne du mandant. Si la mission est incluse, elle devra être accomplie dans les **mêmes conditions que s'agissant de la protection d'un majeur sous curatelle ou tutelle**, c'est-à-dire selon les principes énoncés par les articles 457-1 à 459-1 du code civil.

Là encore, si des **actes personnels importants** doivent être décidés, et que le mandant est dans l'incapacité absolue de prendre la décision en cause, l'**intervention du juge des tutelles** sera nécessaire.

318 **Contrôle de l'exécution du mandat sous seing privé.** Le mandat sous seing privé doit impérativement prévoir les **conditions du contrôle de son exécution** : c'est une **condition de validité** même de l'acte. À défaut, le greffier du tribunal d'instance en refusera la mise à exécution.

Les modalités du contrôle sont, en revanche, totalement libres. Il est possible de désigner, pour assurer ce contrôle, une **personne de la famille ou un professionnel**. Si la personne appelée à procéder au contrôle doit être rémunérée, il faut prévoir la **rémunération** dans le mandat. Il faut enfin fixer la **périodicité du contrôle**.

De même que le notaire, la personne chargée du contrôle de l'exécution du mandat sous seing privé, devra **saisir le juge des tutelles** si les comptes ou les pièces justificatives ne lui sont pas remis, ou si elle constate une anomalie.

Dans la mesure en revanche où nul professionnel n'est investi de la mission de **conserver les comptes et pièces justificatives**, cette conservation doit être effectuée par le **mandataire lui-même**, qui est tenu d'être en mesure de présenter au juge des tutelles ou au procureur de la République, s'ils lui en font la demande, **l'inventaire de départ**, les **cinq derniers comptes de**

gestion, les pièces justificatives ainsi que les **pièces nécessaires pour la continuation de la gestion**.

Ni la loi ni le décret n'obligent à mentionner, dans le mandat, l'acceptation de celui qui sera en charge d'en contrôler l'exécution. Une telle acceptation est pourtant, dans les faits, indispensable, puisqu'il risque d'être trop tard pour réagir si, lorsque le mandat est mis à exécution, la personne chargée du contrôle refuse la mission. Il est donc conseillé :

- de **prévoir l'acceptation de la personne chargée du contrôle**, soit dans le **mandat**, soit par acte **séparé** ;
- de **prévoir**, par sécurité, **un suppléant** pour le cas où, lorsque le mandat viendra à être mis en œuvre, la personne qui devait assurer le contrôle ne souhaite ou n'est plus en capacité de le faire ;
- de **prévoir**, dans le mandat, que le **mandataire devra obligatoirement informer la personne en charge du contrôle de la mise à exécution du mandat**.

Le mandat ne peut pas prévoir que le contrôle des comptes sera assuré par le juge des tutelles ou le greffier en chef, qui n'intervient qu'en cas de difficulté signalée.

Mandat sous seing privé contresigné par un avocat

319 **Formalisme du mandat.** Le mandat sous seing privé contresigné par un avocat est prévu par l'article 492 du code civil comme une déclinaison spécifique des deux autres catégories de mandat.

Contresigné par un professionnel, sa **forme**, contrairement au mandat sous seing privé évoqué ci-dessus, est **libre**. Il n'est donc **pas tenu de respecter le modèle obligatoire** fixé par le décret du 30 novembre 2007 et peut être rédigé différemment, sur papier libre, et ainsi adapté plus précisément à chaque situation individuelle.

320 **Contenu du mandat.** Dans la mesure en revanche où **son exécution n'est pas contrôlée nécessairement par un professionnel**, **son contenu**, à l'inverse du mandat authentique, **n'est pas libre**. Il est soumis aux **mêmes contraintes que le mandat sous seing privé**, s'agissant tant des **actes d'administration des biens** que de la **protection de la personne** (v. ci-dessus).

Le mandat sous seing privé contresigné par un avocat doit prévoir les **modalités du contrôle de son exécution** et, le cas échéant, la **rémunération** de celui qui assurera ce contrôle.

Mandat pour autrui

321 **Mandat permettant aux parents d'un enfant mineur ou majeur handicapé ne pouvant exprimer sa volonté de désigner un mandataire.** Le mandat pour autrui, prévu par l'article 477 alinéa 3 du code civil, a été spécifiquement institué pour permettre aux **parents d'un enfant mineur ou d'un enfant majeur** souffrant d'un handicap l'empêchant d'exprimer sa volonté **de désigner à l'avance un mandataire qui s'occupera de leur enfant lorsqu'ils ne pourront plus s'en occuper eux-mêmes**.

322 **Conditions de conclusion du mandat.** Il peut être signé par les parents d'un enfant mineur exerçant l'autorité parentale ou d'un enfant majeur, mais, en ce cas, à la condition qu'ils en assument la **charge matérielle et affective** au moment de la signature du mandat.

> ⚠ Le mandat pour autrui n'a vocation à permettre à des parents de décider à la place de leur enfant que dans la mesure où celui-ci ne le peut pas lui-même en raison de sa minorité ou de l'altération de ses facultés. N'ayant pas voulu introduire dans le texte la notion trop floue de **handicap**, le législateur a opté pour une formule pudique et malheureusement très ambiguë ainsi rédigée :

> CODE « Les parents ou le dernier vivant des père et mère, ne faisant pas l'objet d'une mesure de curatelle ou de tutelle, qui exercent l'autorité parentale sur leur enfant mineur ou assument la charge matérielle et affective de leur enfant majeur, peuvent, pour le cas où cet enfant ne pourrait plus pourvoir seul à ses intérêts pour l'une des causes prévues à l'article 425, désigner un ou plusieurs mandataires chargés de le représenter. »

Le mandat ne couvre ainsi que la situation de l'enfant, majeur ou mineur, qui présente au sens de l'**article 425 du code civil** une **altération de ses facultés mentales** l'empêchant d'exprimer sa volonté.

Concernant le mineur, il ne s'agit donc pas de prévoir dans quelles conditions s'exercera la **tutelle** pendant sa minorité, si les deux parents décèdent : cette possibilité est traditionnellement ouverte par l'article 397 du code civil qui prévoit le droit pour le dernier mourant des père et mère de choisir le tuteur qui sera désigné pour s'occuper de l'enfant pendant sa minorité (tutelle testamentaire). Dans le cadre de l'article 397, le choix ne porte que sur le tuteur, la tutelle étant, si les deux parents sont décédés, soumise aux règles classiques du conseil de famille et au contrôle du juge des tutelles.

Concernant le majeur, il ne s'agit pas plus d'autoriser les parents à décider aux lieu et place de leur enfant majeur, qui, en cas d'altération des facultés mentales de ce dernier, sera désigné mandataire.

Le **mandat pour autrui** est conçu pour permettre aux parents d'un enfant atteint d'un fort handicap, physique ou mental, d'**organiser à l'avance la protection de leur enfant lorsqu'ils ne seront plus en mesure de l'assurer eux-mêmes**, en **choisissant le mandataire** et en prévoyant les **modalités de la représentation ou de l'assistance** qui sera alors apportée à leur enfant.

- Le mandat pour autrui doit être **signé par les deux parents ensemble** ou, si l'un d'eux est décédé, par le **dernier vivant** de ceux-ci.
- Le mandat pour autrui est impérativement conclu **sous forme notariée** : le mandat sous seing privé n'est pas autorisé dans ce cadre.

323 **Exécution du mandat.** Conclu sous forme authentique, le mandat pour autrui répond aux mêmes conditions que le **mandat notarié signé pour soi-même**, tant quant à son **contenu** que quant à ses conditions d'**exécution** et de **contrôle** (v. s^s^ n°s 314 et 315).

Il revêt cependant une **double particularité**, directement liée à son origine :

- **le mandat ne s'ouvre qu'au décès des mandants**, c'est-à-dire du père et de la mère, ou lorsque les deux parents ne sont plus en mesure de prendre soin de l'intéressé (il faudra alors un certificat du médecin spécialiste établissant cette situation);
- le **mandat**, même signé alors que l'enfant est mineur, **ne peut être mis en œuvre avant la majorité de l'enfant**.

› Questions ouvertes par l'institution du mandat de protection future

324 **Difficultés liées à l'application de ce dispositif récent.** Très innovante, présentée comme la mesure phare du nouveau dispositif de protection des majeurs, l'institution du mandat de protection future pose, dans son état actuel, un certain nombre de questions.

»› L'absence de toute publicité entraîne plusieurs difficultés

325 **L'absence de publicité est justifiée par la protection de la vie privée.** Le législateur n'a pas souhaité assurer une publicité des

mandats, en invoquant le **respect de la vie privée**. Cette absence totale de publicité peut induire un certain nombre de difficultés.

326 **Difficultés liées à la signature du mandat Avant la mise en œuvre du mandat** : le mandant peut signer **plusieurs mandats successifs**, sans avoir forcément révoqué les précédents, et sans qu'il soit toujours aisé de savoir l'antériorité de chaque acte. Il peut donc y avoir un doute sur le mandat à mettre en œuvre.

327 **Difficultés liées la mise en œuvre du mandat. Lors de la mise en œuvre du mandat** : si le mandant vient à se trouver dans l'incapacité d'exprimer sa volonté, **seul le mandataire**, qui connaît par hypothèse l'existence du mandat, **est à même d'en déclencher la mise en œuvre**. Le mandat pouvant avoir été signé de nombreuses années auparavant, il faut espérer que les relations entre mandant et mandataire sont demeurées proches, ou, si le mandataire est un professionnel, qu'il a prévu un dispositif lui permettant d'être alerté de la situation. **À défaut, nul ne saura qu'un mandat existait.** Il est donc tout à fait possible que le juge des tutelles, dans l'ignorance d'un tel mandat, mette en place une mesure de protection classique.

328 **Difficultés liées à l'execution du mandat. Lors de l'exécution du mandat** : seul le mandataire est à même de savoir et de prévenir les tiers de ce que le mandat existe. Par conséquent, **de nombreux cocontractants** (y compris notaires et banquiers) **pourront parfaitement ignorer l'existence du mandat** et agir comme s'il n'existait pas.

»» Le mandat de protection future n'assure pas une protection juridique particulière au majeur vulnérable

329 **Le mandant n'est pas incapable.** Le mandat de protection future permet au **mandant** d'être **représenté** ou, selon les cas, **assisté** dans la gestion de ses affaires. Sa mise en œuvre n'entraîne en

revanche **aucune incapacité**, et par conséquent n'induit **aucune protection** juridique particulière à son égard.

Le mandant peut donc légalement continuer à conclure seul tous les actes qui le concernent : signer un acte de vente, de prêt, se marier... Sa signature est valable et l'engage.

Par conséquent, si le mandant est vulnérable aux sollicitations d'autrui, la mise en œuvre d'un régime de protection de type tutelle ou curatelle ne pourra probablement pas être évitée.

»» Le contrôle de la mise en œuvre et de l'exécution du mandat est limité

330 **Absence de contrôle par le juge.** C'est probablement l'un des points qui pose le plus de difficultés. Le mandat étant conçu comme un instrument conventionnel, **la loi n'a pas voulu que le juge ait à intervenir**, sauf en cas de difficulté ou de litige dûment signalés. Par conséquent, la **mise en œuvre du mandat** se fait **sur la simple base d'un certificat médical**, certes d'un médecin spécialiste. L'**exécution du mandat** n'est soumise qu'à une **vérification formelle des comptes** par le notaire ou la personne désignée à l'avance pour exercer un contrôle.

Le mécanisme est fort différemment conçu **au Québec**, souvent cité comme référence : la mise en œuvre du mandat doit être **homologuée par un tribunal**, et les conditions de son exécution sont vérifiées et contrôlées par le **curateur public**, institution publique de référence en matière de protection des majeurs.

»» L'articulation du mandat de protection future avec les autres mécanismes de protection soulève des interrogations

331 **Mandat de protection future, curatelle, tutelle, quelles imbrications ?** La loi (C. civ., art. 428) prévoit expressément que les mesures de protection sont subsidiaires par rapport au mandat de

protection future. Par conséquent, si un mandat de protection future est mis en œuvre pour une personne qui n'est plus en capacité de s'occuper elle-même de ses affaires, il n'y a, *a priori*, pas matière à ouvrir par ailleurs une mesure de protection.

Cependant :

- Si une mesure de protection a été ouverte, parce que le mandat de protection future qui avait été signé par la personne protégée n'a pas été mis en œuvre et n'était pas connu du juge des tutelles, le mandat enfin révélé ne pourra prendre effet que si le juge met fin à la mesure de protection, parce qu'il estime qu'il est plus opportun de laisser le mandat s'exercer. Ce qui suppose évidemment de savoir pourquoi le mandataire n'a pas fait état de son mandat auparavant.
- Si le mandat de protection ne suffit pas à couvrir les actes qui doivent être effectués pour le compte du majeur, le juge peut ouvrir une mesure de protection complémentaire, qu'il peut d'ailleurs confier au mandataire de protection future. Le juge peut également autoriser exceptionnellement le mandataire ou un tiers à accomplir un ou plusieurs actes particuliers qui ne sont pas couverts par le mandat (C. civ., art. 485).
- Si le juge, saisi d'une contestation du mandat, met fin à celui-ci, il peut alors, si l'état de la personne le nécessite, ouvrir une mesure de protection juridique. Le fait pour le juge d'ouvrir une mesure de curatelle après avoir constaté que le mandat ne se déroulait pas dans de bonnes conditions met fin de plein droit au mandat (Civ. 1re, 12 janv. 2011, n° 09-16.519, *Bull. civ.* I, n° 11).

EXEMPLE PARTICULIER

Dans un dossier fort récent qui a défrayé la chronique en raison de la grande fortune de la personne qui s'est trouvée, bien malgré elle, au cœur d'importantes procédures judiciaires, les carences du mécanisme de mandat de protection future sont apparues de manière flagrante. Alors que le juge des tutelles était saisi par la fille de Mme L.B. d'une demande de mise sous protection de sa mère, cette dernière signait au profit d'un tiers un mandat de protection future qui était mis en œuvre très peu de temps après. La mise en œuvre d'un mandat de protection future nécessitant de faire établir médicalement que le mandant est hors d'état d'accomplir seul les actes de la vie civile, la proximité entre la date de signature du mandat et la date de son déclenchement avait de quoi alerter le juge. Qui a alors saisi la cour de cassation d'une demande d'avis pour savoir s'il était possible dans ce cas de poursuivre la procédure de mise sous protection qu'elle avait initié avant que le mandat ne soit mis en œuvre. Mais entre-temps, la fille de Mme L.B. s'était désistée de sa demande de mise sous protection, probablement en raison de l'hostilité manifestée par sa mère à cette procédure. Or, selon la Cour de cassation, le désistement d'une demande de mise sous protection met fin au dossier en cours (v. ss nº 410). Le mandat a donc été exécuté jusqu'à ce que, officiellement contesté par la fille de Mme L.B., il y soit mis fin par le juge des tutelles en raison des dysfonctionnements constatés dans la gestion, et qu'une mesure de tutelle, confiée à la famille, soit finalement décidée.

»» Le dispositif du mandat de protection future peut manquer de souplesse

332 **Lors de sa mise en œuvre, le mandat peut s'avérer inadapté à la situation du majeur vulnérable.** Le mandat de protection future, **rédigé alors que le mandant a encore toutes ses facultés mentales**, peut n'être **pas tout à fait adapté** à la situation qui sera la sienne lorsque le mandat sera mis à exécution. Outre l'évolution de sa situation patrimoniale et familiale qui a pu intervenir, le mandat institue une **représentation** (il fonctionne, dit la circulaire d'application du ministère de la Justice, comme une sorte de **procuration générale**) alors que, parfois, une simple assistance aurait suffi. Or, nul ne peut intervenir pour le moduler en cours d'exécution.

Ces difficultés doivent être connues avant de conclure un mandat de protection future. Il n'est pas exclu que le législateur, au regard des questions qui seront portées à sa connaissance après quelques mois ou années d'application, adapte en conséquence ce dispositif, qui peut contribuer, à terme, à bouleverser les mécanismes de protection des majeurs vulnérables.

Pour un exemple d'un mandat de protection future sous-sein privé, ni notarié, ni contresigné par un avocat l'administration a prévu un formulaire Cerfa n° 13592*02 (v. s^{s} n° 5401). Une notice d'explication du ministère de la Justice y est jointe Cerfa n° 51226 (v. s^{s} n° 5402).

4

Demande d'ouverture d'une mesure de protection judiciaire

La protection judiciaire ayant des **conséquences contraignantes** pour le **majeur vulnérable** et la **personne qui la demande** (v. s^s^ n° 401), ses **conditions d'ouverture** sont **strictes** (v. s^s^ n°s 402 à 406). La **demande** ne peut émaner que du **majeur** ou de sa **famille** (v. s^s^ n° 407) ; exceptionnellement d'un **signalement au procureur de la République** (v. s^s^ n° 408). La **requête** adressée au **juge des tutelles** (v. s^s^ n° 409) doit contenir des **mentions obligatoires** (v. s^s^ n° 410) et être accompagnée d'un **certificat de médecin agréé** (v. s^s^ n° 412) constatant l'**altération des facultés empêchant l'expression de la volonté**.

» Régime de protection et d'incapacité

401 **Mise en place d'une assistance privant de droits et de libertés.** Les régimes de protection judiciaire ont la double particularité d'être des **régimes de protection et d'incapacité** pour le majeur vulnérable. Ils permettent de mettre en place une **représentation** ou une **assistance**, mais ils impliquent pour le majeur des **privations de droits et de libertés** conséquentes.

Ce double balancier existe aussi pour la famille, qui trouve dans la mesure de protection des garanties de contrôle et d'officialisation, qui ont cependant pour contrepartie le caractère contraignant et lourd des obligations posées à ceux qui les assument.

Le législateur à l'origine de la loi du 3 janvier 1968, qui avait instauré les mesures de protection, souhaitait qu'elles soient **exceptionnelles**. Cet objectif avait, pour diverses raisons, été perdu de vue au cours de ces dernières années au point que près de 800 000 majeurs se trouvent actuellement sous un régime de protection.

Le législateur de 2007 a voulu restaurer le caractère exceptionnel des mesures et a, pour ce faire, considérablement durci les conditions nécessaires pour demander la mise en place d'une mesure de protection.

» Quand demander une mesure de protection judiciaire ?

402 **Conditions de la demande.** La demande de mise en place d'une mesure de protection judiciaire suppose plusieurs conditions selon les dispositions des articles 425 et 428 du code civil.

« Toute personne dans l'impossibilité de pourvoir seule à ses intérêts en raison d'une altération, médicalement constatée, soit de ses facultés mentales, soit de ses facultés corporelles de nature à empêcher l'expression de sa volonté peut bénéficier d'une mesure de protection juridique », aux termes de l'article 425 du code civil.

« La mesure de protection ne peut être ordonnée par le juge qu'en cas de nécessité et lorsqu'il ne peut être suffisamment pourvu aux intérêts de la personne par l'allocation des règles de droit commun [...] », aux termes de l'article 428 du code civil.

403 **Altération des facultés médicalement constatable...** Qu'elle affecte les facultés mentales ou physiques de la personne, l'altération qui peut permettre l'ouverture d'une mesure de protection doit nécessairement être liée à une difficulté médicale.

Seules les altérations d'origine pathologique peuvent être invoquées. La loi du 5 mars 2007 a en effet supprimé les anciens cas de saisine du juge des tutelles, qui pouvaient résulter de l'**oisiveté** ou de la **prodigalité**, et qui pouvaient conduire à ouvrir une mesure de protection au profit de personnes qui, bien que leurs facultés mentales ou physiques ne soient pas altérées, ne parvenaient pas à réfréner leurs dépenses ou leurs actes (ce qui pouvait ainsi inclure des personnes ayant des compulsions au jeu, à la boisson, ou autres).

404 **... de nature à empêcher l'expression de la volonté.** L'altération des facultés, particulièrement si elle n'est que physique, ne saurait induire la mise en place d'une mesure de protection, au regard des aspects contraignants et incapacitants de celle-ci.

Il faut que l'altération des facultés soit telle qu'elle ne permette pas à la personne qui en est victime d'exprimer sa volonté, ou de le faire de manière lucide et éclairée.

405 **Nécessité de la mesure de protection.** La mise en place d'une mesure de protection au profit d'une personne dont l'altération des facultés est constatée n'a de caractère ni automatique, ni obligatoire. Il est tout à fait possible, compte tenu de l'organisation familiale et des mécanismes conventionnels mis en place (v. ss nos 301 s.), que l'instauration d'une mesure de protection ne soit pas nécessaire.

Souvent recommandée par les tiers aux familles pour « officialiser » la situation ou en faciliter le contrôle, **la mesure de protection judiciaire sera refusée par le juge s'il lui apparaît qu'elle n'est pas nécessaire** et que la prise en charge familiale ou amicale est suffisante, sans qu'une intervention judiciaire soit nécessaire.

406 **Subsidiarité de la mesure.** Le caractère subsidiaire des mesures de protection complète la condition de nécessité : **une mesure de protection ne peut être demandée que pour autant qu'aucun autre mécanisme**, plus souple et moins contraignant, **ne permet de faire face à la situation du majeur** (sur les principaux mécanismes v. s^s n°s 201 s.).

Le juge des tutelles peut donc, après examen de la situation, renvoyer le requérant à mettre en place par préférence un système permettant d'aider ou de représenter le majeur sans entrer dans le mécanisme des régimes de protection.

Qui peut demander une mesure de protection ?

407 **La requête ne peut émaner que du majeur ou de la famille. Depuis la loi du 5 mars 2007 seule la famille est habilitée** à demander au juge des tutelles la mise en place d'une mesure de protection.

Avant la loi du 5 mars 2007, le juge pouvait être saisi de deux façons :

- soit par la **famille**, selon une **requête** officielle ;
- soit par un **signalement**, émanant le plus souvent de **services sociaux ou médicaux**, à partir duquel il pouvait estimer nécessaire de se saisir d'office pour examiner la situation. Le législateur de 2007 a supprimé cette seconde possibilité.

Cependant, la **notion de famille** est entendue dans un **sens large**. Les personnes qui peuvent saisir le juge des tutelles sont précisées par l'article 430 du code civil. Il s'agit :
- du **majeur concerné** lui-même ;
- du **conjoint**, **partenaire** avec lequel il a conclu un **pacte civil de solidarité** ou **concubin**, à condition que la vie commune n'ait pas cessé entre eux ;
- d'un **parent** ou d'un **allié** ;
- d'une **personne entretenant avec le majeur des liens étroits et stables** ;
- de la **personne qui exerce à son égard une mesure de protection juridique**.

Ainsi, outre la famille au sens strict, l'entourage proche, qui entretient avec la personne concernée des « liens étroits et stables » a qualité pour saisir le juge des tutelles. Il ne peut s'agir d'un voisin ; il peut en revanche s'agir d'un ami de longue date.

La jurisprudence a confirmé, dans un avis du 20 juin 2011 (Cour de cassation, Avis n° 011 00007P), le caractère fondamental de la requête familiale, puisqu'elle considère que si la famille se désiste de la requête en ouverture de mesure, le juge, même s'il a commencé à instruire le dossier, et qu'il estime que la mesure de protection serait nécessaire, doit mettre fin au dossier. Il en va bien entendu autrement si la mesure a déjà été prononcée.

408 **À défaut de famille, un signalement peut être adressé au procureur de la République.** Un signalement, même accompagné d'éléments médicaux, ne permet plus au juge des tutelles de se saisir d'office. En revanche, il est possible de **signaler au procureur de la République une situation** qui paraît nécessiter la mise en place d'une mesure de protection, sans que la personne concernée ait autour d'elle une famille en capacité de déposer la requête.

À réception du signalement, le procureur de la République peut :
- procéder à une **enquête** pour recueillir des éléments d'information détaillés ;

- **classer le signalement** en estimant qu'il n'y a pas lieu à mesure de protection ;
- réorienter la personne vulnérable vers d'**autres mécanismes d'aides, sociales, médicales, ou juridiques** ;
- demander à la famille, s'il en existe une, de **saisir régulièrement le juge des tutelles** ;
- enfin, le **procureur de la République** peut estimer que le signalement qui lui a été adressé contient les éléments permettant de penser qu'une mesure de protection est effectivement nécessaire. Il peut alors **saisir le juge des tutelles**. Mais il devra fournir les mêmes documents que tous les autres requérants (et notamment le **certificat médical émanant d'un médecin agréé**).

> ⚠ La saisine du juge des tutelles par le ministère public ne permettant pas, compte tenu de ses conditions strictes, de couvrir toutes les situations des majeurs isolés, ayant besoin d'une aide mais sans famille proche habilitée à en faire la demande, il existe à l'évidence une faille sensible dans le dispositif de protection des majeurs.

› Comment demander une mesure de protection ?

›› Compétence du juge des tutelles

409 **Compétence territoriale.** Le juge compétent pour instruire une demande de mise sous protection est le **juge des tutelles du tribunal d'instance du lieu de résidence habituelle du majeur** à protéger (C. pr. civ., art. 1211).

La **notion de résidence habituelle** conduit à saisir le juge des tutelles du lieu du **domicile réel du majeur** même si celui-ci est temporairement hospitalisé ou hébergé dans une autre ville.

• La question se pose de savoir quel juge est compétent lorsque le majeur réside, depuis un certain temps, en **maison de retraite**.

Avant la réforme de 2007, le texte, qui évoquait le « domicile », était interprété comme laissant subsister la compétence du juge du lieu où le majeur habitait avant de partir en maison de retraite, dès lors qu'il avait conservé son logement. En revanche, si ce logement avait été vendu, ou le bail résilié, le juge compétent était celui du lieu de la maison de retraite.

Il est probable que cette analyse subsistera, ne serait-ce que pour éviter que les juges des tutelles des lieux des principaux établissements d'hébergement (centres de long séjour, hôpitaux) soient systématiquement saisis.

• En cas de **déménagement** du majeur en cours de procédure, le juge des tutelles est libre, en fonction de l'intérêt du majeur, du lieu de résidence des membres de la famille et des interventions déjà réalisées dans le dossier, de décider de conserver malgré tout le dossier jusqu'à ce que la décision soit prise – ce qui est le cas majoritairement – ou de le transmettre au juge du lieu de la nouvelle résidence.

• Lorsque le **majeur** est **de nationalité étrangère**, le juge compétent demeure en principe celui de la résidence habituelle du majeur (Conv. La Haye, 13 janv. 2000 sur la protection internationale des adultes, entrée en vigueur le 1er janv. 2009).

Les tribunaux d'instance font actuellement l'objet d'une importante concentration dans le cadre de la réforme de la carte judiciaire. Près de la moitié des tribunaux d'instance ont disparu depuis le 1er janvier 2010 en étant fusionnés avec les tribunaux d'instance les plus importants du département. Les premiers mois de l'année 2010, les tribunaux d'instance « absorbés » ont transféré l'intégralité de leurs dossiers et des procédures en cours et les tribunaux d'instance « absorbants » ont dû réorganiser leurs services. Aucun moyen particulier n'ayant été mis à la disposition des tribunaux pour cette épreuve unique dans l'histoire de la Justice, il faut s'attendre à de très grosses difficultés qui perdureront probablement dans le temps.

»» Requête aux fins d'ouverture d'une mesure de protection

410 **Formalisme de la requête.** La **requête** présentée au juge des tutelles aux fins d'ouverture d'une mesure de protection peut être faite sur papier libre, et déposée ou envoyée au **greffe du tribunal d'instance** (pour un exemple de requête aux fins d'ouverture d'une mesure de protection v. ss n° 421).

411 **Contenu de la requête.** Si la **forme** est **libre**, le **contenu** en revanche est **strictement prévu par les textes**.

- La requête doit mentionner, à peine d'irrecevabilité, l'**identité de la personne à protéger et ses coordonnées**.
- La requête doit mentionner **l'identité de la personne formant la requête** et ses **liens** avec le majeur.
- La requête doit, à peine d'irrecevabilité toujours, comporter une **explication des faits rendant nécessaire la mise en place d'une mesure de protection**.
- La requête doit indiquer l'**identité** et les **coordonnées des personnes de l'entourage proche du majeur** et préciser **si l'une d'entre elles souhaite exercer la mesure de protection**.
- La requête doit indiquer le **nom du médecin traitant**, si ce nom est connu du requérant.
- La requête doit comporter le plus d'éléments possibles sur la **situation familiale, financière et patrimoniale du majeur**.

C'est donc un véritable dossier qui doit être constitué pour le juge des tutelles.

Des imprimés peuvent être retirés au greffe du tribunal d'instance ou sur le portail « Tutelles » du site du ministère de la Justice (www.justice.gouv.fr).

»» Obligation de joindre un certificat médical à la requête

412 **Certificat établi par un médecin agréé.** Pour être recevable, la requête doit en outre être accompagnée d'un **certificat émanant d'un médecin agréé**.

Ce certificat doit être établi par un médecin inscrit sur une liste spécialement établie à cet effet par le procureur de la République. Cette **liste** peut être obtenue au **greffe des tribunaux d'instance** ou auprès du **procureur de la République**. Les médecins qui sont inscrits peuvent être généralistes ou spécialisés (gérontologues, psychiatres, etc.), ils ont en commun d'être intéressés par ce domaine d'intervention et d'avoir généralement suivi une formation spécifique pour ce faire.

413 **Contenu du certificat médical.** Le **certificat** comprend un certain nombre de **rubriques obligatoires**.

Le contenu du certificat médical est désormais décrit avec précision par l'article 1219 du code civil.

Après avoir examiné la personne, le médecin doit en effet rédiger un rapport dans lequel il doit :

- **décrire avec précision l'altération des facultés** qu'il a pu constater ;
- indiquer au juge, dans la mesure du possible, quelle **évolution** peut être **prévisible** (ce qui aide le juge à fixer notamment le délai pendant lequel la mesure de protection aura cours) ;
- préciser les **conséquences de cette altération sur la nécessité d'une assistance ou d'une représentation** de la personne, en évoquant aussi bien les actes patrimoniaux que les actes personnels ;
- **dire si l'altération permet ou non l'exercice du droit de vote** (le juge des tutelles pouvant en effet, mais ce n'est pas automatique, interdire le droit de vote au majeur dans le cadre d'une tutelle v. s[s] n° 1216) ;
- **dire si l'audition de la personne est de nature à porter atteinte à sa santé ou si elle est hors d'état d'exprimer sa volonté** (cette indication est en effet indispensable pour le juge des tutelles, qui doit systématiquement entendre le majeur, sauf si une de ces deux situations est signalée par le médecin).

Les **rubriques** ci-dessus sont **obligatoires**.

Le médecin peut **donner son avis sur d'autres points** qui ont pu être portés à sa connaissance lors de l'examen. Il peut notamment, s'il l'estime utile, relayer auprès du juge des tutelles les choix que le majeur aurait exprimés devant lui sur certains éléments de la mesure de protection (personne à désigner, actes à effectuer en urgence, actes que le majeur souhaite continuer à effectuer seul...).

414 **Refus de la personne à protéger de se soumettre à un examen médical.** Comment procéder lorsque le majeur à protéger refuse catégoriquement de se rendre chez le médecin agréé ou de recevoir sa visite ?

En ce cas, le médecin, après avoir dûment constaté que l'opposition venait du majeur, et en avoir relaté les circonstances, peut établir un **certificat de carence**.

Jusqu'à la réforme de 2007, il était jugé que le juge des tutelles pouvait alors, en présence d'un certificat de carence, prononcer une mesure de protection au regard des autres pièces versées au dossier et témoignant de l'altération des facultés de l'intéressé (enquête sociale, courriers, attestations du médecin traitant...). Cependant, dans un arrêt du 29 juin 2011, la Cour de cassation, s'appuyant sur les termes du nouvel article 431 du code civil, a considéré que s'il n'y avait pas le certificat médical circonstancié du médecin spécialiste en raison du refus de la personne à protéger de se soumettre à l'examen, le juge des tutelles ne pouvait pas admettre la requête en demande d'ouverture.

Cette décision bouleverse le mécanisme d'ouverture, puisqu'alors les majeurs en grande difficulté, qui, pour des raisons en lien avec leur pathologie, refusent l'examen médical, ne peuvent plus accéder à une protection.

Toutefois, si, outre le procès-verbal de carence du médecin spécialiste, la famille peut fournir des éléments médicaux montrant l'altération des facultés mentales du majeur protégé, la requête pourra être reconnue recevable.

415 **Avis du médecin traitant.** Bien que ce ne soit plus obligatoire, **le médecin agréé peut solliciter, avant de rédiger son rapport, l'avis du médecin traitant**. La nouvelle loi n'a pas voulu faire du médecin traitant un interlocuteur obligé, afin de ne pas contrarier les relations que le médecin traitant entretient avec le majeur ou sa famille. Mais lorsque, dans l'intérêt de son patient, le médecin traitant qui le connaît de longue date donne son avis, le médecin agréé le mentionne au rapport.

416 **Remise du certificat au demandeur de la mesure de protection.** Le **certificat médical**, une fois rédigé, est **remis au demandeur** (le requérant ou le majeur à protéger) **sous pli cacheté**. La **confidentialité** des informations est donc préservée, même si la transmission du document au juge des tutelles se fait par l'intermédiaire du demandeur, qui est toujours libre, dans l'intervalle, de renoncer à la demande de protection.

417 **Coût du certificat médical.** Le **coût du certificat** est **tarifé**.

Depuis le 1er janvier 2009, le montant des honoraires des médecins est fixe. Avant la réforme de 2007, les honoraires qui pouvaient être réclamés par les médecins étaient libres.

Le certificat médical rédigé pour l'ouverture d'une mesure de protection est tarifé à **160 euros**. Lorsque le médecin agréé établit **un certificat de carence**, la rémunération est de **30 euros**.

Le coût du certificat est à la charge du majeur à protéger ou de sa famille et doit être directement réglé au médecin agréé.

Toutefois, à titre exceptionnel, en cas d'insolvabilité, le juge des tutelles peut décider de mettre les frais à la charge de l'État.

418 **Confidentialité du certificat médical.** Le certificat du médecin spécialiste doit évidemment rester confidentiel. Il ne saurait être divulgué hors du dossier de tutelles, sauf dans les conditions très précises prévues par les textes (v. ss nos 501 s.).

Ce souci de confidentialité conduit parfois les médecins spécialistes à refuser de remettre le certificat au requérant, pour l'envoyer directement au juge des tutelles. Cette précaution n'est pas prévue par les textes, d'autant que le requérant est en droit de prendre connaissance des documents du dossier de tutelle. Une autre pratique est de remettre le certificat médical sous pli fermé, à charge pour le requérant de décider en conscience s'il en prend ou non connaissance.

419 **Prise en compte de l'avis du médecin par le juge.** L'avis du médecin spécialiste est une obligation pour que la demande de mise sous protection soit reconnue recevable par le juge (v. ss nos 411 s.). En revanche, le contenu de l'avis du médecin spécialiste n'engage pas le juge des tutelles. Celui-ci reste libre de la décision qu'il prendra finalement, en tenant compte de l'ensemble des informations qu'il a pu recueillir au cours de son instruction. Il est donc parfaitement possible qu'un juge des tutelles décide qu'il n'y a pas lieu à mesure alors que le médecin spécialiste en préconisait une, ou qu'il opte pour une mesure différente de celle recommandée par le médecin spécialiste.

Par conséquent, si le majeur ou sa famille n'est pas en accord avec les conclusions du médecin spécialiste, il est tout à fait possible de fournir au juge des éléments, notamment médicaux ou encore organisationnels, pour le convaincre d'opter pour une autre solution. En dernier recours, il est envisageable de demander une autre expertise.

» Autres pièces à joindre à la requête

420 **Toute pièce permettant d'établir la nécessite de la mesure.** Outre le certificat du médecin agréé, la requête doit comprendre :
- tout **document** établissant la **situation financière et patrimoniale** de l'intéressé ;
- tout **document** de nature à expliquer la requête de mise sous protection, **sa nécessité**, et son **urgence** éventuelle.

421 Exemple de requête aux fins d'ouverture d'une mesure de protection

Requête aux fins d'ouverture d'une mesure de protection

(C. pr. civ., art. 1218)

Le, soussigné :

Auteur de la requête :

Nom : ....

Demeurant : ....

Né à .... [*lieu*], le .... [*date*]

De nationalité : ....

Exerçant la profession de : ....

Lien avec le majeur à protéger : ....

Assisté de Maître (facultatif) : ....

Déclare vouloir saisir le juge des tutelles pour voir ordonner l'ouverture d'une mesure de protection juridique à l'égard de :

M. ....

Né à .... [*lieu*], le .... [*date*]

De nationalité : ....

Cette personne étant dans l'impossibilité de pourvoir seule à ses intérêts en raison d'une altération médicalement constatée de ses facultés mentales et/ou de ses facultés corporelles de nature à empêcher l'expression de sa volonté.

Sont annexés à la présente requête :
- un justificatif d'état civil;
- une copie intégrale ou un extrait d'acte de naissance de la personne à protéger;
- un certificat médical circonstancié en date du... rédigé par..., médecin choisi sur la liste établie par le procureur de la République;
- la liste des personnes appartenant à l'entourage de la personne à protéger dans la mesure où le requérant a connaissance de leur existence;

- un état du patrimoine du majeur, dans la mesure où le requérant a connaissance de sa consistance (patrimoine immobilier, comptes bancaires, revenus, dettes) ;
- les coordonnées du médecin traitant de la personne à protéger.

Indiquer tous éléments utiles pour comprendre la situation
Expliquer la situation du majeur et les éléments qui rendent nécessaire la mise en œuvre d'une mesure

La présente requête est motivée par les éléments suivants :

....

....

....

La personne à protéger a été informée du dépôt d'une requête :

Oui ❐ Non ❐

Expliquer pourquoi

....

Fait à .... [*lieu*], le .... [*date*]

[*Signature*]

....

Le Requérant

5
Instruction du dossier par le juge des tutelles

> Sauvegarde de justice
> Mesures d'instruction
> Accès au dossier
> Décision

Placé sous **sauvegarde de justice**, le **majeur vulnérable** conserve l'exercice de ses droits (v. s^s n°s 502 et 503), sauf **désignation d'un mandataire spécial** (v. s^s n° 506). Le **juge des tutelles** procède à l'**audition du majeur**, de sa **famille** ou de son **entourage** (v. s^s n° 511). Il peut diligenter une **enquête sociale** ou demander l'**avis du médecin traitant** (v. s^s n° 514). L'**accès au dossier d'instruction** a été **élargi** (v. s^s n°s 515 et 516). Le **jugement** institue ou non une protection judiciaire (**curatelle** ou **tutelle**) et précise la personne qui l'exercera (v. s^s n° 520). **Publicité** du jugement est faite par mention au répertoire civil (v. s^s n° 521).

501 **Période d'instruction.** La **saisine du juge des tutelles**, de manière régulière, va déclencher une période pendant laquelle le juge va procéder à **divers actes d'enquête (en procédure, cette enquête prend le nom « d'instruction du dossier », bien qu'il ne s'agisse évidemment pas d'une instruction au sens pénal du terme)**, qui vont lui permettre de prendre une double décision : **ouvrir ou non une mesure de protection**, et le cas échéant **désigner une personne pour l'exercer**.

» Sauvegarde de justice

502 **Durée de l'instruction.** Entre le moment où la requête est déposée et le moment où le juge prendra sa décision et ouvrira le cas échéant une mesure de protection, un délai de plusieurs mois va s'écouler. La loi fixe une **limite d'un an**, au terme de laquelle **la requête devient caduque si le juge n'a pas pris de décision**.

Il arrive que le juge des tutelles, saisi d'une requête qu'il estime prématurée ou non nécessaire, laisse, en accord avec le requérant, le dossier en attente jusqu'à ce qu'il se termine par une caducité. Cela évite de figer la décision, en ouvrant un délai de réflexion pour le cas où de nouveaux événements interviendraient.

Le temps de l'enquête peut poser difficulté pour un majeur qui a besoin d'une mesure urgente. La loi le prévoit, tout en considérant que la procédure de mise sous protection ne doit pas être un mécanisme destiné à pallier, en urgence, des dysfonctionnements ou difficultés qui souvent ont surgi longtemps auparavant. Pour que la mesure de protection puisse fonctionner normalement, il faut que la **période d'instruction** ait permis une **préparation sereine de la décision**.

C'est pourquoi la loi n'instaure en principe, **pour la durée de l'instruction**, qu'une **simple période de « sauvegarde »**. Toutefois, à titre exceptionnel, il est possible au juge des tutelles de désigner très rapidement un **mandataire spécial** pour effectuer les actes urgents.

›› Ordonnance de sauvegarde de justice

503 **Mesure de protection provisoire ouverte pendant la durée de l'instruction.** Dès que le juge des tutelles est saisi par une requête régulière aux fins d'instruire un dossier de mise sous protection, il rend une **décision** par laquelle il place le majeur **sous sauvegarde de justice pendant la durée de l'instance**.

Bien que ce placement sous sauvegarde de justice ne soit qu'une faculté pour le juge des tutelles, il y est quasiment systématiquement procédé, puisqu'il s'agit d'un acte qui assure au majeur une **protection préventive minimale** sans lui imposer une quelconque contrainte.

L'**ordonnance de sauvegarde de justice** peut être prise dès que le juge des tutelles a reçu la requête, avant même, s'il y a urgence, d'avoir procédé à l'audition de la personne concernée. L'ordonnance est **notifiée au requérant et au majeur protégé**, et **transmise au procureur de la République**.

Elle n'est **pas susceptible de recours** puisqu'elle n'entraîne pas de privation de droits pour le majeur protégé : pour le majeur protégé, en effet, le placement sous sauvegarde n'a aucune incidence concrète dans son quotidien. La cour de cassation a même dit que de ce fait, elle était exécutoire (c'est-à-dire applicable) de plein droit dès son prononcé, même si elle n'avait pas été notifiée à l'intéressé (Civ. 1re, 29 juin 2011, n° 10-18.960).

504 **Durée de la mesure.** Le placement sous sauvegarde de justice dure pendant toute l'instruction du dossier, c'est-à-dire jusqu'à ce qu'une décision soit prise par le juge des tutelles sur la nécessité de la mesure de protection. Si le juge n'a pas pris sa décision dans le délai maximal d'un an, l'ordonnance de sauvegarde de justice devient automatiquement caduque.

505 **Effets de la mesure.** Le **placement sous sauvegarde de justice**, lorsqu'il ne s'accompagne d'aucun autre acte, n'a que des **effets très réduits. Le majeur conserve l'exercice complet de ses droits**.

Cependant, si pendant la période de sauvegarde de justice le majeur accomplit des actes qui sont contraires à ses intérêts, il sera possible de les faire annuler ou d'en faire modifier les clauses dès lors qu'il est prouvé qu'ils ont lésé le majeur (alors qu'une simple lésion ne suffit pas, normalement, à faire annuler un contrat civil).

L'annulation n'est pas automatique. Il faut aller devant le tribunal de grande instance pour démontrer que le majeur placé sous sauvegarde de justice a été lésé par l'acte. La loi recommande de prendre en considération l'utilité ou l'inutilité de l'opération, l'importance ou la consistance du patrimoine de la personne protégée et la bonne ou mauvaise foi de ceux avec qui elle a contracté.

Toutefois, en pratique, un courrier adressé au cocontractant et faisant état de ce que le majeur a conclu l'acte alors qu'il était placé sous sauvegarde de justice peut avoir des résultats étonnamment rapides.

Si, avant son placement sous sauvegarde de justice, le majeur a donné pouvoir pour agir en son nom (par exemple, signé des procurations) à un tiers, ce pouvoir continue à produire ses effets pendant la période de sauvegarde de justice, sauf si le juge les révoque expressément.

Dans le cas où la demande de protection est liée à la suspicion née de la présence, dans l'entourage du majeur, de personnes mal intentionnées, mieux vaut prévoir de vérifier l'existence de procurations bancaires ou mandats notariés pour en demander la révocation au juge des tutelles.

Il ne faut pas confondre la sauvegarde de justice, prise pendant la durée de l'instance, avec la sauvegarde de justice autonome (v. ss nos 201 s.), ou avec la sauvegarde de justice que le langage courant appelle « sauvegarde médicale », prévue par le code de la santé publique et qui consiste, pour le médecin soignant, après avis d'un psychiatre, à effectuer une déclaration auprès du procureur de la République afin de faire bénéficier au majeur de la protection minimale du régime de la sauvegarde. La déclaration, qui est inscrite sur un registre spécial que ne peuvent consulter que les professionnels de la justice et la famille proche, n'a d'autre effet que d'instaurer la protection contre les actes lésionnaires expliquée ci-dessus. Elle ne vaut pas demande de mise sous un régime autre de protection. Elle prend fin soit par déclaration de cessation, soit en tout état de cause au bout d'un an. Elle peut être renouvelée une fois pour la même période.

» Désignation d'un mandataire spécial

506 **Désignation exceptionnelle en cas d'urgence.** La situation du majeur est très différente lorsqu'un **mandataire spécial a été désigné** dans le cadre de la **sauvegarde de justice**. Ses droits, alors, sont directement affectés.

La désignation d'un mandataire spécial doit être **exceptionnelle**. Elle a en effet pour conséquence non seulement **d'habiliter une personne à effectuer certains actes** pour le compte du majeur protégé mais, en outre, à **interdire au majeur d'accomplir lui-même les mêmes actes** pour lesquels le mandataire a reçu mission.

Pour qu'un mandataire spécial soit désigné, il faudra donc justifier de l'**urgence** à accomplir certains actes et de l'**impossibilité pour le majeur de les accomplir lui-même**. Le plus souvent, le juge des tutelles procédera d'abord à l'**audition du majeur lui-même**, afin de l'avertir de la mesure qu'il pense ordonner et de recueillir son sentiment.

507 **Modalités de désignation du mandataire spécial.** La **désignation du mandataire spécial** se fait par **ordonnance du juge des tutelles**. Cette ordonnance **est susceptible de recours dans les quinze jours de sa notification** (v. s^s n°s 1401 s.).

L'ordonnance fixe les **pouvoirs** qui sont confiés au mandataire spécial. Ce peut être une **mission générale d'administration des biens**, lorsque la situation se trouve totalement bloquée du fait de l'impossibilité pour le majeur de s'occuper de ses affaires. Ce peut être une **mission précise ou ponctuelle d'effectuer certains actes en particulier**.

Ce peut être également, sur décision spéciale du juge, une **mission ayant trait à la protection de la personne**. Ainsi, dans des situations extrêmes, lorsque des décisions urgentes sont à prendre en matière médicale (v. s^s n°s 1101 s.) et que le majeur n'est pas en état d'exprimer sa volonté.

508 **Personnes pouvant être désignées comme mandataire spécial.** Le juge des tutelles **peut désigner, en qualité de mandataire spécial, les mêmes personnes qu'il peut désigner en qualité de curateur ou tuteur** : par priorité le conjoint ou compagnon, puis un parent, un allié ou une personne résidant avec le majeur protégé et entretenant avec lui des liens étroits et stables, et à défaut un mandataire judiciaire à la protection des majeurs.

509 **Mission du mandataire spécial.** La mission du mandataire spécial cesse soit lorsqu'il a accompli les actes pour lesquels il avait reçu pouvoir, soit en même temps que cesse la mesure de sauvegarde de justice. À tout moment, le juge des tutelles peut toutefois mettre fin à ce mandat ou remplacer le mandataire.

Le **mandataire spécial** doit rendre compte de l'exécution de son mandat en établissant un **compte de gestion**, accompagné de toutes les **pièces justificatives**, comme doit le faire le tuteur ou le curateur.

» Mesures d'instruction

510 **Instruction préalable à la décision du juge.** Pour prendre sa décision, le juge des tutelles, qui dispose au départ de la requête qui lui a été déposée, accompagnée de certaines pièces (v. s^s n°s 410 s.) et du certificat du médecin agréé, va procéder à l'**instruction du dossier**.

»» Auditions

511 **Mesure d'instruction principale.** L'instruction du dossier consiste essentiellement, pour le juge des tutelles, à procéder à des **auditions**.

512 **L'audition du majeur à protéger. L'audition du majeur à protéger** est **prioritaire** et **obligatoire**. Le juge des tutelles ne peut écarter cette audition que s'il résulte du certificat établi par le médecin agréé que l'audition serait de nature à porter atteinte à la santé de l'intéressé ou que celui-ci est hors d'état d'exprimer sa volonté.

L'audition du majeur à protéger se déroule, le plus souvent, dans le bureau du juge des tutelles. Si le majeur a indiqué avoir un avocat, cet avocat est informé de la date de l'audition. **Le juge des tutelles entend le majeur seul.** Il peut cependant décider, s'il l'estime utile, de procéder à l'audition en présence du **médecin traitant**, ou de **l'avocat**, ou encore d'une **autre personne** susceptible de rassurer le majeur. À cet égard, la décision du juge des tutelles est souveraine. L'essentiel est qu'il puisse **s'entretenir dans les meilleures conditions avec le majeur**, vérifier l'altération des facultés invoquées, recueillir son avis sur les différentes options, et sa vision de sa situation.

Le juge des tutelles peut, si cela s'avère nécessaire, se déplacer au domicile du majeur protégé ou sur son lieu d'hébergement.

L'audition du majeur protégé a évidemment une importance toute particulière. Dès lors qu'il est en mesure d'exprimer sa volonté, le juge doit en tenir compte – même s'il n'est pas obligé de la suivre – de cette volonté, notamment s'agissant du choix de la personne qui pourra exercer la mesure.

513 **L'audition des membres de la famille et de l'entourage.** Le juge **peut procéder** à l'audition de toute personne qui, dans la famille ou l'entourage du majeur, est susceptible d'apporter des éléments permettant d'éclairer la décision, ou qui souhaite s'exprimer. Le juge est **libre dans le choix des personnes qu'il décide**

d'auditionner. Toutefois, il est **tenu d'entendre la personne qui se propose pour exercer la mesure de protection**.

Le juge peut également recueillir l'avis des membres de la famille par écrit.

» Autres mesures

514 **Enquête sociale et avis médical complémentaire.** S'il ne s'estime pas suffisamment informé, le juge des tutelles peut procéder à d'autres mesures d'instruction. Il peut notamment :

- **Ordonner une enquête sociale** : effectuée par un professionnel figurant sur une liste spéciale, l'enquête sociale consiste à recueillir des informations sur la situation sociale et familiale d'une personne, afin d'éclairer la décision du juge.
- Demander un **avis complémentaire à un médecin, notamment le médecin traitant**.

L'éventail des mesures que peut mettre en œuvre le juge des tutelles n'est cependant pas infini. Il ne lui est notamment pas possible de faire lui-même les recherches permettant de connaître les opérations réalisées par le majeur ou les placements effectués par ce dernier. Il peut toutefois obtenir du fichier central des banques la liste des comptes ouverts au jour de la demande de protection par le majeur protégé.

› Accès au dossier

515 **Accès élargi au dossier d'instruction.** La loi de 2007 a révolutionné la procédure permettant l'accès au dossier. Il n'était auparavant possible de consulter le dossier d'instruction établi par le juge des tutelles que durant les quinze jours précédant la date de la décision.

Prenant conscience de ce que l'opacité entretenait la suspicion, et souhaitant appliquer à la protection des majeurs les grands principes prônés par la Cour européenne des droits de l'homme,

le législateur a considérablement élargi l'accès au dossier. Cela n'est pas sans soulever des difficultés, s'agissant malgré tout d'éléments extrêmement personnels que le majeur ne souhaite pas toujours voir diffuser et qui peuvent également être source de traumatismes à son égard.

»» Qui peut consulter le dossier ?

516 **Consultation par le majeur à protéger. Le majeur peut consulter le dossier, à tout moment de la procédure, ainsi que son avocat s'il en a un**.

Pour pouvoir consulter son dossier, le majeur doit simplement **avertir le greffier un peu à l'avance**, afin que cette consultation puisse se dérouler dans les meilleures conditions. Les tribunaux d'instance sont de taille modeste, et il existe peu d'espaces dédiés à la consultation. Il est donc normal que la réglementation exige simplement du majeur qu'il respecte les « nécessités du service », c'est-à-dire dans les plages horaires prévues à cet effet par le greffe ou un délai de prévenance.

Une autre restriction est cependant prévue, mais à titre exceptionnel : **le juge peut en effet, s'il estime que la consultation de certaines pièces est susceptible de causer au majeur un préjudice psychique grave, retirer ces pièces de la consultation**. Ce **retrait** se fait cependant de manière tout à fait officielle, puisque le juge devra en avertir le majeur par **ordonnance motivée** sur laquelle un **recours** pourra être formé.

Cette précaution était nécessaire au regard des éléments, notamment médicaux, qui figurent dans le dossier et qui peuvent être traumatisants s'ils sont lus sans l'aide d'un tiers.

517 **Autres personnes pouvant consulter le dossier.** Peuvent également consulter le dossier :

- le **requérant et/ou son avocat**, jusqu'au jour de la décision prise sur la demande ;

– le **mandataire**, le **curateur** ou le **tuteur**, une fois qu'il en a été désigné un.

Par ailleurs, le juge peut autoriser **un autre membre de la famille** à consulter le dossier pendant le cours de l'instruction, à la condition toutefois qu'il justifie d'un intérêt légitime pour le faire. La loi essaie ainsi de trouver un équilibre entre la transparence qu'exige la famille pour comprendre les choix qui seront faits par le juge, et le droit au respect des informations privées que peuvent souhaiter le majeur et tous ceux qui auront évoqué leur situation personnelle devant le juge des tutelles.

Exemple de courrier qui peut être adressé au juge des tutelles

M. ....
Domicilié ....
Tél. ....
Messagerie ....

Objet : Consultation du dossier de M. ....

Monsieur le juge des tutelles,

Je suis .... [*lien de parenté*] de M. Y..., pour lequel un dossier de mesure de protection est en cours dans votre cabinet.

Je souhaiterais pouvoir consulter le dossier.

Expliquer pourquoi [En effet, ...

Téléphoner préalablement au greffier du juge des tutelles pour lui expliquer de vive voix la demande [Je vous remercie de la suite que vous donnerez à ma demande et vous prie de croire, Monsieur le juge, à l'expression de ma considération la meilleure.

[*Signature*]

....

»» Peut-on obtenir copie des pièces du dossier ?

518 **Possibilité d'obtenir des copies du dossier dans des cas limités.** Les pièces du dossier d'instruction de la mesure étant confidentielles, **il ne peut pas en être délivré de copies**.

Une **exception** toutefois : une copie des pièces du dossier peut être délivrée **à l'avocat du majeur protégé**, mais à la condition expresse de ne pas diffuser ces copies, fût-ce à son client.

Par ailleurs, **après le prononcé de la décision par le juge des tutelles**, il peut être autorisé la délivrance d'une copie d'une ou plusieurs pièces du dossier au majeur protégé ou à la personne chargée de la protection, s'ils y ont un **intérêt légitime**. La copie d'ordonnances ou même de courriers peut être utile dans le cadre d'opérations de vente, d'achats, ou d'un litige en cours. C'est le juge des tutelles qui apprécie l'existence d'un intérêt légitime.

Enfin, il est possible à une personne justifiant d'un intérêt légitime de demander une copie des décisions prises par le juge des tutelles ou des délibérations du conseil de famille : jugement, ordonnances autorisant la réalisation de certaines opérations patrimoniales, etc. (sur le droit de consulter le dossier et la copie des pièces, v. le tableau récapitulatif s[s] n° 649).

» Décision

519 **Audience.** La décision sur la mise en place ou non d'une mesure de protection est prise au cours d'une **audience en chambre du conseil**, c'est-à-dire hors la présence du public.

Sont **convoqués** à cette audience le **requérant** et le **majeur**. Le **procureur de la République**, qui reçoit avis de la date d'audience et communication du dossier, peut assister à l'audience. En pratique, il fait parvenir son avis par écrit.

Les **avocats**, s'il y en a, sont présents et peuvent faire part de leurs observations.

Dans la mesure où le requérant et le majeur ont déjà été auditionnés par le juge des tutelles, l'audience n'est souvent qu'une simple formalité, au cours de laquelle le juge officialise la décision dont il a pu déjà évoquer la teneur au cours de ces entretiens. C'est pourquoi requérant et majeur n'assistent pas souvent à l'audience.

L'audience peut cependant être importante dans un dossier conflictuel, ou lorsque l'une des personnes n'est pas d'accord avec la décision que s'apprête à prendre le juge. Dans ce cadre, la discussion est en effet plus contradictoire puisqu'elle se fait en présence de toutes les personnes qui ont une parole à défendre.

Le juge statue en fonction de l'ensemble des éléments réunis dans son dossier, et des auditions.

520 **Jugement.** À l'issue de l'audience, le juge rend sa décision par jugement.

Ce jugement comporte plusieurs éléments :

- la **mise en place, ou non, d'une mesure de protection** ;
- si une telle mesure est mise en place, son cadre : **curatelle** ou **tutelle** ;
- à l'intérieur de ce cadre, les **actes particuliers pour lesquels il est prévu représentation ou assistance** : actes personnels, droit de vote, etc. ;
- la **personne désignée pour exercer la mesure de protection**.

Le jugement est **notifié par lettre recommandée avec accusé de réception** au **requérant**, au **majeur protégé**, à la **personne désignée pour exercer la mesure**, et à toutes les personnes que le juge estime utile, afin qu'elles puissent exercer un recours.

Le délai de **recours** court en effet à compter de la notification du jugement (v. s[s] n°s 1401 s.).

Si le jugement ne dit rien, il ne devient exécutoire qu'après l'expiration du délai de recours (donc après 15 jours), et, s'il y a appel, son exécution est suspendue.

La notification de la décision de placement sous protection à la banque, au centre des impôts, à la caisse de retraite, au bailleur, à la sécurité sociale, bref, tous organismes qui doivent savoir qu'il faut désormais informer le curateur ou le tuteur de la situation.

Exemple de jugement : jugement plaçant une personne sous le régime de la tutelle

Service de la protection des majeurs

M. ....

Né le : .... [*date*]

N° RG : ....

Cabinet : ....

Audience non publique du Juge des tutelles de ...., le .... [*date*],

Le juge des tutelles, M./Mme J...

Assisté de Mme G..., greffier

Vu les dispositions des articles 415, 428 et 440 et suivants du code civil, 1211 et suivants du code de procédure civile et L. 5 du code électoral;

Vu la requête déposée par M. X..., ... [*lien de famille*] aux fins d'ouverture d'une mesure de protection en faveur de :

M. Y...

Né le : ....

Domicilié : ....

Vu le certificat médical délivré le .... [*date*], par M. ...., médecin spécialiste, inscrit sur la liste établie par le procureur de la République;

Le jugement suivant a été rendu en ces termes :

Motifs :

Attendu que toute personne dans l'impossibilité de pourvoir seule à ses intérêts en raison d'une altération médicalement constatée, soit de ses facultés mentales, soit de ses facultés corporelles de nature à empêcher l'expression de sa volonté, peut bénéficier, dans le respect de ses droits fondamentaux et de la dignité de sa personne, d'une mesure de protection tant de sa personne que de ses intérêts patrimoniaux, ou de l'un des deux;

Attendu qu'il est établi par l'ensemble du dossier et plus spécialement par les éléments médicaux que M. Y... souffre d'une altération de ses facultés [mentales *ou* corporelles] qui l'empêchent d'exprimer sa volonté;

Qu'en effet [*indiquer les éléments médicaux ou résultant de l'instruction du juge des tutelles*];

Que l'ouverture d'une mesure de protection s'avère en conséquence nécessaire;

Qu'il n'est pas possible de pourvoir à ses intérêts par application des règles du droit commun de la représentation [*expliquer les raisons qui empêchent qu'un autre régime soit mis en place*];

Qu'eu égard à son état de santé, l'instauration d'une mesure de sauvegarde de justice ou d'une curatelle s'avérerait insuffisante;

Et que M. Y... a, de ce fait, besoin d'être représenté d'une manière continue dans les actes de la vie civile, tant en ce qui concerne l'exercice de ses intérêts patrimoniaux que la protection de sa personne;

[*Ou :*

que pour favoriser son autonomie, il convient toutefois d'en limiter la portée exclusivement à la protection de ses droits patrimoniaux, toute demande relative à la protection de sa personne devant faire l'objet d'une autorisation préalable du juge des tutelles conformément aux dispositions de l'article 459 du code civil];

Que par ailleurs, son état n'exclut pas une certaine lucidité sur le plan électoral, qu'il convient de maintenir son droit de vote;

Qu'en vertu des pièces du dossier, il convient de fixer la durée de cette mesure à .... [*durée maximale de cinq ans*];

Attendu qu'eu égard aux relations habituelles entre eux et à l'intérêt porté à l'égard de M. Y..., il y a lieu de désigner M. Z... en qualité de tuteur conformément à l'article 449 du code civil;

[*Ou :*

Attendu qu'eu égard à la consistance du patrimoine de l'intéressé et à sa situation, il y a lieu de désigner plusieurs tuteurs, chargés d'exercer en commun la mesure de protection;]

[*Ou :*

Attendu qu'eu égard à la consistance du patrimoine de l'intéressé et à sa situation, il y a lieu de désigner un tuteur et un tuteur adjoint;]

Attendu qu'il convient de préciser les conditions dans lesquelles le tuteur rendra compte des diligences qu'il a accomplies dans le cadre de la mission de la protection de la personne;

Par ces motifs :

Le juge des tutelles, statuant non publiquement en premier ressort,

Place
M. Y...
Né le : ....
Demeurant à : ....
Sous tutelle

Fixe la durée de la mesure à .... ans;

Désigne pour représenter et administrer ses biens et sa personne M. X..., son .... [*lien de parenté*], domicilié .... [*lieu*]

Maintient son droit de vote;

Rappelle que le tuteur devra dans les trois mois du présent jugement, [en présence du subrogé tuteur] faire procéder à un inventaire des biens de la personne protégée, en sa présence si son état de santé ou son âge le permet, de son avocat, le cas échéant, de deux témoins majeurs, qui ne sont pas au service de la personne à protéger ou de son tuteur, si l'inventaire n'a pas été établi par un officier public, et en assurer l'actualisation en cours de mesure, conformément aux dispositions des articles 503 du code civil et 1247 du code de procédure civile ;

Dit qu'un compte rendu des diligences accomplies dans le cadre de la mission de protection à la personne et un compte de gestion reprenant les diligences accomplies dans le cadre de la gestion du patrimoine seront transmis chaque année au juge des tutelles ;

Dit que la présente décision sera notifiée à :
– M. X…
– M. Y…
– Autres ....

Dit que dans les quinze jours qui suivront l'expiration des délais de recours, en application de l'article 1230 du code de procédure civile, le greffier de cette juridiction transmettra un extrait du présent jugement au greffe du tribunal de grande instance dans le ressort duquel est née la personne protégée, à fin de conservation au répertoire civil et de publicité par mention en marge de l'acte de naissance.

Dit qu'avis en sera donné au procureur de la République près le tribunal de grande instance.

Laisse les dépens à la charge

Ainsi jugé et prononcé par nous, juge des tutelles, à la date figurant en tête du présent jugement.

Exemple d'information donnée à un organisme

Madame/Monsieur,

Par décision du juge des tutelles du .... [*date*], dont vous trouverez copie (*ou* extrait) en pièce jointe, j'ai été désigné tuteur (*ou* curateur) de :

M…. [*identité, adresse, date de naissance, n° d'identification le cas échéant*].

Je vous remercie de bien vouloir en prendre note et de m'adresser dorénavant toutes les correspondances patrimoniales destinées à M....

Par ailleurs, s'il existe des difficultés particulières à signaler dans la situation de M. ...., je vous remercie de me les faire connaître le plus rapidement possible.

[*éventuellement :*

En tout état de cause, je vous serais reconnaissant de bien vouloir me faire parvenir un état actualisé de situation dans le cadre de l'inventaire que je dois remettre au juge des tutelles].

Je vous indique les coordonnées permettant de me joindre : .... [*coordonnées postales, téléphone et mel*].

Je vous prie de croire, Madame/Monsieur, à l'expression de ma considération.

6

Désignation d'un membre de la famille

- > Vocation naturelle de la famille
- > Qui peut être désigné comme tuteur ou curateur ?
- > Sur quels critères se fonde le juge des tutelles pour choisir le tuteur ou curateur ?
- > Peut-on exercer une mesure de protection à plusieurs ?
- > Peut-on déléguer l'exercice de la mesure de protection ?
- > Le juge des tutelles peut-il modifier sa décision portant désignation du tuteur ou du curateur ?
- > Comment s'exerce le contrôle de l'action du tuteur ou du curateur ?
- > Les autres membres de la famille ont-ils un droit de regard sur l'action du tuteur ou curateur ?
- > Le tuteur ou curateur familial peut-il être rémunéré ?
- > La responsabilité du tuteur ou du curateur familial

Le **choix du juge des tutelles** est hiérarchisé par la **loi** (v. ss n° 602), sauf **désignation anticipée d'un tuteur ou curateur par le majeur protégé** (v. ss n° 605). La protection peut s'exercer de façon **collégiale** (v. ss nos 614 à 620) ou **allier l'aide d'un tiers à l'intervention familiale** (v. ss n° 624). Le **contrôle de l'action de protection** s'effectue par la remise périodique de divers documents au **juge des tutelles** (v. ss nos 628 à 640). Certains membres de la famille ont un **droit de regard sur la gestion opérée** (v. ss nos 641 et 642). Le **tuteur** ou **curateur familial** exerce sa mission, en principe, à titre gratuit. Il n'engage (v. ss nos 643 et 644) sa **responsabilité civile ou pénale** qu'en cas de faute importante (v. ss nos 645 à 647).

» Vocation naturelle de la famille

601 **Priorité donnée à la famille par la loi.** La famille, et plus largement l'entourage proche, est naturellement vouée à assurer la protection de ses membres les plus vulnérables. La loi ancienne lui reconnaissait ce rôle naturel, y compris dans le cadre d'une mesure de protection judiciaire, en lui conférant une priorité à l'exercice de la mesure de protection. Dans la pratique cependant, et pour des raisons très diverses, la famille n'était plus présente, au cours de ces dernières années, que dans un cas sur deux pour exercer une mesure de protection. La **loi du 5 mars 2007** réaffirme la **priorité familiale**, en développant de nouveaux mécanismes pour la rendre effective. Ces évolutions n'ont pas encore atteint leur but, puisque les mesures de protection, en 2010, n'étaient prises en charge par la famille que dans 47,9 % des cas.

» Qui peut être désigné comme tuteur ou curateur ?

»» Le choix du juge est hiérarchisé par la loi

602 **La tutelle ou curatelle est confiée prioritairement au conjoint ou aux enfants.** Le juge doit donner une **priorité absolue** au **conjoint**, **partenaire lié par un Pacs**, ou **concubin**, dès lors que la vie commune n'a pas cessé avec le majeur protégé. Si le compagnon du majeur protégé est candidat pour exercer la mesure, le juge des tutelles ne pourra donc l'écarter que pour une cause particulière, qui devra faire l'objet d'une motivation spéciale dans le jugement. Ce peut être l'éloignement affectif, la complexité de la gestion, ou l'existence de conflits d'intérêts trop importants.

Bien que la loi précise que le **compagnon** et les **enfants du majeur** sont, en théorie, **tenus de prendre en charge la mesure** sans limite de durée, **aucune sanction** n'assortit cette précision. Il serait en effet contraire à l'intérêt du majeur d'imposer une telle charge à une personne qui ne se sentirait pas en capacité de l'assumer, pour des raisons diverses. Il n'y a donc aucune obligation pour le conjoint, concubin ou partenaire de demander à exercer la tutelle ou la curatelle.

603 **À défaut le tuteur ou curateur peut être désigné parmi les parents ou alliés au sens large.** Le juge des tutelles peut nommer un **parent** ou **allié**. Le choix est ici très large, puisque le cercle des parents et alliés, à défaut d'autres précisions, regroupe les ascendants, les descendants, les frères et sœurs et leurs descendants, et les membres alliés à la famille (belles-sœurs ou beaux-frères, gendres et belles-filles...). Il n'y a pas de priorité particulière entre les membres de la famille : le juge doit seulement appliquer, s'il y a plusieurs personnes prêtes à prendre en charge la mesure de protection, les **critères** qui seront énoncés plus loin.

604 **Enfin il peut s'agir d'une personnes étrangère au cercle familiale mais qui réside avec le majeur ou entretient avec lui des liens étroits et stables. En sus du cercle familial**, la loi autorise à désigner un tuteur ou curateur parmi les « personnes résidant avec le majeur ou entretenant avec lui des liens étroits et stables ».

Il est important de savoir que le texte de la loi du 5 mars 2007 limitait la désignation hors famille aux personnes de l'entourage remplissant la double condition de résidence et de liens affectifs. L'article 449 du code civil a toutefois été modifié par une loi du 12 mai 2009 qui a remplacé le mot « et » par le mot « ou ». Peuvent dès lors être désignées **les personnes qui, soit résident avec le majeur**, **soit entretiennent avec lui des liens étroits et stables**, ce qui inclut les amis de longue date.

En revanche, le juge des tutelles ne peut pas choisir un tuteur ou un curateur qui n'appartienne pas à une des catégories susvisées. **À défaut de candidats dans le cercle familial**, et même si d'autres personnes seraient susceptibles d'accepter la mesure (amis de moins longue date, aide ménagère, avocat ou notaire), il ne pourra pas les désigner, et devra **confier la mesure à un professionnel des mesures de protection spécialement agréé à cette fin** (v. s[s] n°s 701 s.).

»» Le choix peut avoir été effectué par le majeur à l'avance

605 **Le majeur peut avoir prédésigné son tuteur ou son curateur.** Il est possible à toute personne n'ayant pas d'altération de ses facultés mentales de désigner à l'avance la personne qu'il souhaite voir prendre en charge la mesure de protection à son égard si celle-ci doit être un jour prononcée, conformément aux termes de l'article 448 du code civil.

Une telle désignation est également possible par le dernier vivant des père et mère d'un enfant mineur, ou d'un enfant majeur mais dont les parents assument la charge financière et affective en raison d'un handicap.

Cette faculté doit être distinguée de l'institution du mandat de protection future (v. s[s] n°s 301 s.) qui permet de désigner un mandataire en lui confiant un mandat précis, qui s'exercera hors de la sphère judiciaire.

Ici, il ne s'agit pas de sortir du judiciaire, ni de fixer les termes et les limites des pouvoirs du mandataire, mais seulement de **prédésigner la personne** qui sera **chargée, sous le contrôle du juge des tutelles** et conformément aux prescriptions que le juge aura ordonnées, **d'exercer la mesure de curatelle ou de tutelle** qui aura été ouverte.

606 **Modalités de la désignation anticipée.** Le **choix** est alors totalement **libre**. La désignation anticipée peut porter sur un **membre de la famille**, un **proche**, ou **toute autre personne**.

• Le choix s'exerce soit par une **déclaration effectuée devant notaire**, soit par **acte sous seing privé**, à la condition que cet acte soit **entièrement écrit, daté et signé de la main du majeur concerné**. Il faut en tout état de cause veiller à ce que l'existence d'une **désignation anticipée** soit **suffisamment connue** pour qu'elle soit portée à la connaissance du juge des tutelles lorsque celui-ci sera amené à ouvrir une mesure de protection.

• Lorsque le juge des tutelles a connaissance de l'existence d'une désignation anticipée, il doit y faire droit, sauf dans trois cas :
– si la personne désignée **refuse la mission** ;
– si la personne désignée est dans l'**impossibilité d'exercer la mission** ;
– si l'**intérêt de la personne protégée** commande de l'écarter.

Le juge des tutelles doit expliquer les raisons qui le conduisent à ne pas respecter le choix du majeur dans une **décision motivée**.

607 Exemple de désignation anticipée du curateur ou tuteur

• Désignation anticipée de tuteur ou curateur en application de l'article 448 du code civil.

> Je, soussigné .... [*nom, prénom, date et lieu de naissance*], en pleine possession de mes facultés mentales, décide que dans le cas où il serait nécessaire de mettre en place une mesure de protection civile à mon égard, la personne à désigner pour exercer cette mesure sera .... [*nom, prénom, date et lieu de naissance, coordonnées actuelles; identité la plus précise de la personne à désigner*], qui est .... [*Indiquer lien de parenté ou d'amitié, ou tout autre lien*]
>
> Fait à ...., le ....
>
> Je certifie avoir exprimé cette volonté en toute conscience. [Mention manuscrite pour le cas où l'authenticité de l'acte serait contestée]
>
> [*Signature*]
>
> ....

Ce document peut être remis en original à celui qui est désigné dans l'acte. Il est conseillé d'en faire une copie ou un second original remis à un tiers, le cas échéant à un notaire ou un avocat, mais ce n'est pas une obligation.

» Sur quels critères se fonde le juge des tutelles pour choisir le tuteur ou curateur ?

608 **Quatre critères.** Pour choisir le tuteur, le juge des tutelles se fonde sur quatre critères principaux.

»» Sentiments exprimés par le majeur protégé

609 **Prise en considération de la volonté du majeur.** Si le majeur protégé émet le souhait que telle personne soit désignée pour exercer la mesure – ou à l'inverse, qu'elle ne le soit pas –, **le juge des tutelles prend en considération la volonté qui a pu être exprimée, tout en tenant compte du contexte** (le fait que le majeur soit dans une situation de vulnérabilité qui le conduise à se laisser éventuellement influencer, la capacité du majeur à exprimer une volonté éclairée…).

»» Relations habituelles du majeur protégé

610 **Confiance du majeur en la personne désignée.** Le juge doit évidemment tenir compte de la **confiance que le majeur accordait à telle ou telle personne de son entourage**, avant l'ouverture de la mesure de protection. Là encore, le juge doit tenir compte de l'état éventuel de vulnérabilité du majeur au moment où il a accordé sa confiance.

Néanmoins, sur la durée, le fait qu'une personne ait plus volontiers confié ses affaires à tel ou tel proche influe sur la décision du juge.

Intérêt porté à son égard

611 **Appréciation de l'intérêt pour le majeur à protégé par le juge.** Ce critère est essentiel et déterminant pour le juge. Il ressortira des propos tenus par les personnes auditionnées, mais aussi de tous les éléments qui auront pu être portés à la connaissance du juge.

Recommandations éventuelles de ses parents, de ses alliés et de son entourage

612 **Avis des personnes proches sur le choix du tuteur ou curateur.** L'**avis des personnes proches** peut évidemment être important dans le choix du juge des tutelles. Il ne s'impose pas à lui, car le juge des tutelles peut connaître certains éléments ignorés de ceux qui donnent leur avis.

Il peut parfaitement être remis au juge des tutelles des courriers qui ont pu être échangés avec le majeur protégé, avant sa mise sous protection, et qui établissent la qualité des relations qui existaient, la confiance portée par le majeur à la personne destinataire des courriers, et l'ancienneté de la relation.

En toute hypothèse, dès lors que la famille et l'entourage proche bénéficient d'une priorité légale, le juge des tutelles qui choisit de confier la mesure de protection à un professionnel extérieur alors qu'il a un candidat familial, doit **expliquer son choix dans sa décision**, qui pourra ainsi faire l'objet d'un **recours**. Souvent, c'est l'existence d'un conflit entre les membres de la famille qui conduit à opter en définitive pour un mandataire extérieur.

Peut-on exercer une mesure de protection à plusieurs ?

613 **Exercice individuel et exercice collégial de la mesure de protection.** Le tuteur ou le curateur sont le plus souvent des person-

nes désignées à titre individuel. La mesure est donc prise en charge par un unique représentant.

Pourtant, il y a de nombreuses manières d'exercer une mesure de protection à plusieurs, surtout depuis la loi du 5 mars 2007.

»» Conseil de famille

614 **Missions du conseil de famille**. Le conseil de famille rassemble des parents, des proches ou des personnes qualifiées, pour autoriser des actes accomplis au nom du mineur ou du majeur sous tutelle, sous la direction du juge des tutelles.

C'est une institution ancienne, **obligatoire** lorsqu'il s'agit de la **tutelle des mineurs**, et **facultative** quand il s'agit de la **tutelle d'un majeur**.

615 **Constitution du conseil de famille.** Le conseil de famille ne peut être mis en place que lorsque la mesure de protection est exercée sous forme de tutelle (et non de curatelle).

Le conseil de famille est constitué d'**au moins quatre membres**, **parents ou aillés du majeur**, que le juge choisit en fonction des critères habituels de choix des représentants du majeur protégé.

Lors de sa première réunion, le conseil de famille, **présidé par le juge des tutelles**, choisit en son sein un **tuteur** qui sera en charge de l'exécution des décisions du conseil de famille, et un **subrogé tuteur** chargé de la surveillance et du contrôle.

616 **Fonctionnement du conseil de famille.** Le conseil de famille doit être réuni chaque fois qu'une décision importante est à prendre (acte de disposition), pour autoriser ou non le tuteur à effectuer l'acte. Il est **convoqué par le juge des tutelles**, soit d'office, soit sur demande du tuteur, du subrogé tuteur, du majeur protégé, ou de deux de ses membres.

Il est normalement présidé par le juge des tutelles (sauf cas particulier où le tuteur ou subrogé tuteur est un mandataire judiciaire à la protection des majeurs). Il statue à la **majorité des voix, mais le tuteur ne vote pas**. Le juge des tutelles a voix prépondérante en cas de partage des votes. Le majeur protégé peut assister aux séances, s'il le souhaite et si cela n'est pas contraire à son intérêt, mais il ne vote pas.

Le juge des tutelles peut décider, dans le cas où la décision à prendre apparaît simple et ne nécessite pas la tenue d'une réunion, de consulter le conseil de famille par correspondance.

617 **Avantages et inconvénients du conseil de famille.** La tutelle est si rarement exercée sous forme de conseil de famille que le législateur de 2007 avait un temps songé à supprimer cette institution. Il est vrai que l'obligation de réunir régulièrement un conseil de famille d'au moins quatre personnes est aujourd'hui très lourde. Seules 0,5 % des mesures sont désormais exercées sous forme de conseil de famille.

Pourtant, le conseil de famille conserve son utilité. Il favorise en effet un **exercice collégial des mesures**, ce qui peut être parfaitement adapté à des **familles qui ont un patrimoine important**, ou à des familles qui s'entendent particulièrement bien, ou encore, à l'inverse, dans des familles au sein desquelles la suspicion est telle que, pour faire fonctionner une tutelle familiale, il faut y associer tous les membres.

La loi a donc maintenu l'institution, qui demeure un des modes d'exercice de la tutelle familiale d'un majeur.

»» Cotutelle (ou cocuratelle)

618 **Modalités d'exercice des missions de protection par les cotuteurs (ou cocurateurs).** La cotutelle et la cocuratelle sont des **innovations de la loi du 5 mars 2007**. Il est désormais possible, pour le juge des tutelles, de désigner plusieurs personnes ensemble pour exercer la mesure de protection.

Il peut dans ce cadre leur confier l'**exercice en commun de la globalité de la mission de protection**. En ce cas, il leur appartient de se mettre d'accord pour se répartir au mieux les tâches, et chacun d'eux est réputé, à l'égard des tiers extérieurs, détenir l'intégralité des pouvoirs. Cette codésignation peut notamment être opportune s'agissant des parents qui souhaitent exercer ensemble la mesure de protection.

Il peut également **confier à chacun des missions différentes** : à l'un la **protection de la personne**, à l'autre la **protection des biens**.

Il peut enfin désigner un tuteur (ou curateur) pour la **mission générale** et confier à un tuteur adjoint (ou curateur adjoint) la **gestion de certains biens en particulier**.

Dans ces deux derniers cas, les personnes chargées des différentes missions n'ont chacune que les pouvoirs que leur confère le jugement, et ne sont pas responsables l'une envers l'autre des actes qu'elles effectuent. Mais elles ont l'**obligation de s'en informer régulièrement**.

619 **Avantages et inconvénients de la cotutelle (ou cocuratelle).** La souplesse des dispositifs permet ainsi de tenir compte de la particularité de chaque situation : disponibilité des membres de la famille, complexité de la gestion, compétences spéciales de certains d'entre eux.

Elle pourrait permettre à des familles, qui auparavant ne souhaitaient pas prendre en charge la mesure de protection faute de temps suffisant ou par crainte de la solitude de la mission, d'accepter plus facilement d'être désignées.

Le point d'achoppement est cependant l'existence d'une mésentente entre les différentes personnes en charge de la mesure, ce qui peut alors conduire à un blocage de la situation préjudiciable au majeur.

» Subrogé tuteur (ou subrogé curateur)

620 **Désignation du subrogé tuteur (ou subrogé curateur).** Auparavant, l'institution du subrogé tuteur n'existait que si un conseil de famille avait été constitué. Le législateur de 2007 ouvre au juge des

tutelles la possibilité de désigner un subrogé tuteur ou subrogé curateur dans le cadre d'une tutelle ou curatelle sans conseil de famille.

Peuvent être désignées **subrogé tuteur** ou **subrogé curateur** les mêmes personnes qui peuvent être désignées tuteur ou curateur : **membres de la famille** ou **entourage proche**.

621 **Missions du subrogé tuteur (ou subrogé curateur).** La mission du subrogé tuteur (ou subrogé curateur) est de **surveiller les actes qui sont passés par le curateur ou le tuteur et d'avertir le juge s'il constate des anomalies ou des fautes**. Il est destinataire, avant le juge des tutelles, des comptes annuels établis par le tuteur et les contresigne. Il remplace le tuteur ou le curateur lorsque celui-ci risque de se trouver en conflit d'intérêts avec le majeur dans le cadre d'un acte qui les concerne tous les deux (règlement d'une succession, vente d'un bien appartenant en indivision à certains membres de la famille, par exemple).

Le « risque de conflit d'intérêts » ne signifie pas qu'il existe un litige entre le majeur et son représentant, mais simplement qu'ils ont tous deux des intérêts dans la même opération, et qu'il apparaît donc préférable de prévenir tout risque en faisant, dans ce cas précis, intervenir une tierce personne. Lorsqu'il n'y a pas de subrogé tuteur ou curateur, c'est un administrateur *ad hoc* (ou curateur *ad hoc*), nommé précisément pour intervenir dans le cadre de l'opération en question, qui sera désigné par le juge des tutelles.

Enfin, **le subrogé tuteur ou curateur doit être informé et consulté avant tout acte grave** qu'envisage d'effectuer le tuteur ou le curateur.

En tutelle, l'acte grave doit également être autorisé par le juge des tutelles. En curatelle en revanche, le juge des tutelles n'intervient pas : normalement, l'acte doit simplement être contresigné par le curateur et par le majeur protégé. C'est là que le rôle du subrogé curateur peut être le plus important.

622 **Responsabilité du subrogé tuteur (ou subrogé curateur).** Le subrogé tuteur ou curateur est directement **responsable envers le majeur protégé** si, s'étant aperçu d'une faute du tuteur ou du curateur, il n'en a pas averti le juge des tutelles.

En créant la possibilité d'associer directement un second membre de la famille à la surveillance de la manière dont le tuteur ou le curateur familial accomplit sa mission, l'objectif du législateur a été, là encore, de **favoriser la tutelle familiale en offrant la possibilité d'un contrôle familial** à des familles qui ne souhaitaient pas auparavant que l'un d'entre eux puisse avoir des pouvoirs d'assistance ou de représentation sans que nul – hors le juge – ne puisse vérifier la manière dont ils étaient exercés.

» Peut-on déléguer l'exercice de la mesure de protection ?

623 **Mission personnelle.** La tutelle et la curatelle sont des missions personnelles. Elles ne peuvent donc pas être déléguées à des tiers, y compris pour une période provisoire. Ainsi, le tuteur qui part plusieurs semaines en vacances ne peut confier à une autre personne le soin d'exercer, pendant son absence, la tutelle ou la curatelle. Bien sûr, il n'est pas demandé au tuteur ou au curateur d'être présent en permanence à proximité du majeur protégé, loin de là. Mais il lui appartient d'organiser les choses pendant ses périodes d'absence de telle sorte que, sauf imprévu, aucun acte ne nécessite sa signature.

Toutefois, pour faciliter la mission du **tuteur** ou du **curateur**, la loi a expressément prévu la **possibilité pour lui de s'adjoindre l'aide d'un tiers pour l'accomplissement de certains actes**.

624 **Adjonction de l'aide d'un tiers pour certains actes.** Le recours à l'aide d'un tiers est possible pour :

– les **actes permettant de remédier en urgence à un péril imminent menaçant un bien ou à une dépréciation inévita-**

ble. L'exemple le plus fréquent est la nécessité d'intervenir sur un bien immobilier qui menace ruine ou qui est occupé par des squatters, mais qui est situé à une distance géographique telle qu'il est mal commode au tuteur ou curateur de prendre des décisions efficaces et rapides ;

– **tous les actes d'administration** (sur cette qualification v. s[s] n°s 810 s.), **c'est-à-dire de gestion habituelle** (gestion d'un bien locatif, gestion de portefeuille financier) avec une limite toutefois : qu'ils n'impliquent pas un paiement à effectuer de la part du majeur protégé. Ainsi, si un tuteur a délégué à un professionnel la gestion d'un bien locatif, cette délégation n'autorise en aucun cas le professionnel à demander au majeur protégé, ou à prélever de son propre chef sur le compte de ce dernier, les sommes qu'il estimerait nécessaires pour régler des factures de travaux.

› Le juge des tutelles peut-il modifier sa décision portant désignation du tuteur ou du curateur ?

625 **Remplacement sur demande du curateur ou du tuteur.** Ce changement est possible à tout moment. Le juge des tutelles peut procéder à ce remplacement sur la **demande du tuteur ou du curateur**, qui ne s'estime plus en capacité de continuer à assumer cette mission. La loi semble imposer un délai de cinq ans au tuteur ou curateur pour demander à être déchargé. Mais ce délai est purement théorique : il n'est pas de l'intérêt du majeur de maintenir en fonction une personne qui ne peut plus l'assumer.

Il suffit donc d'**écrire au juge des tutelles** pour l'avertir de la demande qui est faite de changement. Le juge des tutelles, après avoir reçu l'ancien tuteur ou curateur, procédera au remplacement;

soit au sein de la famille s'il y a des candidats, soit à défaut en désignant un mandataire judiciaire à la protection des majeurs.

626 **Remplacement à l'initiative du juge des tutelles.** Le juge des tutelles peut aussi, de sa propre initiative, décider de remplacer un tuteur ou un curateur qu'il considère comme défaillant ou qui n'accomplit pas sa mission, dans l'intérêt du majeur. Il peut le faire **à tout moment**, au regard des éléments dont il dispose : comptes de gestion non rendus ou posant question, signalement des services sociaux ou d'autres membres de la famille, demande du majeur protégé lui-même… La seule condition est d'avoir préalablement **entendu**, ou au moins **convoqué**, le tuteur ou le curateur dont le remplacement est envisagé.

La **décision de changement de tuteur ou de curateur** se fait par **simple ordonnance**, bien entendu susceptible de **recours**.

Comment s'exerce le contrôle de l'action du tuteur ou du curateur ?

627 **Contrôle exercé par le juge des tutelles.** Tout au long de leur gestion, le tuteur et le curateur sont **tenus de répondre à toute question du juge des tutelles** et de le tenir **informé** des décisions graves qu'ils prennent.

Ils sont de manière plus précise tenus, à chaque fin d'année puis à la fin de leur mission, d'adresser au juge des tutelles un certain nombre d'éléments.

> ⚠ L'obligation de rendre des comptes et même d'effectuer un inventaire ne s'applique pas en matière de curatelle simple. La curatelle simple est en effet une mesure *a minima* (v. ss nos 809 s.) dans laquelle le majeur conserve la gestion de ses biens au quotidien, le curateur n'intervenant que pour autoriser les actes les plus importants. Le majeur garde donc la maîtrise de son patrimoine.

»» Rapport concernant la protection de la personne

628 **Compte-rendu des décisions prises.** Dans le jugement ouvrant la mesure de protection, ou ultérieurement, le juge des tutelles indique les conditions dans lesquelles le curateur ou le tuteur devra rendre compte des décisions qui vont être prises et qui touchent à la personne du majeur protégé. Il fixe notamment la périodicité du rapport, en fonction de l'importance des décisions à prendre et de la capacité du majeur à participer au processus de décision (sur la protection de la personne, v. s[s] n°s 1101 s.).

»» Inventaire des biens

629 **État du patrimoine du majeur protégé.** C'est un des premiers actes à réaliser par le tuteur ou le curateur lorsqu'il prend en charge sa mission. Il permet en effet d'établir l'état exact du patrimoine au moment où commence la mesure de curatelle et de tutelle.

L'inventaire est une obligation pour le tuteur ou le curateur. Il doit être réalisé et envoyé au juge des tutelles obligatoirement dans les trois mois de l'ouverture de la mesure de protection.

Il doit ensuite être réactualisé au cours de la mesure si des opérations effectuées ont modifié la consistance générale du patrimoine.

L'inventaire sert de point de départ au travail de contrôle du greffier en chef et du juge des tutelles, pour vérifier la gestion effectuée par le tuteur ou le curateur. C'est donc un acte fondamental.

630 **Réalisation de l'inventaire.** Le tuteur ou le curateur a directement la charge de procéder ou de faire procéder à l'inventaire. Il peut en confier la réalisation à un officier public ou ministériel : un notaire, un commissaire-priseur, un huissier de justice. Il peut également le réaliser lui-même ou le faire réaliser par un professionnel de son choix (professionnel de l'immobilier, expert…). En ce cas cependant, l'inventaire devra être réalisé sous le contrôle de deux témoins, n'étant au service ni de la personne protégée, ni de

la personne exerçant la mesure de protection. Peuvent parfaitement être témoins de l'inventaire d'autres membres de la famille.

Le coût de la réalisation de l'inventaire réalisé par un professionnel est à la charge du majeur protégé. La facture doit donc être établie au nom de ce dernier.

L'inventaire (des biens mobiliers) se fait en tout état de cause en présence du majeur protégé (sauf si son état de santé ou son âge ne le permettent pas), de son avocat le cas échéant, et du subrogé tuteur s'il en a été désigné un.

Il est **signé par toutes les personnes présentes**.

631 **Contenu de l'inventaire.** L'inventaire porte sur :
- le patrimoine immobilier du majeur (détail des biens, estimation de leur valeur);
- le patrimoine mobilier du majeur (meubles, bijoux, tableaux... : description des meubles, estimation de leur valeur si elle est supérieure à 1 500 €);
- le cas échéant, le montant des sommes détenues par le majeur en numéraire;
- les comptes financiers, de dépôt et de placement (comptes bancaires, assurances-vie, valeurs mobilières, mais aussi contenu des coffres-forts...) avec le montant exact des sommes figurant sur le compte au moment de l'inventaire.

632 **Concours des organismes publics et privé pour la réalisation de l'inventaire.** Pour réaliser cet inventaire, le **tuteur et le curateur peuvent réclamer à tous les organismes, qu'ils soient privés ou publics, les éléments leur permettant de connaître l'état du patrimoine**. Ils ne peuvent pas se voir opposer le **secret bancaire** ou le **secret professionnel** (par les notaires, les agents immobiliers...). Cette possibilité est très importante, puisqu'il est rare qu'un tuteur ou un curateur soit en mesure de connaître la situation patrimoniale exacte du majeur avant d'avoir établi l'inventaire.

La difficulté est que, parfois, le majeur dispose de comptes dans des établissements bancaires différents, sans en avoir nécessairement conservé trace. Il existe un fichier central des comptes bancaires des particuliers, appelé Ficoba, qui peut, en cas de doute, fournir les informations nécessaires. Ce fichier, créé par l'article 1649 A du code général des impôts, centralise tous les comptes bancaires détenus par les particuliers sauf s'ils ont été clôturés depuis plus de trois ans. L'accès à ce fichier est strictement réglementé, sous surveillance de la Cnil. Mais il est expressément prévu qu'il puisse être consulté par la personne en charge d'une mesure de protection judiciaire.

Pour obtenir les informations sur les comptes détenus par un majeur, le curateur ou le tuteur peut en conséquence s'adresser au Ficoba, par courrier uniquement, en joignant copie de la décision d'ouverture de la curatelle ou de la tutelle, à l'adresse suivante :

Centre de Service Informatiques
Ficoba administrative

22, avenue JF Kennedy
77796 Nemours

Exemple de lettre à envoyer aux organismes bancaires pour obtenir l'état des comptes

M./Mme ....

Demeurant ....

Tél. ....

Messagerie ....

À agence bancaire de ....

Objet : Inventaire des comptes de M. Z..., suite à une décision de placement sous tutelle/curatelle ;

Monsieur le directeur,

J'ai l'honneur de vous informer que j'ai été désigné tuteur (curateur) de M. Z... par décision du juge des tutelles du tribunal d'instance de ...., le .... [*date*]. Vous trouverez en pièce jointe l'extrait de cette décision.

Dans le cadre de ma mission, je dois réaliser l'inventaire des biens dont dispose M. Z... afin de le remettre au juge des tutelles.

Les documents que j'ai pu examiner me laissent à penser que M. Z... dispose d'un compte (**ou :** d'un livret, d'un plan...) au sein de votre établissement bancaire. Voici les informations donc je dispose à cet égard :

Compte n° ....

Je vous remercie de bien vouloir m'indiquer, dans les délais les plus rapides :
- la liste des comptes ouverts par M. Z... au sein de votre établissement;
- l'état exact des actifs et dettes de M. Z... au sein de votre établissement à ce jour;
- l'existence éventuelle d'un coffre-fort;

et de me faire parvenir tous documents y afférents (date d'ouverture des comptes ou de souscription des contrats, conditions, état actuel).

Je profite de la présente pour vous demander de bien vouloir prendre acte de ma désignation en qualité de tuteur ou de curateur et de considérer comme non avenues toutes les procurations qui avaient pu être délivrées antérieurement.

Je prendrai rapidement contact avec un conseiller de votre établissement pour convenir des modalités de fonctionnement de la mesure de protection.

Je vous prie de croire, Madame/Monsieur le directeur, en l'expression de ma considération distinguée.

[*Signature*]

....

PJ : décision de justice;

copie pièce d'identité du tuteur ou curateur.

Exemple d'imprimé d'inventaire de patrimoine

Inventaire de patrimoine de M. Z…
Né le ………
À ………, domicilié ………
Jugement de mise sous protection du : ………
Tutelle
Curatelle renforcée

I – Biens immeubles

Situation géographique (adresse, numéro cadastral)	**Estimation de valeur** (préciser origine de l'estimation)	**Caractéristiques** (bien loué, inhabité, résidence de famille, nécessité de travaux)

II – Biens meubles (meubles meublants, objets précieux, bijoux…)

Description	**Estimation de valeur** (si supérieure à 1 500 €)	**Caractéristiques** (attachement particulier du majeur…)

III – Véhicules (voitures, motos, bateaux…)

Description	**Estimation de valeur**	**Caractéristiques** (usage du majeur ou de sa famille)

IV – Liquidités (conservées par le majeur à son domicile ou dans tout autre lieu)

Montant des sommes	**Usage** (maintien à disposition du majeur, placement sur un compte)

V – Comptes bancaires ou de placement

Nature du compte Numéro du compte Établissement	Montant	Observations (compte rémunérateur ou non…)

VI – Autres placements

Nature du placement	Montant des sommes	Observations

VII – Dettes

Nature de la dette	Montant	Caractéristiques (modalités de remboursement…)

VIII – Opérations en cours (successions, litiges judiciaires…)

Nature de l'opération	Commentaires

Cet inventaire a été réalisé le ....
Par le tuteur, en présence de deux témoins majeurs
[*ou*]
Par M. B… (notaire, commissaire-priseur, huissier)]
Qui certifient qu'en l'état de leur connaissance à ce jour, l'inventaire est exact et complet :
[*Signature*] ....

En présence de : ....
M. Z…, majeur protégé
Maître D…, son avocat
M. C…, subrogé tuteur
Autres…
[*Signature*] ....

›› Compte annuel de gestion

633 **Obligation d'établir un compte annuel de gestion.** Le tuteur ou le curateur doivent, chaque année, établir un compte de gestion.

Le compte de gestion est en principe **établi et envoyé au tribunal d'instance** à la fin de l'année civile. Une autre date peut être convenue avec le juge des tutelles. Mais, hors en curatelle simple ou sur décision spéciale du juge des tutelles (v. s[s] n° 639), le principe d'un compte annuel ne peut pas recevoir d'exception.

634 **Contenu du compte annuel de gestion.** Le compte de gestion relate toutes les opérations accomplies pour le compte ou avec le majeur protégé au cours de l'année.

Il doit être accompagné de toutes les **pièces justificatives** : copie des actes (vente, achat, factures…), mais également relevés des comptes bancaires et de placements récents. **Il ne s'agit pas d'envoyer toutes les factures d'achat courantes, mais uniquement celles qui sortent de l'ordinaire, par leur montant ou leur affectation.**

Pour établir le compte de gestion, le tuteur ou le curateur est en droit de réclamer aux établissements financiers un **relevé annuel des comptes du majeur**, sans que puisse lui être opposé le secret bancaire.

635 **Destinataires du compte annuel de gestion.** Le **document établi par le tuteur ou le curateur est d'abord transmis au subrogé tuteur**, s'il en existe un, **pour vérification** ;

Le document doit être également **transmis** en copie, avec l'intégralité des pièces justificatives, **au majeur protégé**, **pour information**.

Le document et les pièces justificatives sont ensuite **transmis** au **greffier en chef du tribunal d'instance pour vérification**.

636 **Contrôle du compte annuel de gestion par le greffier en chef du tribunal d'instance.** Le travail du greffier en chef consiste à vérifier que les opérations réalisées ont bien été, soit autorisées par le juge des tutelles (s'il s'agit d'une tutelle), soit effectuées dans des

conditions normales et conformes à l'intérêt du majeur. Il vérifie ensuite que les mouvements de fonds correspondent, au regard de l'inventaire, aux opérations réalisées. Il peut, s'il l'estime nécessaire, demander aux établissements bancaires des relevés de compte à jour. Il peut également demander des pièces complémentaires au tuteur ou au curateur.

Si le greffier en chef estime que le compte est conforme, il l'approuve. L'approbation ne revêt pas de forme particulière. Parfois, il s'agit d'un simple paraphe sur le compte de gestion, qui est ensuite classé au dossier. Parfois, le greffier en chef adresse au tuteur ou au curateur un courrier lui faisant part de l'approbation du compte.

Si le greffier en chef estime que le compte soulève des difficultés, il le transmet au juge des tutelles accompagné d'un procès-verbal expliquant les difficultés rencontrées. C'est alors le juge des tutelles qui prend la décision, après avoir éventuellement convoqué le tuteur ou le curateur, d'approuver le compte ou de tirer les conséquences des difficultés non résolues (le cas échéant, en déchargeant le tuteur ou le curateur).

637 **Sanction de l'absence de présentation des comptes de gestion.** Le fait de ne pas fournir les comptes de gestion est une cause justifiant le remplacement du curateur ou du tuteur dans sa mission. Il peut en outre engager la responsabilité du tuteur ou du curateur dans sa gestion.

638 Exemple de compte annuel de gestion

Compte de gestion – Année 2011
Tutelle ou curatelle de M. Z…
Tribunal d'instance d'Aubervilliers
Compte établi par M. Y…, tuteur (*ou* curateur)
Coordonnées postales, téléphoniques et messagerie :
………
Situation du majeur protégé au 31/12/2011
Nom ………
Domicile ………
Résidence (*si différent*) ………

1 – Recettes encaissées au cours de l'année

Nature de la recette	Montant annuel	Observations
Salaires ou retraites		
Allocations (préciser)		
Autres revenus (préciser)		
Revenus financiers (placements, actions, obligations…)		
Loyers		
Produits exceptionnels (préciser : vente, héritage…)		
Total		

2 – Dépenses effectuées pendant l'année

Nature	Montant annuel	Observations
Loyers ou charges		
Dépenses courantes (nourriture, habillement)		
Frais de transport		
Factures courantes (EDF, eau, téléphone…)		
Impôts et taxes		
Assurances		
Pensions à payer		

Dépenses exceptionnelles (préciser : achats, travaux…)		
Autres (loisirs, vacances…)		
Total		

3 – Bilan

Total des recettes	Total des dépenses	Différence

4 – État des comptes au 31/12/2009

Compte	Montant	Observations
Compte-courant banque		
Livret épargne		
etc.		
Total		

Fait à .... [*lieu*], le .... [*date*]
Certifié exact par le tuteur/curateur : ....
[*Signature*] ....

Vérifié par le subrogé tuteur ou curateur (*s'il en a été désigné un*) le : ....
[*Signature*] ....

639 **Dispense de compte annuel de gestion.** Bien que la remise au tribunal d'un compte annuel de gestion soit un principe, la loi permet au juge de l'aménager dans deux situations.

- Le juge des tutelles peut tout d'abord décider de dispenser purement et simplement le tuteur ou le curateur d'établir un compte de gestion en considération de la **modicité des revenus et du patrimoine de la personne protégée**.

Cette exception vise les familles (parents) qui, prenant en charge un majeur aux ressources modestes (allocation adulte handicapé…) et complétant d'ailleurs souvent eux-mêmes ces ressources, se voyaient contraintes avant la réforme de 2007 de rendre systématiquement malgré tout un compte mentionnant les recettes et les dépenses alors même que la nature de ces opérations était si courante qu'aucun justificatif ne pouvait être réclamé (courses...). Le juge des tutelles pourra désormais dispenser les familles de cette formalité contraignante et inadaptée.

> Il n'existe aucune dispense de droit. C'est le juge des tutelles qui peut décider de cette dispense, en tenant compte du montant des ressources... mais aussi du contexte familial.

Le juge des tutelles peut ensuite **dispenser le tuteur ou le curateur** non pas du compte lui-même mais **de sa vérification par le greffier en chef, en confiant au subrogé tuteur ou au subrogé curateur**, s'il en a été désigné un, ou au conseil de famille, **la mission de vérification et d'approbation des comptes**. Cette possibilité s'adresse aux familles qui s'entendent suffisamment bien, ou qui ont mis en place un mode de fonctionnement qui ne rend pas utile l'intervention, pour une vérification complémentaire, de l'autorité judiciaire.

640 **Compte de fin de mission.** Lorsque la mission du tuteur ou du curateur prend fin (levée de la mesure, décharge du tuteur, décès du majeur...), le tuteur ou le curateur doit établir deux documents différents :

- un **compte de gestion classique**, portant sur la période écoulée entre le dernier compte et la date de fin de mission. Ce document est remis au tribunal pour vérification par le greffier en chef;
- un **compte récapitulatif de fin de gestion, constitué des cinq derniers comptes de gestion et du compte complémentaire** ci-dessus, qui doit être remis dans les trois mois suivant la fin de la mission au majeur si la mesure a été levée, à la personne nouvellement chargée de la mesure, ou aux héritiers du majeur;
- enfin, le tuteur ou le curateur doit, le plus rapidement possible, transmettre à ces personnes les **pièces leur permettant de poursuivre la gestion dans de bonnes conditions ou d'assurer le règlement de la succession**.

Tableau récapitulatif des documents à remettre en fin de mission

Documents	À qui les remettre ?	Délais de transmission
• Tous les documents utiles pour continuer la gestion ou assurer la succession (dossiers des organismes, factures à régler, documents bancaires...)	Selon les cas : - au majeur s'il s'agit d'une mainlevée de mesure - au tuteur ou au curateur s'il s'agit d'un changement - aux héritiers si le majeur est décédé	Le plus rapidement possible, pour que la continuité de la gestion puisse être assurée
• Le compte de gestion couvrant la période entre le 31 décembre de l'année précédente et la date de fin de mesure	Au greffier en chef du tribunal d'instance	Dans un délai raisonnable
• La copie des cinq derniers comptes de gestion et du compte mentionné ci-dessus	Selon les cas : - au majeur s'il s'agit d'une mainlevée de mesure - au tuteur ou au curateur s'il s'agit d'un changement - aux héritiers si le majeur est décédé	Dans un délai de trois mois à compter de la date à laquelle le tuteur ou le curateur n'est plus en charge de la mesure

› Les autres membres de la famille ont-ils un droit de regard sur l'action du tuteur ou curateur ?

641 **Droit de regard pour les membres de la famille exerçant une fonction dans la tutelle ou la curatelle.** Tel est le cas du subrogé tuteur ou subrogé curateur, cotuteur ou cocurateur, ou du membre du conseil de famille. Ils doivent donc recevoir copie du compte par le tuteur ou le curateur.

642 **Absence de droit de regard, en principe, pour les autres membres de la famille.** Le législateur n'a pas voulu que la famille puisse vérifier et contrôler systématiquement tous les actes effectués par le tuteur ou le curateur, pour deux raisons essentiellement.

D'abord, parce que ces actes touchent directement à la vie privée du majeur qui, bien que vulnérable, a droit comme chacun au respect de la **confidentialité** des informations qui le concernent.

Ensuite, parce que l'immixtion systématique de la famille dans la gestion de la mesure peut parfois générer des risques de blocage qu'il n'est de l'intérêt de personne de favoriser.

Le principe est donc celui du **contrôle judiciaire de l'action du tuteur ou du curateur**, de l'**information systématique du majeur protégé**, mais de l'**absence de droit de regard de la famille**.

Toutefois, le juge des tutelles peut, à la double condition que le majeur protégé ait donné expressément son accord pour cela au cours d'une audition devant le juge des tutelles, et que le requérant justifie d'un intérêt légitime, autoriser un membre de la famille ou un proche à se faire communiquer par le tuteur ou le curateur une copie du compte de gestion et des pièces justificatives, ou une partie de ces documents.

Les frais qui résultent de la communication de ces comptes et pièces sont à la charge de celui qui les réclame.

Cette communication peut dans certains cas, appréciés par le juge des tutelles, permettre d'apaiser des tensions naissant de la seule crainte de l'opacité.

› Le tuteur ou curateur familial peut-il être rémunéré ?

643 **Principe : la protection d'un majeur par un membre de la famille est une mission gratuite.** Contrairement à d'autres pays

(Japon…), la France a instauré le **principe de gratuité** de l'exercice, par un membre de la famille, d'une mesure de protection. Le législateur estime qu'il s'agit d'un devoir familial, certes parfois pesant, mais qui ne doit pas donner lieu à rémunération.

644 **Exception : la fixation d'une indemnité.** Bien que le principe de la gratuité soit tout à fait compréhensible et doive être maintenu, il peut générer, à l'intérieur des familles, un sentiment d'injustice : prendre en charge un majeur vulnérable demande souvent beaucoup d'énergie et de temps. L'amour familial n'empêche pas de ressentir comme inéquitable qu'une seule personne assume cette charge sans contrepartie.

Le législateur de 2007 a donc ouvert une brèche dans le principe de gratuité en prévoyant, **au regard de l'importance des biens à gérer ou de la difficulté d'exercer la mesure**, que le juge des tutelles ou le conseil de famille puisse autoriser le **versement au profit du tuteur ou curateur d'une indemnité particulière**. Cette indemnité peut être **ponctuelle** ou **régulière**. Elle n'est pas un paiement des actes réalisés comme pourrait le réclamer un professionnel, mais une somme visant à dédommager du temps consacré à ces actes lorsqu'ils sortent de l'ordinaire.

> Il ne faut pas confondre l'indemnité avec les sommes auxquelles le curateur ou le tuteur a droit en raison de circonstances indépendantes de la tutelle ou de la curatelle.

Le tuteur ou le curateur a droit, tout d'abord, au **remboursement des frais** qu'il expose pour le majeur protégé.

Il peut également avoir droit, dans certaines circonstances, à l'**allocation tierce personne** versée par la Caisse d'allocations familiales à la personne qui prend en charge, au quotidien, une personne ayant un fort handicap.

» La responsabilité du tuteur ou du curateur familial

645 **Responsabilité civile.** Le **curateur** (curatelle renforcée) et le **tuteur** sont **responsables des fautes qu'ils ont pu commettre dans l'exercice de leur fonction**.

Bien que la loi parle de responsabilité pour faute quelconque, la faute est appréciée de manière plus ou moins stricte selon la personne qui exerce la mesure. La tolérance sera évidemment beaucoup plus importante lorsque la mesure est exercée par un membre de la famille de manière gratuite que par un professionnel.

Il n'en demeure pas moins que si la faute est reconnue, il peut y avoir droit à indemnisation, soit directement **au profit du majeur**, soit **au profit de ses héritiers**. C'est pourquoi, bien que ce ne soit pas une obligation, il est conseillé de souscrire une **assurance responsabilité civile**. Certaines sociétés d'assurance ont mis en place des contrats spécifiques à cette fin, y compris au profit des tuteurs familiaux.

L'action en responsabilité doit être engagée dans un **délai maximal de cinq ans** à compter de la fin de la mesure de protection.

Contrairement aux dispositions concernant les tuteurs ou curateurs professionnels, la loi n'impose pas aux tuteurs ou curateurs familiaux de souscrire une assurance responsabilité civile. Il est toutefois conseillé de le faire, de nombreux organismes proposant désormais des formules adaptées à la situation particulière de la protection des majeurs.

646 **Responsabilité pénale.** La responsabilité pénale d'un tuteur ou d'un curateur ne peut être engagée que s'il a commis volontairement une infraction. Les infractions pénales habituelles (escroquerie, abus de confiance, vol) sont aggravées par la double circonstance qu'elles ont été commises à l'encontre d'une personne

vulnérable et par une personne qui détenait le mandat judiciaire de la représenter ou de l'assister.

647 **Que faire face à un tuteur ou un curateur qui n'accomplit pas correctement sa mission ?** Lorsque le juge des tutelles se trouve confronté à un tuteur ou un curateur qui n'accomplit pas correctement sa mission, ou qui ne répond pas aux demandes d'explications qui lui sont faites, la loi lui donne la possibilité :

– de prononcer à son égard une **injonction judiciaire** ;
– de prononcer à son égard une **amende civile** ;
– de le **dessaisir de sa mission**, après l'avoir **auditionné** ou au moins **convoqué**.

Toute personne qui s'aperçoit qu'un majeur sous protection paraît victime d'abus ou encore d'abandon peut le signaler au juge des tutelles. En n'oubliant pas, cependant, qu'un tuteur ou un curateur ne peut pas agir vis-à-vis d'un majeur comme on agit vis-à-vis d'un enfant : les actes de la vie courante, parfois irrationnels, qu'accomplit un majeur ne peuvent pas tous être contrôlés ou empêchés…

648 **De quelle aide peut bénéficier le tuteur ou le curateur familial ?** C'est une des grandes faiblesses du dispositif actuel. Bien que la loi ait, en déclaration de principe, affirmé que les tuteurs et curateurs familiaux devaient pouvoir disposer d'une telle aide, aucun financement particulier n'a été dégagé à cette fin. Dans quelques départements – Haute Normandie, Finistère, Hérault, Morbihan, côtes d'Armor… – des associations ont pu se regrouper pour offrir aux familles un service d'information et d'aide à la rédaction des documents nécessaires. Les familles peuvent se renseigner auprès de la Préfecture ou du tribunal d'instance afin de savoir si un tel service existe.

Pour l'heure, c'est donc essentiellement le greffier du juge des tutelles qui, dans la mesure du temps dont il dispose, renseigne au mieux les familles sur les questions qu'elles se posent nécessairement.

649 Tableau récapitulatif des droits de consultation du dossier d'un majeur protégé, et des droits de copie

Auteur de la demande	Accès au dossier	Droit d'obtenir des copies
Au cours de l'instruction du dossier		
• Le requérant ou son avocat (Personne à l'origine de la saisine du juge)	• Oui	• Non
• Le majeur à protéger	• Oui, sur demande écrite Mais le juge peut exclure tout ou partie des pièces susceptibles de causer un préjudice psychique grave par décision motivée	• Non
• L'avocat du majeur à protéger	• Oui	• Oui, mais il ne doit lui-même en donner copie à personne
• Les membres de la famille et les proches visés à l'article 430 du code civil	• Oui, mais seulement s'ils justifient d'un intérêt légitime et sur autorisation du juge des tutelles	• Non
PENDANT LE DÉROULEMENT DE LA MESURE DE PROTECTION		
• Le majeur protégé (sous curatelle ou sous tutelle)	• Oui, sur demande écrite Mais le juge peut exclure tout ou partie des pièces susceptibles de causer un préjudice psychique grave par décision motivée	• Oui, s'il justifie d'un intérêt légitime, sur autorisation du juge
• L'avocat du majeur protégé	• Oui	• Oui, mais il ne doit lui-même en donner copie à personne.
• Les personnes en charge de la mesure de protection	• Oui, sur demande écrite	• Oui, si elles justifient d'un intérêt légitime, sur autorisation du juge
• Les membres de la famille, proches, ou les tiers	• Non	• Non, sauf la possibilité de demander l'autorisation au juge de disposer d'un extrait d'une ou plusieurs décisions rendues dans le dossier, à condition de justifier d'un intérêt légitime

Dispositions spéciales pour les comptes de gestion		
• La personne protégée	• Oui	• Oui, une copie doit être obligatoirement remise au majeur par le curateur ou le tuteur
• Le subrogé tuteur ou curateur		• Oui, une copie doit être remise par le tuteur ou le curateur
• Les proches		• Non, sauf autorisation expresse du juge des tutelles à condition : - de justifier d'un intérêt légitime. - d'avoir l'accord du majeur, sur audition du juge La copie est remise directement par le tuteur ou le curateur, aux frais du demandeur
Après la clôture du dossier (décès, main levée, arrivée à son terme de la mesure…)		
• Aucun accès au dossier ni remise de copies n'est prévu par les textes. C'est au tuteur ou curateur de remettre au majeur, ou le cas échéant à ses héritiers, l'ensemble des pièces justificatives et le dernier compte de gestion (v. s[s] n°s 640 et 1312)		

Source : Laurence Pécaut-Rivolier et Thierry Verheyde.

7

Désignation d'un curateur ou d'un tuteur professionnel

> Quand le juge des tutelles désigne-t-il un professionnel ?
> Qui peut devenir professionnel ?
> Quelles sont les obligations du professionnel ?
> Combien coûte l'exercice d'une mesure par un professionnel ?

En cas d'impossibilité de désigner un curateur ou tuteur dans la famille (v. s^s^ n° 702), le juge des tutelles désigne un professionnel, appelé « **MJPM** » (v. s^s^ n° 703), qui doit remplir un certain nombre de conditions (v. s^s^ n°s 704 s.). Ce professionnel a des **obligations** envers le majeur protégé (v. s^s^ n° 713), sa famille (v. s^s^ n° 715), le juge des tutelles (v. s^s^ n° 716) et l'État (v. s^s^ n° 717). Le majeur **finance lui-même** cette mesure (v. s^s^ n° 718) mais peut toutefois bénéficier d'**aides** (v. s^s^ n°s 719 s.).

701 **Uniformisation du statut des mandataires professionnels.** Si dans la famille ou l'entourage proche d'un majeur protégé, il n'existe **aucune personne** susceptible de prendre en charge la mesure de protection, le juge des tutelles doit désigner un mandataire professionnel. La loi du 5 mars 2007 a donné aux professionnels de la tutelle et de la curatelle, désormais appelés « mandataires judiciaires à la protection des majeurs » (MJPM), un statut beaucoup plus clair et uniforme que sous l'empire de la loi antérieure.

Les MJPM peuvent être soit des associations (qui prennent en charge environ 80 % des mesures de protection confiées à un professionnel), des mandataires individuels, ou des préposés d'établissement de moyen ou long séjour. Mais quel que soit leur statut, les conditions posées pour être agréé sont identiques.

› Quand le juge des tutelles désigne-t-il un professionnel ?

702 **Impossibilité de désigner un tuteur ou curateur parmi les membres de la famille.** Mandataire judiciaire à la protection des majeurs Le juge des tutelles désigne un professionnel lorsqu'il ne peut désigner un curateur ou un tuteur parmi les membres de la famille ou les proches de la personne protégée.

Ce professionnel ne peut être qu'un « mandataire judiciaire à la protection des majeurs » (MJPM), **association ou personne physique** figurant sur une **liste spéciale** dressée par le préfet du département après avis du procureur de la République.

> ⚠ Avant l'entrée en vigueur de la réforme législative le 1er janvier 2009, il existait de nombreux professionnels aux statuts différents qui pouvaient être désignés pour exercer une mesure de protection : les associations tutélaires, les gérants de tutelle privés, les gérants de tutelle hospitaliers, les tuteurs d'État. La loi leur a donné un délai de deux ans pour effectuer les formations nécessaires à leur agrément en tant que MJPM.

» Qui peut devenir professionnel ?

703 **Professionnalisation de la fonction.** Pour devenir MJPM, le professionnel doit remplir un certain nombre de conditions (v. ss nos 704 s.). Il n'est donc plus possible, comme auparavant, de se présenter en tant que **bénévole** pour exercer les fonctions de tuteur ou curateur.

Même lorsqu'il exerce au sein d'une association tutélaire, le professionnel doit remplir personnellement ces conditions. À défaut, il ne peut remplir que certaines tâches sous le contrôle d'une personne ayant la qualité de MJPM.

»» Conditions de moralité et d'âge

704 **Conditions préalables.** Pour devenir MJPM, il faut tout d'abord remplir certaines conditions de base, notamment de moralité et d'âge. L'âge requis est au minimum 21 ans.

»» Conditions de formation

705 **Obligation d'obtenir le certificat national de compétence.** Pour devenir MJPM, il faut avoir obtenu un « certificat national de compétence pour l'exercice des fonctions de mandataire judiciaire ». Ces certificats sont délivrés par des organismes privés habilités, et par certaines universités (une liste complète des centres agréés est consultable en ligne sur le site du ministère des solidarités et de la cohésion sociale, espace famille/enfance).

Les anciens tuteurs et curateurs professionnels ont eu jusqu'au 31 décembre 2012 pour régulariser leur situation en acquérant le certificat qui n'était pas obligatoire auparavant. 90 % d'entre eux ont pu suivre cette formation dans les délais. Les 10 % restant, essentiellement des bénévoles pour lesquels l'investissement en temps était trop important par rapport au nombre de dossiers pris en charge, devront être déchargés au plus tard à la fin de l'année 2012 des dossiers dont ils s'occupent.

706 **Intégration à la formation.** L'intégration à la formation suppose, au préalable, que la personne soit titulaire d'un diplôme assimilé à bac + 2 ou justifie d'une ancienneté d'au moins trois ans dans un emploi exigeant normalement un diplôme ou un titre de ce niveau.

Certains professionnels de la tutelle, de l'action sociale, ou fonctionnaires territoriaux ou hospitaliers, bénéficient d'une dispense ou d'équivalences au titre de leurs acquis professionnels. C'est l'école de formation qui en décide au vu du dossier remis par le candidat.

707 **Contenu de la formation.** La formation de MJPM est organisée par des centres spécialisés, privés ou universitaires.

La formation dite « formation complémentaire attestant des compétences nécessaires à l'exercice des fonctions de mandataire judiciaire » varie selon les qualifications et l'expérience professionnelle antérieure du candidat.

La formation « complète » comporte **300 heures d'enseignements théoriques** et **350 heures de stage pratique** (soit dix semaines consécutives).

L'**enseignement théorique** se décompose en modules, répartis en quatre domaines :
- formation juridique (droits et procédure, champ médico-social) ;
- gestion (administrative et budgétaire, fiscale et patrimoniale) ;
- protection de la personne (connaissance des publics et des pathologies liées à la dépendance ; relation, intervention et aide à la personne) ;
- mandataire judiciaire à la protection des majeurs (contours de l'intervention et ses limites, relations avec le juge et avec l'autorité judiciaire, déontologie et analyse des pratiques).

708 **Cas de dispense de formation.** Peuvent demander une dispense ou un allégement de certains modules les personnes qui disposent d'un diplôme ou d'une expérience professionnelle couvrant tout ou partie du champ dudit module. Cependant, il existe des

modules de base sur lesquels aucune dispense ne peut être demandée (le module relatif à la protection de la personne, par exemple). La durée minimale de formation obligatoire est de **66 heures**.

Peuvent demander une dispense de stage les personnes qui justifient d'une expérience d'**au moins six mois** dans le cadre d'une activité tutélaire.

Le **dossier de dispense ou d'allégement** doit être présenté au directeur de l'établissement de formation qui y fait droit en fonction des justificatifs produits.

La validation de chacun des modules dont le candidat n'a pas été dispensé est nécessaire pour l'obtention du « certificat national de compétence » nécessaire à l'exercice des fonctions de MJPM.

709 **Validation de la formation.** Lorsque le candidat a validé tous ses modules de formation, il reçoit un certificat national de compétence qui lui permet de demander son agrément sur la liste d'un département, quel qu'il soit (v. ss n° 705).

Conditions d'agrément

710 **Agrément par le préfet.** L'agrément est délivré par le **préfet du département**, après vérification que les conditions sont remplies (v. ss nos 704 s.), et sur avis conforme du procureur de la République.

La demande doit être effectuée au moyen d'un imprimé Cerfa qui peut être trouvé sur le site du ministère du Travail et des affaires sociales à l'adresse suivante :
https://www.formulaires.modernisation.gouv.fr/gf/cerfa_13913_01.do

Le préfet vérifie que le candidat dispose du certificat national de compétence (v. ss n° 705). Il vérifie également le casier judiciaire du candidat et le projet qu'il veut présenter. Il s'assure ainsi que la manière dont le mandataire entend exercer ses fonctions (seul ou en équipe, conception administrative ou de terrain) et dans les compétences développées (sociales, juridiques, financières...) répond bien aux caractéristiques générales des majeurs protégés du département.

PRÉCISION Quelles que soient les compétences particulières du mandataire judiciaire, la demande d'agrément induit qu'il est prêt à accepter, sous réserve de sa disponibilité en temps, bien entendu, tous les dossiers que le juge des tutelles estimera utile de lui confier. Il ne peut pas se spécialiser dans un secteur donné (personnes âgées, handicap, gestion de patrimoine...).

Le préfet contrôle aussi que sa candidature répond aux besoins tels qu'ils sont recensés dans le schéma régional d'organisation sociale : il ne faut pas trop de professionnels dans une même région. Ce schéma, qui est institué par la loi nouvelle applicable depuis le **1er janvier 2009**, et que l'Administration va donc devoir créer désormais, **tiendra compte des professionnels déjà désignés et des besoins existants**. La direction des affaires sociales a précisé que le schéma pourrait être **directement opposé** aux candidats pour refuser des candidatures qui apparaîtraient surnuméraires. La principale raison d'être de ce schéma régional est bien évidemment de veiller à éviter une explosion des crédits que la collectivité, par l'intermédiaire des conseils généraux, versera pour la prise en charge par les professionnels des mesures de protection.

C'est l'agrément qui donne le droit d'être inscrit sur la liste des MJPM tenue par le préfet. La seule possession du certificat de compétence ne suffit donc pas.

»» Avoir souscrit une assurance responsabilité

711 **Obligation d'assurance.** La souscription d'une assurance responsabilité spéciale est une **obligation** pour les MJPM.

Plusieurs organismes proposent désormais des formules adaptées à cet effet.

Avoir prêté serment

712 **Prestation de serment devant le tribunal d'instance.** Le MJPM prête serment de remplir ses fonctions, conformément aux règles déontologiques qui sont fixées par les textes, devant le tribunal d'instance.

En pratique, on peut trouver trois types de professionnel : ceux qui exercent au sein d'une association tutélaire, ceux qui exercent à titre individuel et privé, ceux qui exercent leur fonction au sein d'un établissement hospitalier ou de long séjour. Tous trois devront désormais remplir individuellement les conditions rappelées ci-dessus L'importance des obligations en termes de formation et d'assurance conduit, de fait, à la suppression d'une quatrième catégorie de tuteurs : les tuteurs bénévoles qui, dans certains départements, prenaient pourtant en charge un nombre conséquent de mesures.

Quelles sont les obligations du professionnel ?

Obligations du professionnel vis-à-vis du majeur protégé

713 **Obligation d'information.** Le majeur protégé est considéré comme un usager des mandataires professionnels. Pour faire protéger ses droits, les textes mettent à la charge du MJPM un certain nombre d'obligations spécifiques.

Le MJPM doit d'abord, au commencement de la mesure, remettre au majeur protégé une **notice d'information** sur le fonctionnement de la mesure de protection (v. ss n° 5108 en fin d'ouvrage). Elle contient **obligatoirement** les éléments suivants :

- une présentation du dispositif de protection juridique des majeurs ;
- des éléments d'information relatifs au mandataire judiciaire à la protection des majeurs, tels que par exemple la date de l'habili-

tation du mandataire judiciaire à la protection des majeurs, les qualifications du mandataire judiciaire, les mesures de protection des majeurs pour lesquelles le mandataire judiciaire à la protection des majeurs a reçu une habilitation et leur définition, etc. ;
- des éléments d'information concernant les personnes protégées (la charte des droits et libertés de la personne majeure protégée (v. s[s] n°s 5108, III, et 5110 en fin d'ouvrage), les principaux documents et pièces que la personne transmet pour la mise en place et la révision de la mesure de protection des majeurs, etc.).

Le MJPM doit remettre au majeur protégé en personne cette notice, en lui fournissant des explications adaptées à son état.

Il doit ensuite établir dans les **trois mois** de sa désignation, en concertation avec le majeur protégé, un document individuel comprenant une évaluation des besoins du majeur, une description du contenu de la mesure, adapté à la situation particulière, et le projet qui sera mené à son égard. Ce document doit également expliquer dans quelles conditions concrètes le majeur verra son MJPM ou sera reçu par lui. Là encore, le MJPM doit expliquer le contenu du document au majeur, et tenter de recueillir son adhésion.

714 **La question particulière du courrier du majeur.**

Pour accomplir leur mission de gestion, les tuteurs ou curateurs ont pendant longtemps utilisé un outil qui leur simplifiait le fonctionnement : ils demandaient à La Poste la réexpédition du courrier du majeur protégé chez eux, puis, après avoir renvoyé au majeur son courrier personnel, disposaient ainsi de tous les courriers administratifs, financiers et juridiques pour assurer une bonne gestion.

Il est aujourd'hui très généralement admis que ce processus est trop attentatoire aux libertés, surtout lorsque le majeur n'est que sous curatelle. Il n'est donc plus toléré que dans le cadre du mandat spécial pris, au cours de la sauvegarde de justice, en raison d'une situation d'urgence. Dans les autres cas, le tuteur ou curateur devra recourir à d'autres mécanismes en fonction de la situation du majeur : lui demander de renvoyer les courriers administratifs ou demander au concierge de l'aider à les mettre de côté. En tout état de cause, le curateur ou le tuteur doit prévenir les différents organismes de l'existence de la mesure et peut leur demander, s'il l'estime utile, de lui envoyer directement les documents et courriers relevant de la gestion.

»» Obligations du professionnel vis-à-vis de la famille du majeur protégé

715 **Aucune obligation directe envers la famille.** Le professionnel n'a **aucune obligation directe** vis-à-vis de la famille du majeur protégé. Il n'a ni compte à lui rendre, ni information à lui donner, sauf décision spécifique du juge des tutelles.

Toutefois, dans la mesure où il entre directement dans sa mission de faire en sorte de protéger les liens familiaux existant entre le majeur protégé, sa famille et ses proches, le MJPM doit faire en sorte que la famille puisse continuer à exercer son rôle affectif (v. sur ce point la charte des droits et libertés de la personne protégée, art. 5, ss no 5110 en fin d'ouvrage). Il lui faut, pour cela, sauf si le majeur s'y oppose, la rencontrer et écouter ses avis.

»» Obligations du professionnel vis-à-vis du juge des tutelles

716 **Obligation de rendre compte de l'exercice de sa mission.** Vis-à-vis du juge des tutelles, le MJPM a les mêmes obligations que les tuteurs ou curateurs familiaux. Il doit notamment effectuer un inventaire de début de gestion, et rendre un **compte annuel de gestion** auquel sont annexées toutes les pièces justificatives (v. ss nos 633 s.). Les comptes doivent être communiqués au majeur sous protection.

Le MJPM doit en outre adresser chaque semestre au juge des tutelles une **déclaration** indiquant le nombre total et la nature des mesures qu'il exerce.

Cette déclaration doit se faire selon un formulaire Cerfa qui est accessible sur le site du ministère du Travail et des relations sociales à l'adresse suivante :
https://www.formulaires.modernisation.gouv.fr/gf/cerfa_13932_01.do

Cette obligation permet d'éviter qu'un mandataire prenne en charge à lui seul un nombre trop important de mesures, l'empêchant ainsi de consacrer à chacune le temps nécessaire.

»» Obligations du professionnel vis-à-vis de l'État

717 **Contrôle des professionnels par le préfet.** Le mandataire judiciaire à la protection des majeurs peut exercer son activité, soit seul, à titre libéral, soit au sein d'une association.

Pour permettre au juge des tutelles de disposer d'un véritable choix lorsqu'il doit désigner un professionnel pour exercer une mesure de protection, le législateur a en effet maintenu l'existence de professionnels au profil varié et au fonctionnement différent. Les droits et obligations des MJPM, selon qu'ils exercent à titre individuel ou au sein d'une association, ne sont pas exactement similaires.

Les associations sont notamment tenues de faire connaître au préfet, pour obtenir l'agrément, les modalités d'organisation et de fonctionnement de leurs services, et l'évaluation qui en est faite (souvent par un commissaire aux comptes).

Dans le cas où les mandataires n'accomplissent pas correctement leur mission, ils peuvent faire l'objet d'une radiation sur décision du préfet.

» Combien coûte l'exercice d'une mesure par un professionnel ?

718 **Financement assuré par un prélèvement proportionnel aux revenus du majeur protégé.** Les mandataires à la protection des

majeurs sont désormais rémunérés directement par l'État, en fonction du nombre de dossiers qu'ils gèrent et de la nature de ces dossiers. Mais le majeur protégé doit participer au financement de sa mesure par un prélèvement qui s'effectue en fonction de ses revenus. C'est le décret du 31 décembre 2008 (décr. n° 2008-1554, 31 déc. 2008 relatif aux modalités de participation des personnes protégées au financement de leur mesure de protection, *JO* 1er janv. 2009, p. 90) qui institue ce prélèvement.

Mais plusieurs textes sont intervenus au cours de ces deux dernières années pour en préciser le contenu, de nombreuses discussions étant notamment nées des catégories de revenus à prendre en considération pour le calcul du montant du prélèvement.

Le prélèvement est proportionnel aux revenus selon un barème de :
- 0 % du montant des revenus lorsqu'ils sont inférieurs au plafond correspond à l'AAH (743,62 € par mois en 2012) ;
- 7 % sur les revenus compris entre l'AAH et le Smic brut (entre 743,62 € et 1 398,37 € par mois en 2012) ;
- 15 % du montant des revenus compris entre le Smic brut et le même Smic brut, majoré de 150 % (entre 1 398,37 € et 3 495,93 € par mois en 2012) ;
- 2 % du montant des revenus compris entre le Smic brut majoré de 150 % et six fois le Smic brut (entre 3 495,93 € et 8 390,22 € par mois en 2012).

Le montant exact des sommes prélevées en fonction des revenus est précisé dans le tableau reproduit ci-dessous.

> **EXEMPLE** Il est de 3,95 euros par mois pour un revenu mensuel de 800 euros, de 61,08 euros par mois pour un revenu mensuel de 1 500 euros, et de 211,08 euros par mois pour un revenu mensuel de 2 500 euros (v. ss n° 721 concernant le tableau relatif au montant des sommes prélevées sur les revenus du majeur par le MJPM).

719 **Financement assuré pour partie et, si nécessaire, par la collectivité publique.** Le MJPM a droit, pour chaque mesure exercée, à

une rémunération qui est fixée soit globalement lorsqu'il exerce au sein d'une association, soit par dossier et par mois lorsqu'il exerce à titre individuel. La somme qui lui est versée est indépendante de la somme prélevée sur les revenus du majeur protégé. C'est une sorte de système distributif, où la collectivité publique prélève sur les revenus du majeur une somme calculée en fonction de ses revenus, et reverse au MJPM une somme correspondant au coût forfaitaire de la mesure qu'il exerce.

ATTENTION Les derniers textes adoptés, notamment un décret du 4 août 2011, crée des inégalités entre MJPM exerçant à titre individuel et MJPM exerçant à titre associatif. Ainsi, il cantonne pour les premiers les prélèvements sur les ressources du majeur au prix maximum de la mesure, et en ne faisant pas le même cantonnement pour les seconds. En outre, lorsque des prélèvements exceptionnels sont autorisés (v. ss n° 720), ils s'ajoutent au montant des sommes perçues par le MJPM à titre individuel, pas pour le MJPM associatif. Il est probable que cette distorsion sera révisée prochainement.

Pour les MJPM **exerçant à titre individuel**, la rémunération est ainsi fixée, en dernier lieu, par un arrêté du 6 janvier 2012 (paru au *JO* 21 janv. 2012) et prévoit un montant de 138,30 euros par mois pour une curatelle renforcée, 124,47 euros par mois pour une tutelle, et 69,15 euros pour une curatelle simple. Mais ces sommes sont diminuées de 20 % si elle vit en établissement sans avoir conservé son logement. En revanche, contrairement à ce que prévoyait l'ancien arrêt du 3 août 2011, il n'y a pas d'abattement si le majeur est en hébergement mais conserve son logement. Enfin, il est tenu compte d'une variable tenant au montant des ressources du majeur protégé.

La prise en charge de la personne par l'établissement allège en effet considérablement la mission du MJPM.

D'autres majorations et abattements sont prévus pour certaines circonstances (début et clôture du dossier, notamment).

Lorsque les prélèvements sur les revenus du majeur protégé ne suffisent pas à assurer le montant de la rémunération du MJPM, le département prend en charge le complément. C'est le professionnel en charge de la mesure qui s'occupe de toutes les démarches, dans le cadre du système de financement global mis en place dans les départements.

720 **Possibilité de prélèvements complémentaires exceptionnels.** Les textes prévoient la possibilité pour le juge d'allouer au mandataire judiciaire, à titre exceptionnel, une indemnité complémentaire à la rémunération habituelle dans certains cas.

Cette indemnité, dont le montant est fixé par décret, peut être autorisée par le juge des tutelles, après avis du procureur de la République, si le MJPM a dû accomplir des actes impliquant des **diligences particulières longues ou complexes**.

> **EXEMPLE** On peut penser à une intervention dans le cadre d'une succession complexe, ou du règlement d'une situation fiscale difficile, ou la gestion d'un important patrimoine.

721 **Aucune autre rémunération n'est possible.** Hors ces prélèvements, il ne peut être soustrait sur les revenus du majeur, ses capitaux, ou ultérieurement sur sa succession, aucune autre somme. La récupération sur succession est même exclue lorsque l'État a pris en charge tout ou partie du coût d'exercice de la mesure.

Montant des sommes prélevées sur les revenus du majeur par le MJPM au 1er janvier 2012

Prélèvements sur ressources majeurs protégés									Barème indemnité complémentaire exceptionnelle	
(au 01/01/12)	Art. R. 471-5-2 CASF								CASF, art. D. 471-6	
Montant annuel AAH	8 923,44	Taux 1	7 %							Montant indemnité
Montant annuel SMIC brut	16 780,44	Taux 2	15 %				9,22		<= 14 heures	110,64
SMIC BRUT + 150 %	41 951,10	Taux 3	2 %						> 15 heures	138,3
SMIC BRUT x 6	100 682,64								(+ frais déplacement et séjour conformément à Décr. n° 2006-781, 03/07/06)	
(SMIC horaire brut : 9,22)										
Rev. annuels	Prél. annuels	Rev. mens.	Prél. mens.	Rev. annuels	Prél.					
3 600,00	0,00	300,00	0,00	3 600,00	0,00	– 372,64	– 1 427,08	3 558,57		
4 800,00	0,00	400,00	0,00	4 800,00	0,00	– 288,64	– 1 247,08	3 582,57		

6 000,00	0,00	500,00	0,00	6 000,00	0,00	– 204,64	– 1 067,08	3 606,57		
7 200,00	0,00	600,00	0,00	7 200,00	0,00	– 120,64	– 887,08	3 630,57		
8 400,00	0,00	700,00	0,00	8 400,00	0,00	– 36,64	– 707,08	3 654,57		
9 600,00	47,36	800,00	3,95	9 600,00	47,36	47,36	– 527,08	3 678,57		
10 800,00	131,36	900,00	10,95	10 800,00	131,36	131,36	– 347,08	3 702,57		
12 000,00	215,36	1 000,00	17,95	12 000,00	215,36	215,36	– 167,08	3 726,57		
13 200,00	299,36	1 100,00	24,95	13 200,00	299,36	299,36	12,92	3 750,57		
14 400,00	383,36	1 200,00	31,95	14 400,00	383,36	383,36	192,92	3 774,57		
15 600,00	467,36	1 300,00	38,95	15 600,00	467,36	467,36	372,92	3 798,57		
16 800,00	552,92	1 400,00	46,08	16 800,00	552,92	552,92	552,92	3 822,57		
18 000,00	732,92	1 500,00	61,08	18 000,00	732,92	732,92	732,92	3 846,57		
19 200,00	912,92	1 600,00	76,08	19 200,00	912,92	912,92	912,92	3 870,57		
20 400,00	1 092,92	1 700,00	91,08	20 400,00	1 092,92	1 092,92	1 092,92	3 894,57		
21 600,00	1 272,92	1 800,00	106,08	21 600,00	1 272,92	1 272,92	1 272,92	3 918,57		
22 800,00	1 452,92	1 900,00	121,08	22 800,00	1 452,92	1 452,92	1 452,92	3 942,57		
24 000,00	1 632,92	2 000,00	136,08	24 000,00	1 632,92	1 632,92	1 632,92	3 966,57		

25 200,00	1 812,92	2 100,00	151,08	25 200,00	1 812,92	1 812,92	1 812,92	3 990,57		
26 400,00	1 992,92	2 200,00	166,08	26 400,00	1 992,92	1 992,92	1 992,92	4 014,57		
27 600,00	2 172,92	2 300,00	181,08	27 600,00	2 172,92	2 172,92	2 172,92	4 038,57		
28 800,00	2 352,92	2 400,00	196,08	28 800,00	2 352,92	2 352,92	2 352,92	4 062,57		
30 000,00	2 532,92	2 500,00	211,08	30 000,00	2 532,92	2 532,92	2 532,92	4 086,57		
31 200,00	2 712,92	2 600,00	226,08	31 200,00	2 712,92	2 712,92	2 712,92	4 110,57		
32 400,00	2 892,92	2 700,00	241,08	32 400,00	2 892,92	2 892,92	2 892,92	4 134,57		
33 600,00	3 072,92	2 800,00	256,08	33 600,00	3 072,92	3 072,92	3 072,92	4 158,57		
34 800,00	3 252,92	2 900,00	271,08	34 800,00	3 252,92	3 252,92	3 252,92	4 182,57		
36 000,00	3 432,92	3 000,00	286,08	36 000,00	3 432,92	3 432,92	3 432,92	4 206,57		
42 000,00	4 326,57	3 500,00	360,55	42 000,00	4 326,57	4 326,57	4 326,57	4 326,57		
48 000,00	4 446,57	4 000,00	370,55	48 000,00	4 446,57	4 446,57	4 446,57	4 446,57		
54 000,00	4 566,57	4 500,00	380,55	54 000,00	4 566,57	4 566,57	4 566,57	4 566,57		
60 000,00	4 686,57	5 000,00	390,55	60 000,00	4 686,57	4 686,57	4 686,57	4 686,57		
66 000,00	4 806,57	5 500,00	400,55	66 000,00	4 806,57	4 806,57	4 806,57	4 806,57		
72 000,00	4 926,57	6 000,00	410,55	72 000,00	4 926,57	4 926,57	4 926,57	4 926,57		

78 000,00	5 046,57	6 500,00	420,55	78 000,00	5 046,57	5 046,57	5 046,57	5 046,57		
84 000,00	5 166,57	7 000,00	430,55	84 000,00	5 166,57	5 166,57	5 166,57	5 166,57		
90 000,00	5 286,57	7 500,00	440,55	90 000,00	5 286,57	5 286,57	5 286,57	5 286,57		
96 000,00	5 406,57	8 000,00	450,55	96 000,00	5 406,57	5 406,57	5 406,57	5 406,57		
102 000,00	5 500,22	8 500,00	458,35	102 000,00	5 500,22	5 500,22	5 500,22	5 500,22		
108 000,00	5 500,22	9 000,00	458,35	108 000,00	5 500,22	5 500,22	5 500,22	5 500,22		
114 000,00	5 500,22	9 500,00	458,35	114 000,00	5 500,22	5 500,22	5 500,22	5 500,22		
120 000,00	5 500,22	10 000,00	458,35	120 000,00	5 500,22	5 500,22	5 500,22	5 500,22		

Source : tableau établi par M. Thierry Verheyde, magistrat, conseiller à la cour d'appel de Douai, *AJ fam*.

8

Régimes de protection judiciaire : mesures d'assistance ou de représentation

> Quand ouvre-t-on une curatelle ?
> Quand ouvre-t-on une tutelle ?

La curatelle est une mesure d'**assistance** (v. s^{s} n°s 801 et 803) qui s'exerce à des degrés différents : simple (v. s^{s} n°s 808 s.) ou renforcée (v. s^{s} n° 812). Elle concerne des personnes qui ont besoin d'être assistées pour les actes importants, **sans être hors d'état** d'agir elles-mêmes (v. s^{s} n°s 802 s.). La tutelle est une mesure de **représentation** pour des personnes souffrant d'une **altération** de leurs facultés mentales ou corporelles (v. s^{s} n°s 801 et 818). Ces deux régimes peuvent être **aménagés** (v. s^{s} n°s 813 et 824). Il est aussi important de déterminer le sort des actes conclus **irrégulièrement** par le majeur protégé (v. s^{s} n°s 814, 827 s.).

801 **Protection judiciaire adaptée à la mesure d'assistance ou de représentation.** Le régime de protection judiciaire a une organisation différente selon qu'il s'agit d'une **mesure d'assistance**, dite curatelle, ou d'une **mesure de représentation**, dite tutelle. Mais, à l'intérieur de chacune d'elles, des aménagements sont possibles.

Tableau récapitulatif des régimes de protection judiciaire

Mesures	Pour qui	Effets	Renvois
• Curatelle simple	• Personnes qui ayant besoin d'une aide ponctuelle • Personnes un peu vulnérables, afin d'empêcher la dilapidation de leur patrimoine	• Le curateur n'intervient que pour autoriser ou non les actes de disposition (actes importants) • Le majeur protégé gère seul et librement ses revenus	v. s[s] n° 809
• Curatelle renforcée	• Personnes qui ayant besoin d'une aide permanente, y compris pour les actes courants	• Le majeur protégé prend en charge son quotidien • Le curateur gère les revenus du majeur protégé : il paie les factures et les dépenses, et remet le sur plus au majeur • Les actes importants nécessitent la signature à la fois du majeur protégé et du curateur	v. s[s] n° 812
• Curatelle aménagée	• Personnes qui ayant besoin d'une aide vigilante, mais qui peuvent assumer tout ou partie de la gestion de leurs revenus	• Le jugement énumère les actes qui nécessitent l'accord du curateur	v. s[s] n° 813
• Tutelle	• Personnes ayant besoin d'être représentées dans les actes de la vie civile	• Le tuteur assure seul la gestion courante • Le tuteur effectue, avec l'autorisation du juge des tutelles, les actes importants • Le majeur protégé est informé des actes. Il peut, selon les termes du jugement, participer à certains	v. s[s] n° 828

› Quand ouvre-t-on une curatelle ?

802 **La curatelle s'adresse aux personnes ayant besoin d'être assistées ou contrôlées dans les actes importants de la vie civile.** La curatelle s'adresse, selon les termes de la loi, aux personnes qui, **sans être hors d'état d'agir elles-mêmes**, ont besoin d'être **assistées ou contrôlées** d'une manière continue dans les actes importants de la vie civile en raison d'une **altération** de leurs facultés mentales ou corporelles.

›› La curatelle : une mesure d'assistance

803 **La curatelle est toujours un régime de simple assistance.** Même si, selon le type de curatelle prononcé, le curateur peut se voir investi de pouvoirs plus ou moins importants (v. s^s n°s 808 s.), la curatelle reste toujours un **régime de simple assistance**.

804 **Le majeur peut continuer à effectuer seul un certain nombre d'actes.** Même lorsque le régime de curatelle est renforcé, le majeur continue à pouvoir effectuer seul des actes courants et doit pouvoir bénéficier, pour ce faire, d'un minimum de liquidités, dont le montant dépend évidemment de ses ressources et de ses dettes (v. s^s n° 809).

805 **Rien ne peut se faire sans l'accord du majeur.** La mission du curateur est de l'assister, de le contrôler, de l'empêcher d'accomplir certains actes qui seraient contraires à ses intérêts. Mais il n'entre pas dans la mission du curateur d'agir à la place et contre le gré du majeur sous curatelle. Tous les actes importants nécessitent en effet la signature du majeur sous curatelle et du curateur, soit une double signature.

806 **Le curateur ne peut pas passer le refus du majeur protégé d'accomplir un acte.** Sauf cas très exceptionnel où il serait établi que le majeur compromet gravement ses intérêts, le curateur ne peut que s'incliner face au veto opposé par le majeur, même s'il estime que le refus est absurde ou contraire à ses intérêts.

807 **Le majeur dispose d'un recours en cas de refus du curateur d'accomplir un acte.** À l'inverse, le majeur qui souhaite effectuer un acte, qui nécessite normalement l'accord de son curateur, mais qui se heurte au **refus du curateur**, a, lui, un recours : il lui est possible de s'adresser directement au juge des tutelles pour contester le refus du curateur. En ce cas, c'est le juge des tutelles qui prend la décision d'autoriser ou non l'acte en question.

La saisine du juge des tutelles pour voir trancher un différent entre le majeur et son curateur se fait de manière extrêmement simple : il suffit d'un courrier expliquant la difficulté. Le juge des tutelles convoquera alors le majeur, son avocat s'il en a un, et le curateur, pour comprendre les raisons de cette dissension.

Il peut arriver que la saisine du juge soit souhaité par le mandataire lui-même : lorsque l'acte, tout en paraissant peu conforme aux intérêts bien compris du majeur, répond à un réel désir de ce dernier, le juge des tutelles a plus de latitude que le professionnel pour en décider.

> **EXEMPLE** Ainsi ce serait le cas pour une dépense peu raisonnable mais exceptionnelle.

La décision est rendue sous forme d'ordonnance, susceptible de recours.

De nombreux majeurs protégés écrivent très régulièrement, voire quotidiennement, au juge des tutelles pour se plaindre de l'attitude de leur curateur ou de son refus d'accepter certaines dépenses. Le juge des tutelles doit donc faire un tri entre les courriers qui relèvent du mécontentement général du majeur d'être restreint dans ses dépenses, et les courriers qui énoncent un désaccord réel sur une difficulté particulière. La meilleure solution est que le courrier en appelant au pouvoir d'arbitrage du juge des tutelles émane à la fois du curateur et du majeur sous curatelle.

À défaut, il faut qu'il soit suffisamment étayé et précis pour que le juge s'estime régulièrement saisi. Viser, dans le courrier, l'article 469, alinéa 3, du code civil peut être déterminant.

»» La curatelle : un régime de protection à degrés différents

808 **La situation du majeur varie selon le degré de la mesure de curatelle.** Le régime de la curatelle comprend en réalité des degrés différents selon ce qu'a décidé le juge des tutelles. Entre la **curatelle simple** et la **curatelle renforcée** (v. s^s^ n°s 809 s.), la situation du majeur et l'assistance qui lui est apportée sont tout à fait différentes.

»» La curatelle simple

809 **Une mesure essentiellement préventive.** Le curateur n'intervient que **très ponctuellement**, uniquement pour autoriser ou refuser d'autoriser un acte de disposition que souhaite effectuer le majeur (sur la notion d'acte de disposition v. s^s^ n°s 902, 904 s.).

Il s'agit d'une **mesure essentiellement préventive**, qui vise à s'assurer qu'une personne ne compromettra pas sa situation financière en effectuant des actes qu'elle regretterait ultérieurement. Hors l'intervention du curateur pour autoriser un acte de disposition, le majeur sous curatelle simple gère entièrement et normalement ses affaires.

Par exemple, la mesure peut être mise en place pour des personnes qui, sans être en difficulté pour s'occuper de leurs affaires, sont vulnérables ou influençables. Elle peut aussi s'appliquer pour des personnes sujettes, en raison d'un traumatisme ou d'une maladie particulière, à des troubles ponctuels qui peuvent, mais par période seulement, les conduire à effectuer des actes graves (vendre leur logement…).

810 **Actes que le majeur sous curatelle simple accomplit seul sans l'accord de son curateur.** Les actes que le majeur sous curatelle accomplit seul sont tous les actes pour lesquels une mission d'assistance n'a pas été confiée au curateur.

Si la mesure prononcée est une curatelle simple, le majeur continue d'accomplir seul tous les actes de gestion courante, dits actes d'administration, énumérés par un décret.

Font partie des actes d'administration, à titre d'exemple, la gestion des revenus courants, le paiement des loyers et, de manière générale, des factures, les petits achats, les travaux d'entretien.

811 **Actes que le majeur sous curatelle simple ne peut faire qu'avec l'accord de son curateur.** Les actes que le majeur ne peut faire qu'avec l'accord de son curateur sont les actes importants de gestion, dits actes de disposition, énumérés par un décret (v. s[s] n°s 902, 904 s.).

Font partie des actes de disposition, à titre d'exemple :
- la vente d'un bien immobilier ;
- le prélèvement de sommes importantes ;
- les achats ayant une certaine valeur ;
- les placements.

» La curatelle renforcée

812 **Le curateur gère quotidiennement le budget du majeur protégé.** Le curateur intervient au contraire au quotidien. Il lui est en effet confié la mission de percevoir seul les revenus de la personne en curatelle, d'assurer le règlement de ses dépenses auprès d'un tiers et de reverser l'excédent des revenus au majeur pour les besoins de sa vie courante (C. civ., art. 472).

Dans ce régime, qui convient à des personnes aptes à comprendre et à s'occuper des affaires de leur vie quotidienne mais ne sont pas en mesure d'assurer la gestion de leur budget global, le curateur est donc **directement en charge** de l'établissement du budget, du paiement de tout ou partie des factures et de la gestion du compte.

Toutefois, une fois les dépenses, factures et dettes éventuelles payées, le curateur doit mettre à la disposition du majeur sous curatelle, sur son compte ou autrement, les sommes qui restent disponibles, sans pouvoir lui imposer des économies autres que celles indispensables pour faire face aux dépenses à court terme. Autrement dit, dans la curatelle, même renforcée, le curateur n'a pas l'obligation de gérer « en bon père de famille » le patrimoine du majeur protégé, comme en tutelle. Il ne doit pas se substituer au majeur pour décider ce qu'il conviendrait raisonnablement de faire avec l'argent qui reste une fois les dépenses et les dettes réglées.

Si le curateur estime que l'utilisation que fait le majeur de l'argent qui lui reste le met en danger, il lui appartient d'en informer le juge pour que la mesure puisse être alors adaptée et renforcée.

En tout état de cause, le curateur doit exercer sa mission en accord avec le majeur, qui doit recevoir les explications nécessaires.

Compte tenu de l'importance de sa mission, le curateur est soumis à l'obligation de rendre un **compte annuel de gestion** (v. ss nos 633 s.).

»» La curatelle dite aménagée

813 **Un degré intermédiaire entre la curatelle simple et la curatelle renforcée.** Entre les régimes de la curatelle simple et celui de la curatelle renforcée, le juge des tutelles peut parfaitement, au regard de la situation particulière du majeur, mettre en place une curatelle aménagée **en précisant** les actes que le majeur peut continuer à effectuer seul (paiement de certaines factures, dépenses d'un certain montant, etc.), et les actes pour lesquels il lui faudra demander l'assistance du curateur.

Un des aménagements les plus fréquemment demandés porte sur la conservation, par la personne protégée, de son chéquier. Cet aménagement pose d'importantes difficultés. S'il est effectivement tout à fait compréhensible que la conservation du chéquier soit importante psychologiquement pour la personne protégée, elle rend possible des dépenses incontrôlées. En effet, le chéquier est un moyen de paiement qui peut conduire à dépasser le montant des sommes figurant sur le compte, dépassement qui, *a posteriori*, conduit à des sanctions importantes. Pour le curateur, c'est donc une source de responsabilité. Le maintien du chéquier ne peut donc se concevoir que si la personne protégée est parfaitement consciente de ses limites financières.

En revanche, il est tout à fait possible, et même recommandé, de laisser à la disposition de la personne protégée une carte de retrait dont le montant est déterminé à l'avance d'un commun accord.

De nombreuses banques ont d'ailleurs élaboré des outils extrêmement utiles pour qu'un majeur sous curatelle puisse garder une vraie autonomie sans prendre de risque. Outre les cartes de paiement, certaines banques proposent la consultation des comptes par internet et même des systèmes de virement que peut faire seul le majeur sous curatelle pourvu que l'opération ait été autorisée en amont. Pour ceux qui ont plus de difficulté, des cartes sans code peuvent être mises en place, ou la consultation des soldes par SMS.

»» Sort des actes conclus irrégulièrement

814 **La nullité n'est pas automatique.** Les actes que le majeur a conclus sans autorisation du curateur, alors que cette dernière était nécessaire, sont susceptibles d'être annulés.

Il n'y a cependant **pas d'automatisme** : un acte conclu par un majeur sous curatelle sans autorisation n'est pas forcément contraire à ses intérêts. L'acte ne peut donc être annulé que s'il est démontré que le majeur sous curatelle a subi un **préjudice**.

815 **Exercice de l'action en nullité.** Une **action en nullité** doit être intentée devant le tribunal de grande instance. Seul le majeur sous curatelle ou le curateur peut se prévaloir de cette nullité. Il doit le faire dans un délai de **cinq ans** à compter de la signature de l'acte.

Cette procédure est soumise au droit commun des procédures contentieuses devant le tribunal de grande instance et nécessite par conséquent l'assistance d'un avocat.

816 **Possibilité de régulariser les actes *a posteriori*.** Pour éviter toute difficulté, il est possible, si l'acte a été accompli par le majeur sous curatelle seul, de **régulariser** la situation par un écrit du curateur, même ultérieur, donnant son accord pour l'acte en question.

Les actes que le majeur sous curatelle peut conclure seul bénéficient également d'une protection, moins forte cependant. Ils peuvent être annulés s'il apparaît qu'ils lèsent le majeur sous curatelle. L'action en nullité doit également être intentée dans un délai de **cinq ans**.

817 **Nullité de droit des actes accomplis irrégulièrement par le curateur.** En outre, les actes que le curateur aurait passés seul, alors qu'il s'agissait d'actes auxquels le majeur sous curatelle devait consentir ou qu'il devait effectuer lui-même, sont **nuls de droit**.

> ⚠ Le prononcé d'une mesure de curatelle n'a aucune incidence sur la validité des actes qui ont pu être accomplis avant l'ouverture de la curatelle (ou de la sauvegarde de justice). Ils demeurent donc valables, sauf s'il est démontré, en application de l'article 414-1 du code civil, qu'au moment où l'acte a été fait, le majeur était atteint d'un trouble mental. Le placement ultérieur sous curatelle ou même sous tutelle ne suffit pas à établir ce trouble, qui doit avoir existé au moment de la signature de l'acte. L'action en nullité des actes est possible pendant cinq ans à compter de sa conclusion.

› Quand ouvre-t-on une tutelle ?

818 **La tutelle : un régime de protection des personnes nécessitant une représentation continue.** La tutelle concerne les personnes qui, en raison d'une **altération de leurs facultés mentales ou corporelles**, doivent être représentées, **de manière continue**, dans les actes de la vie civile.

›› La tutelle : un régime de représentation

819 **Le tuteur représente le majeur dans tous les actes de la vie civile.** L'ouverture d'une mesure de tutelle se fait lorsqu'une personne n'est plus du tout en état ni de s'occuper seule de ses affaires ni même de les comprendre suffisamment pour s'en occuper

avec l'aide d'une autre personne. Le tuteur est donc chargé **de la représenter dans tous les actes** de la vie civile.

820 **Actes que le tuteur accomplit seul.**

Le tuteur **accomplit seul** les actes courants, d'administration (sur la notion d'acte d'administration et d'acte de disposition, v. ss nos 902 s.).

EXEMPLE Font partie des actes d'administration :
- le paiement des loyers et de manière générale des factures ;
- la gestion des revenus courants ;
- les petits achats ;
- les travaux d'entretien.

Tous ces actes devront apparaître dans les comptes annuels de gestion remis au juge des tutelles.

821 **Actes que le tuteur accomplit avec l'autorisation du juge des tutelles.** Il accomplit, avec l'**autorisation du juge des tutelles** (ou du conseil de famille le cas échéant), les actes de disposition. Ce sont les actes importants de gestion, dits « actes de disposition », énumérés par un décret.

EXEMPLE Font partie des actes de disposition :
- la vente d'un bien immobilier ;
- le prélèvement de sommes importantes ;
- les achats ayant une certaine valeur ;
- les placements.

Pour effectuer ces actes, le tuteur doit demander l'autorisation du juge des tutelles par requête, accompagnée des pièces justificatives. Des exemplaires de requête sont disponibles sur le portail du ministère de la Justice.

Si l'acte concerne la vente d'un bien immobilier ou la résiliation d'un bail portant sur le logement du majeur protégé qui doit être accueilli dans une résidence, la requête doit en outre être accompagnée d'un certificat médical d'un médecin spécialiste précisant que l'état de santé du majeur ne lui permet pas de rester dans son logement (v. ss no 1001).

822 **Le majeur continue de prendre les décisions à caractère personnel.** Toutefois, lorsqu'il s'agit de prendre des **décisions à caractère personnel**, le majeur reste autant que possible décisionnaire (sur les décisions personnelles v. ss nos 1103 s.).

823 **Actes que le tuteur ne peut jamais accomplir.** Il y a cependant des actes que le tuteur ne peut jamais accomplir, même avec l'autorisation du juge des tutelles.

> **EXEMPLE** Il ne peut pas :
> - accomplir pour le compte du majeur des donations ou aliénation à titre gratuit, sauf exceptions énumérées par les textes, ou renoncer en son nom à un droit sans contrepartie ;
> - acheter auprès d'un tiers le droit ou la créance que ce dernier détient à l'encontre de la personne protégée ;
> - exercer le commerce ou une profession libérale au nom de la personne protégée ;
> - acheter les biens de la personne protégée ou les prendre à bail ou à ferme.

Aménagements de la tutelle

824 **Aménagement possible de la mesure de tutelle par le juge.** Comme pour la curatelle, la loi offre au juge la possibilité d'aménagements afin de tenir compte des souhaits du majeur et de sa capacité à effectuer certains actes.

C'est pourquoi le juge des tutelles peut, dans le jugement d'ouverture ou dans un jugement ultérieur, énumérer certains actes que la personne sous tutelle pourra effectuer elle-même, soit avec l'assistance du tuteur, soit seule.

> **EXEMPLE** Il est ainsi possible d'autoriser une personne à continuer à gérer elle-même, avec l'assistance de son curateur, certains biens ou certains aspects de son patrimoine afin de ne pas la déposséder entièrement de ses responsabilités, ce qui, psychologiquement, peut être extrêmement difficile à supporter.

»» Devoirs du tuteur

825 **Devoirs du tuteur vis-à-vis du majeur sous tutelle.** Chargé d'une mission de représentation, ce qui signifie qu'il a tout à la fois l'initiative et le choix des actes, le tuteur doit respecter un certain nombre de principes pour éviter toute dérive :

- il est d'abord tenu, envers le majeur, d'une **mission générale d'information**. Cette information doit être adaptée à l'état du majeur, mais elle doit exister. Le tuteur peut soit l'assurer lui-même, soit veiller à ce que cette information soit donnée par les personnes qui ont la compétence pour le faire (services sociaux, médecins, etc.) ;
- il doit ensuite, dans les choix qu'il effectue, **tenir compte de la volonté** que peut encore exprimer le majeur, ou à défaut, des habitudes de vie de ce dernier, telles qu'elles ressortent notamment de ses actions avant que l'altération de ses facultés ne l'empêche d'exprimer sa volonté ;
- il doit enfin, en tout état de cause, agir comme un « **bon père de famille** », expression que la loi emploie pour décrire la manière dont le tuteur doit conduire sa mission. Il doit agir comme il le ferait pour ses enfants ou pour lui-même, mais en faisant preuve de **prudence** et de **bon sens**.

> ⚠ La tutelle s'exerce dans l'intérêt du majeur, et non dans celui de ses futurs héritiers. Que le tuteur soit familial ou professionnel, il n'a pas à tenir compte, dans les choix qu'il effectue, de la succession à venir.

826 **Devoirs du tuteur vis-à-vis du juge des tutelles.** Les actions du tuteur, puisqu'il les mène seul, sont plus étroitement surveillées par le juge des tutelles. Tout au long de l'année, le tuteur peut avoir à **recueillir l'autorisation** du juge des tutelles pour réaliser des actes particuliers. Il lui rend compte de sa mission par le dépôt de **comptes de gestion** en fin d'année (v. s^s^ n° 640).

Si un subrogé tuteur a été nommé, il doit être tenu informé de la gestion et atteste auprès du juge du bon déroulement des opérations que le tuteur a l'obligation d'accomplir.

»» Sort des actes conclus irrégulièrement

827 **Actes conclus après le jugement d'ouverture de la tutelle.** Si le majeur sous tutelle a accompli seul un acte pour lequel il devait être représenté, l'acte est **nul de droit**. Il n'est pas besoin de prouver un préjudice.

Si le tuteur a accompli seul un acte qui nécessitait l'autorisation du juge des tutelles, ou qui devait être accompli par le majeur, il est également **nul de droit**.

828 **Actes conclus avant le jugement d'ouverture de la tutelle.** Lorsque le majeur placé sous tutelle a, dans les **deux ans** précédant la publicité du jugement d'ouverture de la tutelle, conclu un acte alors que l'altération de ses facultés mentales était notoire (connue de tous), ou au moins connue du cocontractant, il est possible en vertu de l'article 465 du code civil :

- de demander une **diminution des obligations** résultant de l'acte pour le majeur (diminution du prix, etc.) ;
- de demander l'**annulation de l'acte** s'il cause un préjudice au majeur.

Cette règle a une grande utilité pratique. Il n'est pas rare que ce soit en raison d'un acte grave, signé par une personne pour qui les membres de la famille hésitaient à demander une protection, malgré son état, que soit déclenchée la procédure de mise sous tutelle. Il est important de pouvoir agir ultérieurement en annulation de l'acte en démontrant que la personne qui l'a conclu n'était manifestement pas en état d'en comprendre la teneur. Cette preuve résulte d'ailleurs souvent du certificat médical réalisé au moment de la mise sous tutelle, dans lequel le médecin agréé peut préciser que l'altération des facultés mentales était apparue depuis plusieurs mois au moins.

9
Protection des biens : régime général

> Distinction entre actes d'administration et actes de disposition
> Gestion des biens en curatelle
> Gestion des biens en tutelle

La gestion des biens en curatelle (v. ss n° 905) ou en tutelle (v. ss nos 906 s.) sera différente selon que l'acte concerné est un **acte d'administration** (v. ss nos 902 et 903) **ou de disposition** (v. ss nos 902 et 904). Le majeur sous curatelle peut **accomplir seul** un acte d'administration mais doit avoir l'accord de son curateur pour les actes de disposition (v. ss nos 905 s.). Le majeur sous tutelle est représenté par son tuteur, pour les actes d'administration et de disposition (v. ss nos 906 s.).

901 **Régime reposant sur la distinction entre les actes d'administration et de disposition.** Le régime de protection des biens d'un majeur sous curatelle (v. s^{s} n°s 802 s.) ou sous tutelle (v. s^{s} n°s 818 s.) repose essentiellement sur une distinction entre les actes d'administration – actes courants – et les actes de disposition – actes importants. En curatelle, les actes d'administration sont ceux que le majeur peut faire seul (sauf restrictions particulières dans le jugement) et les actes d'administration ceux qui nécessitent la double signature du majeur et du curateur. En tutelle, les actes d'administration sont ceux que le tuteur peut faire seul (mais il doit en rendre compte au moment du compte rendu de gestion) et les actes de disposition ceux pour lesquels il faut l'autorisation du juge des tutelles.

› Distinction entre actes d'administration et actes de disposition

902 **Décret de répartition.** Les termes d'acte d'administration et d'acte de disposition servent à différencier juridiquement toutes les catégories d'actes civils. En matière de tutelle et curatelle, ces notions ont traditionnellement une importance particulière puisqu'elles servent à délimiter les pouvoirs du majeur et de la personne chargée de sa protection.

Jusqu'à la loi du 5 mars 2007, ces notions restaient pourtant relativement floues. On considérait que l'importance de l'acte, et par conséquent son régime, dépendait de la situation d'espèce : montant du patrimoine, comportements habituels, etc. Ce qui, en réalité, laissait planer une constante incertitude sur la nature juridique de l'acte envisagé.

Il en est désormais autrement : le décret du 22 décembre 2008 fixe en effet la **liste des actes d'administration et de disposition** (décr. n° 2008-1484, 22 déc. 2008 relatif aux actes de gestion du patrimoine des personnes placées en curatelle ou en tutelle, et pris en application des art. 452, 496 et 502 du code civil, *JO* 31 déc., p. 20631).

Ce décret comprend **deux tableaux** (v. s[s] n° 5106 en fin d'ouvrage). L'un dresse la liste des actes qui sont impérativement soit d'administration soit de disposition ; l'autre dresse la liste des actes qui appartiennent normalement à l'une ou à l'autre de ces catégories, mais dont la classification peut être changée en raison de circonstances particulières.

La circulaire d'application de la loi de 2007 précitée donne un exemple de cette modulation : si le paiement des dettes est normalement un acte d'administration, il devient un acte de disposition si le montant est tel qu'il oblige le tuteur à prélever une partie importante du patrimoine.

903 **Principaux actes d'administration.** Les actes d'administration sont définis comme les « actes d'exploitation ou de mise en valeur du patrimoine de la personne protégée dénués de risque anormal ».

Sont **toujours** des actes d'administration (seuls les plus courants sont cités) :

- l'inventaire ;
- l'acceptation d'une succession à concurrence de l'actif ;
- la perception des revenus (revenus du travail, revenus locatifs, etc.) ;
- la réception des capitaux (encaissement de sommes importantes) ;
- l'action en justice pour un droit patrimonial du majeur sous tutelle ;
- la résiliation d'un contrat de gestion de valeurs mobilières (mandat donné au banquier, par exemple) ;
- les travaux d'améliorations utiles et les réparations d'entretien des immeubles de la majeure protégée ;
- la conclusion, le renouvellement ou la résiliation d'un bail d'habitation en tant que bailleur (pourvu qu'il soit de moins de neuf ans) ;

– l'ouverture d'un premier compte au nom du majeur;

> ⚠ Il faut que le majeur n'ait aucun autre compte. S'il s'agit d'ouvrir un second compte, l'opération est beaucoup plus encadrée (v. s^s n° 1006).

– la vente, le prêt, l'échange ou l'acquisition de biens meubles de faible valeur;
– la location d'un coffre-fort;
– la souscription d'un contrat d'assurance des biens ou de responsabilité civile;
– la demande de délivrance d'une carte de retrait.

Sont, **sauf exception**, des actes d'administration (seuls les plus courants sont cités) :
– le paiement des dettes, même par prélèvement sur le capital;
– l'octroi de délais de paiement à un débiteur (s'ils sont raisonnables);
– les actes de gestion d'un portefeuille, pourvu que sa consistance générale reste la même;
– la conclusion ou la rupture d'un contrat de travail en qualité d'employeur (par exemple, le contrat d'une aide ménagère);
– la conclusion ou la rupture d'un contrat de travail en qualité de salarié (le majeur peut toujours conclure un contrat de travail seul ou en démissionner).

904 **Principaux actes de disposition.** Les actes de disposition sont définis comme les actes « qui engagent le patrimoine de la personne protégée, pour le présent ou l'avenir, par une modification importante de son contenu, une dépréciation significative de sa valeur en capital ou une altération durable des prérogatives de son titulaire ».

Sont **toujours** des actes de disposition (seuls les plus courants sont cités) :
– la conclusion ou résiliation du bail portant sur le logement du majeur protégé;

– la vente ou l'achat d'un bien immobilier;
– la modification ou la fermeture de tout compte ou livrets ouverts au nom de la personne protégée;
– l'ouverture d'un nouveau compte (sauf si le majeur n'en avait aucun, v. ss no 903);
– la demande de délivrance d'une carte bancaire de crédit;
– la vente d'actions ou d'obligations;
– la vente ou l'achat de meubles de valeur;
– la vente ou l'achat d'un fonds de commerce;
– la donation;
– l'acceptation pure et simple d'une succession;
– l'action en justice portant sur un droit patrimonial du majeur sous curatelle ou sur un droit extrapatrimonial du majeur sous tutelle ou sous curatelle;
– le changement de régime matrimonial;
– la souscription ou le rachat d'un contrat d'assurance-vie, le changement de bénéficiaire.

Sont, **sauf exception**, des actes de disposition (seuls les plus courants sont cités) :
– les emprunts;
– les prélèvements sur le capital;
– les prêts.

Gestion des biens en curatelle

905 **Répartition des actes entre le majeur protégé et son curateur.** Le majeur sous curatelle accomplit seul les actes d'administration. Toutefois, en **curatelle renforcée**, c'est le curateur qui perçoit les revenus, paie les factures, laissant le surplus à disposition du majeur (v. ss nos 812 s.).

Le majeur sous curatelle et le curateur décident ensemble des actes de disposition. La signature des deux est nécessaire pour que l'acte soit valable (v. ss no 805).

Le juge des tutelles n'intervient, formellement, que si le majeur sous curatelle le lui demande en raison du refus opposé par un curateur à la réalisation d'un acte (C. civ., art. 469, al. 3 ; v. ss n° 807).

Il est bien entendu toujours possible de soumettre au juge des tutelles, dans un cadre moins formaliste, un désaccord entre le curateur et le majeur sous curatelle. Le juge des tutelles peut les convoquer pour évoquer le sujet de discorde. Il suffit alors d'un simple courrier au juge des tutelles pour demander une audition. Parfois, un appel téléphonique au greffier des tutelles, souvent très expérimenté, permet aussi de calmer un conflit naissant.

Gestion des biens en tutelle

906 **Établissement d'un budget.** Au démarrage de la mesure, le juge des tutelles arrête le budget de la tutelle, sur proposition du tuteur (C. civ., art. 500). Sur proposition du tuteur, il prévoit ainsi les sommes (ou le pourcentage des revenus) qui seront nécessaires à l'entretien de la personne protégée, au paiement des factures, celles qui seront placées sur un compte pour l'avenir, et celles qui seront remises au majeur sous tutelle et laissées à sa libre disposition.

Évidemment, ce « canevas » de départ ne peut qu'être **forfaitaire et prévisionnel**. Mais il permet d'éviter de laisser le tuteur et le majeur sous tutelle régler seuls ces questions de base, et d'accroître la transparence de la gestion.

La loi n'a fixé aucun délai pour l'établissement de ce budget prévisionnel. En pratique, on peut considérer que le délai raisonnable est de quelques mois après l'ouverture de la mesure, lorsque le tuteur aura pris le temps d'apprécier les ressources du majeur, ses dettes, et son train de vie, il pourra soumettre au juge un projet de budget prévisionnel.

907 **Actes d'administration.** Le tuteur accomplit seul, pendant l'année, les actes d'administration (v. ss nos 902 s.).

Le tuteur doit rendre compte, à la fin de chaque année, des actes qu'il a accomplis seul. Il est donc très important de conserver les justificatifs (v. s[s] n°s 634 s.).

908 **Actes de disposition : la nécessité d'une autorisation du juge des tutelles.** Le tuteur accomplit, avec l'autorisation du juge des tutelles, les actes de disposition (v. s[s] n°s 902, 904 s.).

Lorsque le tuteur envisage d'effectuer un acte de disposition, il doit donc obtenir l'**autorisation préalable** du juge des tutelles.

La Cour de cassation a rappelé que cette autorisation devait être préalable à l'acte. Une autorisation donnée après la signature de l'acte ne régularise pas celui-ci (Civ. 3e, 7 nov. 2006, n° 04-15.799).

Cette demande prend la forme d'une requête, simple écrit expliquant la raison de la demande et les conditions de l'acte, accompagnée de toutes les pièces justificatives (pour un exemple de requête adressée au juge des tutelles v. s[s] n° 909).

Le ministère de la Justice travaille actuellement à l'élaboration d'un « portail tutelles » qui devrait permettre, à terme, de disposer en ligne de la plupart des modèles de requête. Il devrait même être possible de les faire parvenir par courrier électronique au juge des tutelles (mais les pièces justificatives devront malgré tout être envoyées par courrier). À l'heure actuelle, ce portail est expérimenté à Besançon, la Rochelle, Longjumeau, Lyon, Paris 7e et Paris 15e. Dans ces six localités, il est donc possible de communiquer avec le juge, pour faciliter les requêtes et autres courriers, par la voie du portail dont l'identification peut être donnée par le greffier du tribunal d'instance.

Le juge des tutelles dispose d'un délai maximal de **trois mois**, à compter du jour où le dossier complet lui a été remis, pour donner sa réponse.

Cette réponse prend la forme soit d'une ordonnance d'autorisation, soit d'une ordonnance de refus. Elles peuvent faire l'objet d'un recours.

L'ordonnance du juge des tutelles est une ordonnance qui autorise mais qui ne contraint pas. C'est toujours au tuteur qu'il appartient, en dernier lieu, de décider si l'acte est ou non de l'intérêt du majeur protégé.

Si le juge ne répond pas dans les trois mois, ou s'il fait part de son refus par simple courrier, il est toujours possible de lui demander une décision de refus explicite et par écrit, afin de pouvoir former recours.

909 Exemple de requête adressée au juge des tutelles

Requête au juge des tutelles du tribunal d'instance de ....

Demande d'autorisation de prélèvement de fonds sur un compte ouvert au nom du majeur protégé

Références du dossier du majeur : ....

Nom du majeur : ....

Domicile : ....

Date du jugement d'ouverture de la tutelle : ....

N° de dossier (éventuellement) : ....

Références du requérant

Nom : ....

Domicile : ....

Tél. : ....

Adresse courriel : ....

Désigné tuteur le : ....

Nom du subrogé tuteur ou cotuteur (*s'il en a été désigné*) : ....

Objet de la requête

Montant de la somme dont le prélèvement est demandé : ....

Identification du compte sur lequel la somme pourrait être prélevée : ....

Expliquer le motif de la demande, la destination de la somme, etc.

Explications de l'acte

....

....

....

Pièces jointes :

Copie des pièces expliquant la dépense (facture, devis...)

Copie du dernier relevé du compte à débiter.

Fait à .... [*lieu*], le .... [*date*]

[*Signature*]

....

10
Protection spécifique à certains actes patrimoniaux

> Logement
> Compte bancaire
> Testament
> Donation
> Assurance-vie

Certains actes patrimoniaux sont particulièrement protégés lorsqu'une personne est sous tutelle ou curatelle. Ces actes sont régis par des règles spécifiques parce qu'ils constituent un **point d'attache et d'équilibre** pour le majeur protégé. Il en va ainsi du **logement** (v. s^{s} n°s 1001 s.), des **comptes bancaires** (v. s^{s} n°s 1004 s.), de la possibilité de faire un **testament** (v. s^{s} n°s 1009 s.) ou une **donation** (v. s^{s} n°s 1016 s.) ou encore de souscrire une **assurance-vie** (v. s^{s} n°s 1018 s.). Par ailleurs, des règles spécifiques s'appliquent au majeur protégé, objet d'une **interdiction d'émettre des chèques** (v. s^{s} n° 1008).

Logement

1001 **Protection renforcée du logement du majeur protégé.** Le logement du majeur protégé a toujours bénéficié d'une protection renforcée. Il est en effet pour le majeur un point d'attache, d'équilibre, qui le relie directement à la société. On ne touche pas impunément au logement du majeur protégé : sauf s'il s'agit d'un simple déménagement, souhaité par le majeur, le changement ne peut se faire qu'à certaines conditions.

1002 **Libre choix du lieu de résidence du majeur protégé.** Quelle que soit la mesure mise en œuvre, si le majeur est en état d'exprimer un choix, il doit être autant que possible respecté. S'il y a une difficulté, le juge des tutelles doit être appelé à trancher.

En tutelle, si le majeur n'est pas en état d'exprimer sa volonté, le tuteur veille à lui trouver un logement et à en assurer la préservation.

En curatelle, le dernier mot appartient normalement au majeur.

Cependant, **par exception**, dans le cas où le majeur sous curatelle s'oppose à toutes les tentatives du curateur pour lui trouver un logement convenable, le juge des tutelles peut autoriser le curateur à signer seul un bail d'habitation ou une convention d'hébergement (C. civ., art. 472).

1003 **Majeur protégé devant pouvoir conserver sa résidence.** Tout acte visant à la résiliation du bail du logement du majeur, ou à la vente de ce logement, nécessite l'autorisation du juge des tutelles, **même pour un majeur sous curatelle**. C'est pratiquement un des seuls cas dans lesquels le juge des tutelles est appelé à donner son autorisation, alors que le majeur est sous curatelle.

La requête, adressée au juge des tutelles, devra mentionner la raison pour laquelle il est nécessaire de procéder à la résiliation du bail ou à la vente du logement. Elle devra également préciser les **conditions de relogement** du majeur.

En tutelle, la signature du tuteur et l'autorisation du juge des tutelles suffisent. En curatelle, le majeur doit en outre avoir donné son accord à l'opération.

Mais, lorsque la résiliation du bail ou la vente du logement a pour finalité l'accueil du majeur protégé dans un établissement (l'exemple type étant l'accueil en maison de retraite), ce qui signifie que le majeur n'aura plus de domicile personnel, la loi est beaucoup plus stricte : il faut en outre faire établir par un **médecin agréé** (sur la même liste que le médecin qui a délivré le certificat médical pour l'ouverture de la mesure) une attestation de la nécessité pour le majeur de vivre en établissement (C. civ., art. 426).

Ce certificat est tarifé à 25 euros (outre le coût du déplacement du médecin).

En tout état de cause, et quelle que soit la raison du changement de logement, la loi demande au tuteur ou au curateur de veiller à **préserver les souvenirs et objets personnels** du majeur (en en organisant, par exemple, le déménagement dans le nouveau logement ou l'établissement d'hébergement), ainsi que les objets indispensables aux personnes handicapées ou destinés aux soins des malades. Cette disposition légale a pour corollaire de contraindre l'établissement d'accueil à tout mettre en œuvre pour que ces objets soient laissés à disposition du majeur.

Compte bancaire

1004 **Renforcement de la protection du compte bancaire du majeur protégé.** Une protection spécifique des comptes bancaires a été organisée par la loi du 5 mars 2007, alors qu'elle n'existait pas auparavant. Signe de l'évolution des mœurs, le législateur de 2007 a dû estimer que les comptes bancaires étaient, autant que le logement, un point d'ancrage pour le majeur.

De nombreuses critiques, d'ailleurs, tournaient autour de l'habitude qu'avaient prise les tuteurs professionnels de fermer les comptes des majeurs à l'ouverture de la mesure pour les regrouper au sein d'un seul établissement bancaire. Habitude qui s'expliquait d'ailleurs par un souci de saine gestion : un tuteur professionnel ne peut pas, sans risque, détenir des chéquiers émanant de 80 établissements bancaires différents.

La loi du 5 mars 2007 marque un tournant qui devra amener un changement des pratiques. Le majeur doit impérativement conserver le compte avec lequel il fonctionnait avant l'ouverture de la mesure.

1005 **Modification ou fermeture du compte bancaire du majeur protégé.** Le tuteur ou le curateur ne peut plus décider seul de modifier ou fermer les comptes des majeurs protégés.

Les comptes courants aussi bien que les comptes sur livrets, ouverts auprès d'un établissement habilité à recevoir des fonds publics, sont concernés par la protection, prévue à l'article 427 du code civil.

Le but est de maintenir les comptes du majeur dans l'établissement qu'il avait choisi. Il n'est pas rare que le majeur ait établi avec son conseiller une relation humaine qu'il serait dommageable de rompre pour des commodités de gestion.

Sous curatelle, il faut l'accord du majeur, et sous tutelle, celui du juge des tutelles.

1006 **Restrictions à l'ouverture d'un nouveau compte bancaire au nom du majeur protégé.** Le tuteur ou le curateur ne peut pas non plus en principe ouvrir un nouveau compte ou livret au nom de la personne protégée.

Cette disposition, très restrictive, vise à mettre fin à la pratique, dite des **comptes pivots**, qui consistait à regrouper tous les avoirs des majeurs protégés au sein d'un compte unique, ouvert au nom du tuteur ou de l'association tutélaire.

Non que cette pratique soit forcément source d'abus, puisque les professionnels disposaient d'outils leur permettant d'identifier les sommes appartenant à chacun des majeurs et de leur reverser, le cas échéant, les intérêts bancaires correspondant au montant des sommes déposées. Mais elle pouvait être source de confusion et engendrer des suspicions.

Le tuteur ou le curateur doit donc, autant que possible, accomplir sa mission en **maintenant exclusivement les comptes déjà ouverts** par le majeur protégé.

1007 **Exceptions aux restrictions d'ouverture d'un nouveau compte bancaire au nom du majeur protégé.** La loi a cependant prévu des **exceptions** :

- lorsque le majeur n'avait aucun compte, le tuteur ou le curateur doit lui en faire ouvrir un. Il s'agit donc directement d'une obligation pour le tuteur ou le curateur ;
- le juge des tutelles peut autoriser le tuteur ou le curateur à ouvrir un autre compte si l'intérêt de la personne protégée le commande. Cette disposition devrait permettre aux tuteurs et curateurs de faire plus aisément fonctionner la mesure. Elle devrait être appliquée assez largement par les juges des tutelles.

Le mécanisme habituel devrait donc être un **fonctionnement à deux comptes** :

- maintien du compte du majeur protégé, accessible directement à ce dernier, avec les sommes qui lui sont librement disponibles (surtout en curatelle) ;
- ouverture d'un second compte, actionné par le tuteur ou le curateur, sur lequel transiteront les sommes nécessaires au paiement des factures et à l'action de la personne chargée de la protection.

Cette disposition sera également utile aux tuteurs et curateurs familiaux, pour qui il peut être beaucoup plus aisé d'exercer leur mission au moyen d'un compte ouvert dans un établissement à proximité de leur domicile.

Il appartient au tuteur ou au curateur de faire la demande d'ouverture de ce compte et de justifier du motif légitime (qui sera, le plus souvent, un motif géographique) soit au moment de l'ouverture de la mesure, soit ultérieurement.

Un simple courrier suffit (pour un exemple de courrier aux fins d'ouverture d'un nouveau compte bancaire pour l'exercice de la tutelle ou curatelle v. s^s n° 1028).

Le juge des tutelles peut également décider que le tuteur ou le curateur devra ouvrir un compte à la **Caisse des dépôts et consignations** pour faire fonctionner la mesure de protection. Cette obligation peut être décidée dans le cas où le juge des tutelles estime que la gestion du compte doit être entourée d'une vigilance particulière.

> **EXEMPLE** Tel est le cas lorsque la tutelle est confiée au conjoint ou au compagnon de vie, dont la nature dépensière est connue. La Caisse des dépôts et consignations exerce en effet un contrôle plus strict, au quotidien, sur la gestion des comptes qu'un établissement bancaire classique.

1008 **Cas particulier du majeur faisant l'objet d'une interdiction d'émettre les chèques.** Qu'il y ait un ou deux comptes, leur titulaire est et doit demeurer le majeur protégé, le tuteur ou le curateur pouvant obtenir de faire fonctionner le compte comme « représentant » ou « curateur renforcé de… ».

Ce système de fonctionnement, qui maintient le majeur comme seul détenteur des comptes, pose difficulté lorsqu'il est l'objet d'une interdiction bancaire. Cette interdiction empêche en effet qu'il puisse disposer des instruments de paiement tels que la carte bancaire, mais également le chéquier. Par extension, le tuteur ou curateur qui le représente ou l'assiste ne pourra donc pas non plus disposer de ces moyens de paiement, ce qui peut engendrer des difficultés importantes.

Pour les résoudre, la loi autorise la personne chargée de la mesure de protection, à titre exceptionnel et avec l'autorisation du juge des tutelles, à faire fonctionner sous sa seule signature les comptes de la personne protégée et à disposer des moyens de paiement habituels pour ces comptes, jusqu'à ce que l'interdiction soit levée. Ce mécanisme n'est pas sans faille, puisque beaucoup de grandes enseignes disposent de la liste des interdits bancaires, et refusent tout paiement émanant du compte, même s'il est effectué par le tuteur ou le curateur avec autorisation du juge des tutelles.

› Testament

1009 **Le testament peut être effectué par acte authentique ou sous seing privé.** À mi-chemin entre l'acte patrimonial et l'acte personnel, le testament a une valeur symbolique forte. Il peut, dans certains cas, être l'interrogation majeure de la personne à qui une protection est proposée.

Le testament peut être effectué par acte authentique, c'est-à-dire devant notaire, ce qui implique une certaine vigilance de ce dernier quant à l'expression par l'auteur du testament d'une volonté libre et éclairée.

Mais il peut également être effectué sous seing privé, et est valable dès lors qu'il a été entièrement écrit et signé de la main de son auteur.

›› Testament établi avant la mise sous protection

1010 **Possibilité d'annulation ou de modification du testament établi antérieurement à la mise sous protection.** Le testament, établi avant la mise sous protection, est normalement valable. Cependant, il existe des cas où il peut faire l'objet d'une annulation (v. s^s^ n° 1011), et l'auteur du testament a, par ailleurs, toujours la faculté de revenir sur ses premières intentions (v. s^s^ n° 1013).

1011 **Cas d'annulation du testament.** Le testament peut être annulé dans un certain nombre de cas.

- Le testament peut être annulé de manière générale et indépendamment de la mise sous protection, s'il apparaît que son auteur n'était **pas « sain d'esprit »** lors de sa rédaction, ou que le consentement a été vicié par une erreur, un dol ou la violence (C. civ., art. 901).

La preuve de « l'insanité d'esprit » peut être complexe à rapporter, et les juges sont assez stricts à cet égard. C'est à celui qui conteste le testament de prouver que son auteur n'était pas en état de le faire avec conscience au moment où il l'a signé. La jurisprudence considère que cette disposition protectrice délie les médecins du secret médical et les autorise à faire état de constatations relatives à la maladie mentale du testateur.

- Le testament peut être annulé s'il a été rédigé au profit des membres des professions médicales et auxiliaires médicaux **qui l'ont soigné** pour la maladie qui a été à l'origine du décès de son auteur (C. civ., art. 909).
- Le testament peut être annulé s'il a été rédigé **moins de deux ans** avant l'ouverture d'une mesure de tutelle (mais non de curatelle) et qu'il est établi que la cause ayant déterminé l'ouverture de la tutelle **existait déjà notoirement** à l'époque (C. civ., art. 465).

  Les deux conditions sont cumulatives.
- Le testament peut être annulé si « **la cause** qui avait déterminé le testateur à disposer **a disparu** ». Cette phrase, complexe à interpréter, peut couvrir un certain nombre de situations.

> **EXEMPLE** Peut être annulé le testament au profit d'un gendre alors que, depuis son établissement, un divorce est intervenu, ayant rompu le lien familial, cause du testament. Mais également le testament rédigé au profit d'un « ami » pour le remercier de sa présence assidue, ami qui depuis cette rédaction a disparu.

1012 **Procédure d'annulation du testament.** La demande d'annulation, qui est une procédure complexe, est portée devant le tribunal de grande instance et nécessite l'assistance d'un avocat.

1013 **Cas de révocation du testament.** Le majeur sous protection peut toujours, même après l'ouverture de la mesure de protection, révoquer son testament antérieur, c'est-à-dire en annuler les dispositions.

Il peut le faire **librement**, sans l'intervention de quiconque, même s'il est sous tutelle. Cette disposition est nouvelle, puisqu'avant la loi du 5 mars 2007, un majeur sous tutelle ne pouvait plus révoquer son testament.

La révocation doit se faire sous une forme identique à celle utilisée pour la rédaction du testament : sur papier libre, ou par acte devant notaire. Lorsque le testament a été fait sur papier libre, en cas de litige, c'est la date qui est prise en compte, la dernière volonté étant réputée être la bonne. Les choses sont plus simples pour les testaments authentiques, puisque les notaires disposent d'un fichier central sur lequel sont répertoriés tous les testaments faits devant notaire. Ce fichier est systématiquement consulté au décès d'une personne.

»» Testament établi après l'ouverture de la mesure de protection

1014 **Validité du testament établi par un majeur sous curatelle.** Le testament établi par un majeur sous curatelle est **toujours valable**. Le majeur sous curatelle est en effet libre de rédiger ou de modifier un testament.

1015 **Validité du testament établi par un majeur sous tutelle.** Le majeur sous tutelle a le droit de rédiger un testament après le prononcé de la tutelle, avec l'autorisation du juge des tutelles, depuis la loi du 5 mars 2007. Alors qu'auparavant, il perdait tout droit de rédiger un testament.

Si cette autorisation est généralement accordée au vu d'un certificat médical attestant de ce que le majeur est **en état d'exprimer ses volontés** testamentaires, le majeur sous tutelle effectuera seul son testament, éventuellement chez le notaire. Le tuteur ne peut ni l'assister ni le représenter pour cet acte très personnel.

Si cette autorisation n'a pas été accordée, le testament rédigé par le majeur sous tutelle est **nul de droit**.

Le testament fait au profit du mandataire judiciaire à la protection des majeurs est toujours nul.

Donation

1016 **Donation effectuée par un majeur sous curatelle.** Le majeur sous curatelle peut effectuer des donations.

La donation étant cependant classée comme acte de disposition (v. ss nos 902, 904 s.), elle nécessite l'**accord du curateur**.

1017 **Donation effectuée par un majeur sous tutelle.** Le majeur sous tutelle peut faire des donations, mais seulement **avec l'autorisation** du juge des tutelles. Celui-ci peut confier au tuteur la mission d'assister le majeur dans le cadre de l'acte.

Le juge des tutelles peut également autoriser le tuteur à **représenter** le majeur dans le cadre d'un acte de donation. Cette autorisation ne sera bien évidemment accordée que dans des cas particuliers, par exemple lorsque le majeur avait émis le souhait d'effectuer une telle donation avant la tutelle ou lorsqu'il avait pour pratique de réaliser périodiquement des donations au profit de certains de ses proches.

La possibilité pour le tuteur de réaliser au nom du majeur une donation au profit d'un membre de la famille qui serait dans le besoin est beaucoup plus discutable. Elle ne sera vraisemblablement pas autorisée si elle aboutit à désavantager d'autres membres de la famille.

› Assurance-vie

›› Renforcement de la transparence sur la clause de bénéficiaire et son acceptation

1018 **Placement en assurance-vie autorisé pour un majeur protégé avec des précautions sur la clause de bénéficiaire et son acceptation.** Le régime de l'assurance-vie a été modifié à plusieurs reprises dernièrement. Le législateur devait en effet trouver un équilibre entre une méfiance, née du caractère opaque de cette institution largement utilisée par un entourage parfois mal intentionné pour se faire désigner comme bénéficiaire de l'assurance, et une confiance manifestement ressentie par les utilisateurs de ce qui est devenu aujourd'hui l'un des placements les plus répandus.

Le danger étant essentiellement lié à la clause de bénéficiaire, et surtout à la faculté pour ce bénéficiaire de rendre le contrat irrévocable en sa faveur en acceptant cette clause, la loi de 2007 autorise donc le placement en assurance-vie pour un majeur sous protection, mais avec des précautions particulières concernant la clause de bénéficiaire et son acceptation.

Le montant de l'assurance-vie reste dans le patrimoine du majeur protégé et doit figurer dans les comptes de gestion annuels.

›› Contrat d'assurance-vie souscrit avant la décision de mise sous protection

1019 **Possibilité d'annuler le contrat d'assurance-vie souscrit moins de deux ans avant la décision de mise sous protection.** Lorsque le contrat d'assurance-vie a été souscrit **moins de deux ans** avant l'ouverture d'une mesure de tutelle ou de curatelle (plus précisément, avant le jugement ouvrant une mesure de protection), l'acceptation du bénéfice du contrat par son bénéficiaire peut être annulée sur la seule preuve que l'incapacité du souscripteur était **notoire** ou connue du bénéficiaire au moment de l'acte.

»» Contrat souscrit par un majeur sous curatelle

1020 **Souscription du contrat.** Le majeur sous curatelle peut souscrire un contrat d'assurance-vie. Il s'agit d'un **acte de disposition** (v. s^{s} n°s 902, 904 s.), il faut donc l'**assistance** du curateur.

Si le curateur est bénéficiaire du contrat d'assurance, il doit demander au juge des tutelles de désigner pour le remplacer dans sa mission, en ce qui concerne la souscription du contrat, un **curateur** *ad hoc*.

1021 **Désignation, changement, révocation du bénéficiaire de l'assurance-vie.** Le majeur sous curatelle peut également, **avec l'assistance** de son curateur, désigner un bénéficiaire pour le contrat d'assurance-vie, modifier la clause ou révoquer le précédent bénéficiaire.

1022 **Acceptation par le bénéficiaire de la clause.** Le bénéficiaire d'un contrat d'assurance-vie ne peut accepter la clause bénéficiaire qu'avec l'**accord** du majeur sous curatelle.

Rappelons que le principal danger de l'assurance-vie réside justement dans le fait que si le bénéficiaire mentionne par écrit accepter le bénéfice du contrat, celui qui l'a souscrit ne peut plus par la suite **ni modifier le bénéficiaire ni même résilier** pour se servir des sommes placées en cas de besoin : il lui faut alors, à son tour, l'accord du bénéficiaire du contrat. C'est pourquoi, depuis le 30 janvier 2009, la loi a prévu que l'acceptation d'un contrat d'assurance-vie supposait l'**accord du souscripteur**.

Il est extrêmement important de prévenir le majeur sous curatelle de ce qu'il ne doit pas, en principe, donner son accord à l'acceptation par le bénéficiaire pour éviter de se trouver lié. Le conseil vaut également pour les personnes qui ne sont pas sous protection…

1023 **Rachat du contrat.** Si le majeur sous curatelle a nécessité d'utiliser l'argent placé sur le contrat d'assurance-vie pour assurer ses propres besoins, il peut toujours (et sous réserve des dispositions fiscales sanctionnant un rachat prématuré) racheter le contrat d'assurance-vie, c'est-à-dire récupérer les sommes placées. Mais si le bénéficiaire a accepté la clause de bénéficiaire, il devra donner son accord au rachat (C. assur., art. L. 132-9, I, issu ord. 30 janv. 2009).

»» Contrat souscrit pour le compte d'un majeur sous tutelle

1024 **Souscription du contrat.** Le tuteur peut souscrire un contrat d'assurance-vie pour le compte du majeur protégé. Il s'agit d'un **acte de disposition** (v. s[s] n°s 902, 904 s.), il faut donc l'autorisation du juge des tutelles.

Si le tuteur est bénéficiaire du contrat d'assurance, il doit demander au juge des tutelles de désigner pour le remplacer dans sa mission, en ce qui concerne la souscription du contrat, un **tuteur** *ad hoc*.

1025 **Désignation, changement, révocation du bénéficiaire de l'assurance-vie.** Le tuteur peut également y procéder, avec l'**autorisation** du juge des tutelles.

> ⚠ La difficulté est ici pour le tuteur de décider de la désignation d'un bénéficiaire aux lieu et place du majeur, si ce dernier n'est pas en état d'exprimer une volonté. Sauf cas particulier, il est recommandé d'opter pour la clause « classique » du bénéficiaire, toujours proposée par les compagnies d'assurance, qui prévoit que sont bénéficiaires les héritiers dans l'ordre successible (mes descendants, et à défaut mes ascendants, etc.).

1026 **Acceptation par le bénéficiaire de la clause.** Le bénéficiaire d'un contrat d'assurance-vie ne peut accepter la clause bénéficiaire qu'avec l'**accord** du tuteur, représentant le majeur protégé.

1027 **Rachat du contrat.** Si le tuteur a nécessité d'utiliser l'argent placé sur le contrat d'assurance-vie pour assurer les dépenses du majeur sous tutelle, il peut toujours (et sous réserve des dispositions fiscales sanctionnant un rachat prématuré) racheter le contrat d'assurance-vie, c'est-à-dire récupérer les sommes placées. Mais si le bénéficiaire a accepté la clause de bénéficiaire, il devra donner son accord au rachat (C. assur., art. L. 132-9, I; issu ord. 30 janv. 2009).

1028 Exemple de courrier aux fins d'ouverture d'un nouveau compte bancaire pour l'exercice de la tutelle ou curatelle

Nom du tuteur ou curateur

[*coordonnées*]

....

À M./Mme le juge des tutelles

de ....

Objet

Ouverture d'un nouveau compte bancaire pour l'exercice de la tutelle ou curatelle (article 427 du code civil)

Monsieur le juge des tutelles,

J'ai été désigné tuteur [*ou* curateur] de M. X... par décision du... Pour pouvoir exercer ma mission dans les meilleures conditions, je sollicite l'autorisation d'ouvrir un compte spécifique au nom de M. X... auprès de l'établissement .... sur lequel transiteront les sommes provenant de

Indiquer les facilités à fonctionner avec un établissement bancaire proche géographique; facilités offertes par un établissement bancaire pour faire fonctionner les comptes de curatelle et tutelle; etc.

Cette demande est justifiée par l'intérêt légitime suivant :

....

Je vous précise que, bien entendu, M. X... conserve ses comptes actuels, sur lesquels seront versées les sommes qui ne sont pas affectées au paiement des factures et dépenses.

Je vous prie de croire, Madame/Monsieur le juge, à l'expression de ma considération.

Fait à .... [*lieu*], le .... [*date*]

....

[*Signature*]

....

11
Protection de la personne : régime général

> Protection de la personne en matière civile
> Protection de la personne en matière médicale
> Protection de la personne en matière pénale

Le code civil édicte des règles de principe pour tous les actes qui touchent à la protection de la personne (v. ss nos 1101 s.) : **droit d'information** (v. ss nos 1104 s.), et protection de la **personne « en danger »** (v. ss no 1112). Sont maintenus en vigueur, parallèlement, de nombreux textes spéciaux qui ont été édictés en matière médicale (v. ss nos 1116 s.), notamment l'**hospitalisation psychiatrique** (v. ss nos 1127 s.) ou la **stérilisation** (v. ss no 1132), ou le droit de désigner une **personne de confiance** (v. ss nos 1122 s.) et en **matière pénale** (v. ss nos 1133 s.).

› Protection de la personne en matière civile

»› Sauf si le juge en décide autrement, la mesure de protection inclut la protection de la personne

1101 **Rôle central du majeur dans la protection de sa personne.** Dès que l'on évoque la protection de la personne, c'est-à-dire l'intervention d'un tiers, fût-il de la famille, dans le cadre des décisions personnelles qui doivent être prises par ou pour autrui, la question devient complexe. Comment décider pour un autre de ce qui lui convient dans sa vie personnelle, quand il est déjà si ardu de décider pour soi-même ?

Écarter la protection de la personne des finalités de la mesure de protection aurait pourtant été à la fois dangereux et utopique.

Dangereux, parce que si une personne a besoin d'une mesure de protection, c'est bien qu'elle subit une altération de ses facultés qui la rend vulnérable. Par conséquent, c'est bien pour les décisions personnelles, les plus graves pour l'individu, qu'une protection est avant tout nécessaire.

Utopique, parce qu'en autorisant un tiers à influer sur les décisions patrimoniales, il y a forcément incidence sur les décisions personnelles. Agir sur les dépenses a forcément un impact sur les choix que le majeur peut faire s'agissant de sa vie privée.

Mieux valait donc, chacun en était conscient, encadrer la protection de la personne pour maintenir au majeur, dans toute la mesure du possible, un rôle central qu'ignorer la protection de la personne.

1102 **Exclure la protection de la personne de l'exercice d'une mesure de par une décision du juge des tutelles.** Il est toutefois possible, par une **décision expresse du juge des tutelles**, d'exclure la protection de la personne de l'exercice de la mesure de protection. En ce cas, et quelle que soit la mesure prononcée, le majeur protégé prend seul toutes les décisions personnelles qui le concernent.

À l'inverse, une mesure de protection peut n'être prononcée que pour protéger la personne du majeur. La cour d'appel de Douai (2 févr. 2012, RG n° 11/05594) a ainsi décidé d'ouvrir une mesure de protection limitée à la personne pour un majeur totalement incapable d'exprimer sa volonté, mais dont le conjoint assumait sans difficulté la gestion patrimoniale dans le cadre du régime matrimonial, butant uniquement sur les décisions médicales qu'il n'était pas habilité à prendre seul.

Protection de la personne et nature de la mesure de protection

1103 **Capacité du majeur à comprendre et à exprimer une volonté.** Que le majeur soit sous curatelle simple, curatelle renforcée ou tutelle, peu importe. La protection de la personne a des **règles autonomes**, qui ne dépendent que d'un facteur : **la capacité du majeur à comprendre et à exprimer une volonté**.

Compte tenu de cette règle de principe, la nature de la protection de la personne s'évalue au cas par cas, décision par décision.

Cela fait évidemment peser sur le curateur ou le tuteur une charge lourde, bien plus lourde que si mission lui était confiée de systématiquement assister ou représenter le majeur dans les décisions personnelles. Il appartient au juge des tutelles d'évaluer la capacité du majeur à prendre la décision.

Principe général d'information

1104 **Obligation générale d'information à la charge du tuteur ou du curateur.** Quelle que soit la mesure prononcée, la décision à prendre et le degré d'altération des facultés du majeur protégé, la loi instaure à la charge du tuteur ou du curateur une **obligation générale d'information**.

« La personne protégée reçoit de la personne chargée de sa protection, selon des modalités adaptées à son état et sans préjudice des informations que les tiers sont tenus de lui dispenser en vertu de la loi, toutes informations sur sa situation personnelle, les actes concernés, leur utilité, leur degré d'urgence, leurs effets et les conséquences d'un refus de sa part », selon l'article 457-1 du code civil.

Cette obligation d'information est primordiale. Elle permet d'aider le majeur à intervenir dans le processus de décision de manière éclairée, ou au moins de comprendre, dans une certaine mesure, les choix qui doivent être effectués.

Pour permettre cette information dans les meilleures conditions, la loi apporte quelques précisions.

1105 **Information apportée par le tuteur ou le curateur.** C'est au tuteur ou au curateur d'apporter l'information : la loi le précise (C. civ., art. 459). Certes, il est concevable, et même nécessaire dans certaines conditions, que d'autres personnes, qui sont plus à même de connaître la teneur de la décision à prendre, viennent également apporter cette information. La loi leur en fait également obligation.

Mais le tuteur et le curateur restent les personnes qui connaissent le mieux le majeur, et sont par conséquent les mieux placés pour donner au majeur la meilleure information.

Cette obligation personnelle d'information a pour corollaire que le tuteur et le curateur ont le **droit d'obtenir des tiers** toutes les données, explications et éléments qui leur permettront de l'assurer correctement.

1106 **Information adaptée à l'état de la personne protégée.** Dans l'obligation d'information adaptée à l'état de la personne protégée réside la particularité du rôle du tuteur ou du curateur. S'il s'agit de donner au majeur une information qui pourrait être apportée à n'importe quelle personne, et qui ne sera comprise ni dans son contenu ni dans ses conséquences, l'obligation n'a plus de sens.

Il faut donc, pour le tuteur ou le curateur, adapter la manière dont ils donnent l'information, de telle sorte qu'elle puisse **être le mieux possible comprise** par la personne protégée.

1107 **Information sur tous les éléments de la décision.** La loi évoque la situation personnelle du majeur, les actes concernés par la décision, leur utilité, leur degré d'urgence, leurs effets et également les conséquences d'un refus de les effectuer.

De fait, l'information dépend de l'importance de la capacité du majeur à intervenir dans le processus de décision. D'une simple information sur la nature de la décision personnelle pour un majeur qui ne serait plus du tout capable de s'exprimer à ce sujet à une information générale et précise sur l'acte à effectuer, au profit du majeur qui pourrait être amené à décider seul, le curateur ou le tuteur doit là encore **s'adapter**.

» Intervention du tuteur ou du curateur dans la protection de la personne

1108 **Intervention modulée en fonction de la décision du juge des tutelles.** Au regard des éléments dont il dispose, notamment médicaux, le juge des tutelles doit fixer, soit dans le jugement d'ouverture soit ultérieurement, les **caractéristiques de l'intervention** du tuteur ou du curateur s'agissant des décisions personnelles.

Plusieurs directives sont données par la loi (v. s^s n°s 1109 s.).

1109 **Principe : le majeur prend seul les décisions relatives à sa personne.** Dans l'esprit du législateur, la protection de la personne doit, le plus souvent possible, se limiter à donner au majeur l'information adaptée à son état. Puis, le majeur doit prendre seul la décision « dans la mesure où son état le permet ».

En ce cas, le rôle du tuteur ou du curateur, après avoir délivré l'information, est de **veiller** à ce que la décision du majeur soit libre et respectée.

1110 **À défaut, la personne chargée de la protection l'assiste dans les décisions à prendre.** Si l'état de la personne ne lui permet pas de prendre seule une « décision personnelle éclairée », selon les termes de l'article 459 du code civil, le juge peut donner pour mission au tuteur ou au curateur de l'assister dans la prise de décision.

Le juge des tutelles peut prévoir cette assistance pour **tous les actes** personnels ou **seulement pour certains** d'entre eux.

Comme en matière patrimoniale, l'assistance s'exerce concrètement par un **double consentement** à l'acte, émanant du majeur et de la personne chargée de sa protection.

1111 **À titre exceptionnel, le tuteur représente le majeur dans les décisions personnelles.** Dans le cas où le majeur est **hors d'état** de participer aux décisions personnelles qui le concernent, le juge des tutelles peut autoriser le tuteur à le représenter.

Cette représentation ne peut exister que si le régime de protection est une tutelle, et **non une curatelle**.

1112 **Intervention de la personne chargée de la protection en cas de « danger ».** La loi, après avoir décliné le principe d'une autonomie du majeur protégé en matière personnelle, avec une intervention régulée de la personne chargée de la protection, a ajouté une disposition nouvelle qui fait l'objet de nombreux commentaires. Elle résulte de l'article 459, alinéa 3, et prévoit que « La personne chargée de la protection du majeur peut prendre à l'égard de celui-ci les mesures de protection strictement nécessaires pour mettre fin au danger que, du fait de son comportement, l'intéressé ferait courir à lui-même. »

L'application de cet article suppose l'existence d'un « **danger** ». La notion est fort difficile à cerner. Elle couvre probablement principalement les **situations de danger physique** dans lesquelles pourrait se mettre un majeur vulnérable.

Cet article autorise la personne chargée de la protection, tuteur ou curateur, à prendre seule les décisions, même de nature personnelle, afin de mettre fin à ce danger. Beaucoup de questions se posent sur la nature de ces décisions. Les décisions d'ordre médical ne semblent pas être incluses dans cet article, puisque des textes spécifiques les évoquent (v. s^s n°s 1116 s.).

Il reste donc principalement les **situations d'hygiène et de sécurité** au sein du logement qui sont, à l'évidence, des questions récurrentes pour le tuteur ou le curateur. À partir de quel moment un majeur, dans sa volonté de demeurer dans son logement, ou de ne pas modifier les installations parfois vétustes qui y existent, se met-il dans une situation de danger qui justifierait l'intervention contrainte de la personne chargée de la protection ? Et comment, en tout état de cause, assurer une telle intervention si le majeur ne coopère pas ?

Le recours aux **services de secours d'urgence** semble être la réponse la plus adéquate en l'état des textes.

Dans le cas où le tuteur ou le curateur fait application de ce texte, il doit ensuite en **informer sans délai** le juge des tutelles.

En aucun cas, **sauf urgence**, la décision ne peut avoir pour effet de porter gravement atteinte à l'intégrité corporelle de la personne protégée ou à l'intimité de sa vie privée.

»» Actes nécessitant un consentement strictement personnel

1113 **Actes particuliers strictement personnels nécessitant le consentement du majeur protégé.** Certains actes, considérés comme tellement personnels que nul ne peut y consentir hors la personne concernée elle-même, font l'objet de dispositions séparées (C. civ., art. 458).

1114 **Actes strictement personnels ne pouvant faire l'objet d'une assistance ou d'une représentation.** Les actes considérés comme strictement personnels concernent :
– la déclaration de naissance d'un enfant;
– la reconnaissance d'un enfant;
– les actes d'autorité parentale relatifs à la personne de l'enfant;

– la déclaration du choix ou du changement du nom d'un enfant;
– le consentement donné à sa propre adoption ou à celle de son enfant.

1115 **Actes strictement personnels impossibles en absence d'aptitude du majeur protégé quelles que soient les circonstances.** Les actes considérés comme strictement personnels ne peuvent jamais faire l'objet d'une assistance ou d'une représentation. Il en résulte que :

– soit le majeur **est apte** à exercer une volonté libre et éclairée concernant ces décisions, et il peut accomplir les actes;
– soit le majeur seul **n'est pas en état** de prendre la décision, et l'acte est tout simplement impossible.

La Cour de cassation l'a rappelé dans une affaire où l'épouse du père d'une jeune fille autiste, qui l'avait élevée depuis son plus jeune âge, souhaitait adopter sa belle-fille devenue majeure (Civ. 1re, 8 oct. 2008, n° 07-16.094, P). Le projet était familial et le juge des tutelles, probablement touché par la situation, avait autorisé le tuteur à consentir à l'adoption de la jeune fille au nom de cette dernière. Constatant que la majeure était dans l'incapacité de donner son consentement à sa propre adoption, la Cour de cassation a rappelé que, quelles que soient les circonstances particulières, le consentement donné à l'adoption par le représentant de la personne concernée n'était pas valable.

› Protection de la personne en matière médicale

›› Dispositifs spéciaux réservés aux actes médicaux

1116 **Dispositifs spéciaux du Code de la santé publique.** En édictant les principes généraux sur la protection de la personne, le code civil a expressément réservé les textes spéciaux concernant les actes médicaux. Or, ces textes, qui figurent pour l'essentiel dans le code de la santé publique, sont extrêmement nombreux, divers et particuliers.

1117 **Principe du consentement personnel à l'acte médical.** Ce principe est édicté par l'article L. 1111-2 du code de la santé publique. Proche du principe général inscrit dans le code civil, il se décline selon les mêmes directives.

1118 **Information médicale du majeur.** Le droit à l'information médicale est un **droit fondamental** pour toute personne, qu'elle soit ou non sous un régime de protection. Mais si la personne est vulnérable et placée sous protection, il appartient au médecin de lui délivrer une information qui soit adaptée à sa faculté de compréhension. Cette obligation s'applique également lorsque le majeur est sous tutelle, pourvu qu'il ait une **conscience suffisante** pour lui permettre de recevoir une information minimale. Le médecin ne peut pas se dispenser de cette information qu'il est seul à pouvoir assurer au motif qu'il y aurait un tuteur ou un curateur.

L'information doit apporter toute explication utile sur l'état de santé du majeur (résultat des examens, diagnostic, évolution prévisible de sa maladie) et sur les traitements qui peuvent être envisagés (utilité, urgence, risques) (CSP, art. L. 1111-2).

1119 **Recueil du consentement personnel du majeur protégé par le médecin.** Sauf en cas d'urgence, ou sauf lorsque le majeur est totalement hors d'état d'exprimer sa volonté, le médecin doit tenter de recueillir le consentement personnel du patient, même s'il est sous protection.

1120 **Droit du patient de refuser les soins.** Une personne est toujours en droit de refuser les soins qui lui sont proposés, même si ce refus met sa vie en danger (L. n° 2002-303, 4 mars 2002 relative aux droits des malades et à la qualité du système de santé, *JO* 5 mars, p. 4118).

Cependant, ce refus doit être **libre et éclairé**. Cela peut être difficile à apprécier lorsqu'un majeur a ses facultés mentales altérées et se trouve sous régime de protection.

En cas de curatelle, le dernier mot appartient au majeur.

En cas de tutelle, si la représentation de la personne est inscrite dans la décision, le dernier mot appartient au tuteur, sauf si le majeur est en état d'exprimer clairement son refus des soins.

Dans tous les cas, le code de la santé publique autorise néanmoins le médecin **à passer outre** au refus de soins si trois conditions sont réunies :
- l'acte médical est destiné à sauver le patient;
- le patient se trouve dans une situation où son pronostic vital est en jeu;
- l'acte médical envisagé est indispensable et proportionné à l'état du patient.

1121 **Accès du majeur protégé à son dossier médical.** Le majeur protégé, sous sauvegarde justice ou sous curatelle, peut demander à consulter son dossier médical comme n'importe quel patient.

S'il est sous tutelle en revanche, seul le tuteur peut effectuer, en son nom, une telle demande (CSP, art. R. 1111-1).

Personne de confiance

1122 **Désignation d'une personne de confiance.** Toute personne a la possibilité de désigner une personne de confiance qui sera **informée et consultée** sur toutes les décisions médicales la concernant dans l'hypothèse où elle serait **hors d'état** d'exprimer une volonté, aux termes de l'article L. 1111-6 du code de la santé publique. La désignation d'une personne de confiance ne peut pas être faite par un majeur sous tutelle. Elle peut l'être par un majeur sous curatelle.

1123 **Qu'est-ce qu'une personne de confiance ?** Toute personne majeure peut désigner, à tout moment, une personne de confiance afin d'être assurée que, si une maladie ou un accident l'empêche d'exprimer sa volonté, une personne qu'elle aura désignée **pourra veiller, à sa place**, à s'assurer que les bonnes décisions médicales sont prises.

La désignation se fait **par écrit**, et elle est **révocable** à tout moment.

La personne désignée peut être un parent, un proche, ou le médecin traitant. Il n'existe pas de condition particulière de lien familial.

La personne de confiance intervient dans deux circonstances :
- si le patient se trouve dans l'incapacité d'exprimer sa volonté, auquel cas la personne de confiance le représentera auprès du corps médical : elle recevra l'information, et sera consultée sur les décisions médicales à prendre ;
- si le patient, sans être dans l'incapacité d'exprimer sa volonté, souhaite être accompagné dans ses démarches médicales ou ses entretiens médicaux, afin de l'aider dans ses décisions.

L'institution de la personne de confiance est un grand pas dans le droit des patients, dès lors qu'elle permet de s'assurer que leur volonté est prise en considération, même lorsqu'elle ne peut plus s'exprimer dans l'immédiat. Étonnamment, elle est pourtant peu utilisée et peu connue. Comme l'indique Mme Giovanna Marsico, chef de projet du Pôle citoyen de cancer campus : « Son développement est essentiel pour rassurer les patients et faciliter le dialogue avec le corps médical, sans présenter le moindre inconvénient, puisqu'il n'est mis en œuvre que si la situation de celui qui l'a signé le nécessite et qu'il peut être modifié ou révoqué à tout moment. »

La mission de la personne de confiance est, au niveau médical, ce qu'est la mission du curateur ou du tuteur au niveau civil. Mais l'un ne remplace pas l'autre.

Lorsqu'une curatelle ou une tutelle a été ouverte, comment les deux actions se coordonnent-elles ?

1124 **Personne de confiance et curateur.** Une personne sous curatelle reste libre de désigner une personne de confiance.

Si la personne sous curatelle a désigné, avant la décision de curatelle ou après, une personne de confiance qui n'est pas le curateur, les deux missions s'exercent **séparément**.

Bien que les textes ne le disent pas, il importe évidemment que chacune tienne l'autre informée des décisions personnelles – ou financières, si elles ont un impact – qui doivent être prises.

1125 **Personne de confiance et tuteur.** C'est le tuteur qui tient lieu de la personne de confiance. Un majeur sous tutelle ne peut plus désigner une personne de confiance.

Si le majeur sous tutelle avait désigné une personne de confiance avant la décision de tutelle (pour un exemple de désignation d'une personne de confiance v. s^{s} n° 1138), le juge des tutelles peut **soit confirmer** la mission de la personne de confiance qui avait été désignée, **soit la révoquer**.

»» Actes médicaux particuliers

1126 **Dispositions particulières concernant certains actes médicaux.** Des dispositions particulières concernant certains actes médicaux sont invoquées dans le code de la santé publique. Les évoquer toutes serait ici trop complexe. Les hôpitaux tiennent généralement à la disposition des personnes intéressées des **guides détaillés** qui peuvent leur être demandés.

Deux catégories d'actes peuvent être cependant citées : les soins psychiatriques (v. s^{s} n°s 1127 s.) et la stérilisation à visée contraceptive (v. s^{s} n° 1132).

»» Soins psychiatriques

1127 **Consentement à l'hospitalisation psychiatrique.** L'hospitalisation psychiatrique nécessite, en principe, le **consentement personnel** du patient.

Toutefois, lorsqu'une personne est sous tutelle, c'est **son représentant légal** qui peut donner son accord à sa place (CSP, art. L. 3211-1).

1128 **Soins psychiatriques sans consentement.** Il peut arriver que l'état de la personne nécessite de l'hospitaliser sans son consentement. Jusqu'à présent, il existait deux cas d'hospitalisation sans consentement : l'hospitalisation sur demande d'un tiers (HDT) et l'hospitalisation d'office (HO). La législation sur ce point a totalement changé depuis la loi du 5 juillet 2011 sur les soins psychiatriques sans consentement. D'une part, l'hospitalisation d'office et l'hospitalisation sur demande d'un tiers ont été remplacées par « l'admission en soins psychiatriques sur décision du représentant de l'État » et « l'admission en soins psychiatriques sur décision du directeur de l'établissement ».

D'autre part, la loi nouvelle dissocie l'admission en soin sans le consentement de l'intéressé et les modalités de la prise en charge.

1129 **Admission en soins psychiatriques sur décision du directeur de l'établissement.** Ce cas, prévu par les articles L. 3212-1 et suivants du code de la santé publique, recouvre désormais deux situations.

D'une part, l'admission en soins psychiatriques à la demande d'un tiers.

Elle suppose que deux conditions soient réunies :

1° ses troubles mentaux rendent impossible son consentement;

2° son état impose des soins immédiats assortis soit d'une surveillance médicale constante justifiant une hospitalisation complète, soit d'une surveillance médicale régulière justifiant une prise en charge sous d'autres formes.

La demande doit être formée soit par membre de la famille du malade, soit par une personne justifiant de l'existence de relations avec le malade antérieures à la demande de soins. Le tuteur et le curateur sont nommément visés parmi les tiers habilités à demander une admission, à condition de remplir une des deux conditions ci-dessus.

La demande est adressée par le tiers, par écrit. L'admission ne sera acceptée que si deux certificats médicaux, datant de moins de quinze jours confirment que la personne se trouve dans la situation mentionnée ci-dessus. Le premier certificat doit émaner d'un médecin extérieur à l'établissement de soins, le second d'un médecin qui peut exercer dans cet établissement.

D'autre part, l'admission sur décision du directeur d'établissement peut être prise directement par ce dernier, sans la demande d'un tiers, à deux conditions :

1° s'il s'avère impossible d'obtenir une demande d'un tiers ;

2° s'il existe, à la date de l'admission, un péril imminent pour la santé de la personne constaté par un médecin extérieur à l'établissement de soins.

Le directeur qui prend cette décision doit en informer dans les 24 heures, la famille de la personne qui fait l'objet des soins, et le curateur ou le tuteur.

1130 **Admission en soins psychiatriques sur décision du représentant de l'État.** L'admission en soins psychiatriques peut être prononcée par le **représentant de l'État** dans le département (le préfet) pour « des personnes dont les troubles mentaux nécessitent des soins et compromettent la sûreté des personnes ou portent atteinte, de façon grave, à l'ordre public » (CSP, art. L. 3213-1). L'hospitalisation ne peut être décidée, par arrêté, qu'au vu d'un certificat médical circonstancié qui ne peut émaner d'un psychiatre de l'établissement d'accueil établissant que ces conditions sont réunies.

1131 **Contrôle de la nécessité de la mesure de soins sans consentement.** Une fois l'admission prononcée, le directeur d'établissement ou le représentant de l'État doit prendre une seconde décision, portant sur les modalités des soins, après un nouveau certificat médical établi dans les 24 heures de l'admission. Ceux-ci peuvent revêtir des formes différentes, allant de l'hospitalisation complète à toute autre forme incluant des soins ambulatoires, à domicile, ou des séjours partiels.

Quelle que soit la forme choisie pour les soins, de nombreuses contraintes empêchent qu'ils ne soient maintenus contre le gré de la personne que dans la mesure où ils demeurent absolument nécessaires.

Ainsi, de nouveaux certificats médicaux doivent établir la nécessité de maintenir les soins dans les 72 heures suivant l'admission, puis après le 5e jour et le 8e jour, puis tous les mois.

Par ailleurs, le juge des libertés et de la détention soit obligatoirement se prononcer sur la nécessité des soins sans consentement dans un délai de quinze jours suivant l'admission, puis tous les six mois. Il peut en outre être saisi à tout moment par le majeur, par certains membres de la famille, par le curateur ou par le tuteur pour demander la mainlevée de la mesure (CSP, art. L. 3211-12-I).

Le patient bénéficie pendant la durée de son hospitalisation de **droits garantis** (et notamment celui de s'adresser aux autorités pour contester son hospitalisation, et de recevoir et d'écrire librement du courrier) que le curateur ou le tuteur doivent faire respecter.

»» Stérilisation à visée contraceptive

1132 **Décision prise par le juge des tutelles.** Aucun texte ne prévoit qu'il puisse être imposé à un majeur une contraception. Le sujet, qui fait l'objet de maints débats, et notamment au sein des établissements accueillant des personnes souffrant d'un handicap mental important, ne peut être abordé que par la voie de l'information, l'explication et la persuasion.

Un texte, en revanche, évoque la stérilisation des personnes « incapables majeures ». En effet, la possibilité d'imposer une stérilisation à visée contraceptive lorsqu'il « existe une contre-indication médicale absolue aux méthodes de contraception ou une impossibilité avérée de les mettre en œuvre efficacement » est prévue par l'article L. 2123-2 du code de la santé publique.

Le représentant légal (certainement le tuteur, et s'agissant du curateur la question n'est pas tranchée) peut alors saisir le juge des tutelles qui devra entendre le majeur. Si celui-ci est apte à exprimer une volonté, celle-ci devra être respectée. À défaut, le juge des tutelles consulte un comité d'experts spécialement constitué à cet effet. Puis, il prend la décision.

» Protection de la personne en matière pénale

1133 **Protection des droits du majeur protégé auteur d'une infraction.** Plusieurs dispositions protectrices des droits du majeur protégé auteur d'une infraction ont été introduites dans le code de procédure pénale (C. pr. civ., art. 706-112 s.) par la loi du 5 mars 2007.

1134 **Information systématique du curateur ou du tuteur de toute poursuite ou convocation du majeur protégé en matière pénale.** Le procureur de la République et le juge d'instruction sont personnellement chargés d'avertir le tuteur ou le curateur, ainsi que le juge des tutelles, des poursuites dont la personne fait l'objet et des décisions qui sont prises.

Ils doivent également avertir le tuteur ou le curateur de la date d'audience.

Le majeur protégé conserve cependant la liberté de former recours contre les décisions qui le concernent, même sans l'accord de son curateur ou tuteur (Crim. 7 déc. 2011, n° 10-87.857).

1135 **Accès au dossier par le curateur ou le tuteur.** Le curateur ou le tuteur peut consulter le dossier pénal. Il peut être entendu, en qualité de témoin, à sa demande, pendant l'audience. Il bénéficie d'un **permis de visite de plein droit** si le majeur est en détention provisoire.

1136 **Recours obligatoire à une expertise médicale spécifique.** Le majeur protégé ne peut pas être jugé sans qu'une expertise médicale ait d'abord été ordonnée pour permettre d'évaluer sa responsabilité pénale au moment des faits. Cette expertise est totalement distincte du certificat médical qui a été demandé pour la mise sous protection. Elle est directement ordonnée par la Justice.

1137 **Assistance systématique du majeur protégé par un avocat.** Alors que l'assistance par un avocat n'est pas toujours obligatoire, les textes en imposent la présence lorsque la personne poursuivie est un majeur protégé.

La difficulté, en matière pénale, est que les juridictions ne sont pas toujours informées de l'existence d'une mesure de protection. Dans les procédures les plus rapides (et notamment la comparution immédiate), si le majeur ne fait pas lui-même état de la mesure de protection dont il bénéficie, le tribunal peut l'ignorer et procéder au jugement sans respect des formalités prescrites. Cela crée alors une cause d'annulation de la décision.

1138 Exemple de désignation d'une personne de confiance

(L. n° 2002-303, 4 mars 2002 relative aux droits du malade et à la qualité du système de santé ; CSP, art. L. 1111-6)

Exemple de désignation d'une personne de confiance

Je soussigné(e) ....,

Né(e) le ...., à ....

Domicile ....

Désigne comme personne de confiance, dans le cas où je serais hospitalisé et où mon état ne me permettrait pas de recevoir seul l'information et de prendre seul les décisions médicales me concernant :

Nom, Prénom ....

Né(e) le ...., à ....

Domicile ....

Je l'ai informé(e) de sa désignation comme personne de confiance. Je sais que je peux révoquer cette désignation ainsi que la loi m'y autorise à tout moment.

Fait à .... [*lieu*], le .... [*date*]

[*Signature*]

....

12 Gestion de certains actes personnels

> Mariage d'un majeur protégé
> Divorce d'un majeur protégé
> Conclusion d'un Pacs par un majeur protégé (C. civ., art. 461 et 462)
> Exercice de l'autorité parentale par un majeur protégé (C. civ., art. 373 et 395)
> Droit de vote du majeur protégé (C. élect., art. L. 5)
> Changement de régime matrimonial d'un majeur protégé (C. civ., art. 1397, al. 7)

Quelles sont les règles applicables si un majeur protégé décide de se **marier** (v. s[s] n°s 1202 s.) ou à l'inverse de **divorcer** (v. s[s] n°s 1204 s.), de se **pacser** ou de **rompre** son Pacs (v. s[s] n°s 1209 s.), de changer de **régime matrimonial** (v. s[s] n° 1217) ? Un majeur protégé dispose-t-il du **droit de vote** (v. s[s] n° 1216) ? Enfin, quelles sont les conséquences du placement sous mesure de sauvegarde judiciaire en matière d'**autorité parentale** (v. s[s] n°s 1214 s.) ?

1201 **Dispositions spécifiques à certains actes personnels.** Certains actes personnels font l'objet de dispositions spécifiques en raison de leur importance.

› Mariage d'un majeur protégé

1202 **Mariage d'un majeur sous curatelle (C. civ., art. 460 al. 1).** Le mariage d'un majeur sous curatelle nécessite simplement l'**autorisation du curateur**. Si ce dernier s'y oppose, le majeur peut demander directement au juge des tutelles cette autorisation (C. civ., art. 460).

L'autorisation est donnée **par écrit** et remise à la mairie avant la date du mariage. Devant l'officier d'état civil, le mariage se déroule dans les conditions habituelles, le majeur devant bien évidemment donner seul son consentement.

Si le mariage se fait sous le régime légal, qui est celui de la **communauté de biens réduite aux acquêts** (tous les biens acquis pendant le mariage sont communs aux deux époux ; en revanche, chacun garde en propre les biens qui avaient été acquis avant le mariage ou qui résulteraient, pendant le mariage, d'une donation ou d'une succession), aucune autre démarche n'est nécessaire.

Si les époux souhaitent **opter pour un autre régime** (par exemple, celui de la séparation de biens), le curateur doit cosigner le contrat matrimonial passé chez le notaire.

1203 **Mariage d'un majeur sous tutelle (C. civ., art. 460 al. 2).** Le mariage d'un majeur sous tutelle était extrêmement compliqué avant la loi du 5 mars 2007, puisqu'il fallait réunir un conseil de famille spécialement constitué à cet effet.

La loi de 2007 a simplifié les choses. Le mariage d'un majeur sous tutelle est désormais soumis à la **seule autorisation du juge des tutelles**, qui devra cependant, avant de donner cette autorisation :

- auditionner les futurs conjoints pour s'assurer de la volonté de chacun ;

– recueillir l'avis des parents et de l'entourage du majeur sous tutelle, s'ils sont suffisamment proches. Cet avis ne lie pas le juge.

S'il est décidé d'opter pour un régime matrimonial autre que le régime légal, le majeur sera **représenté** à l'acte de signature par son tuteur.

Divorce d'un majeur protégé

1204 **Impossibilité de divorce par consentement mutuel (C. civ., art. 249 s.).** Le divorce par consentement mutuel lorsqu'un des époux est sous protection est traditionnellement interdite par le législateur. Ce dernier craignant les risques, pour un majeur protégé, d'une procédure de divorce reposant essentiellement sur le consentement des époux.

Cette interdiction est valable aussi bien lorsque le majeur est sous tutelle que sous curatelle, et aussi bien lorsqu'il est à l'initiative de la procédure de divorce que lorsqu'il est défendeur à cette procédure.

L'interdiction s'applique au **divorce par consentement mutuel** proprement dit mais également au **divorce par acceptation du principe de la rupture**. Le majeur sous protection ne peut divorcer par conséquent que pour faute ou pour altération définitive du lien conjugal (pour plus de précisions sur la procédure de divorce v. Lalère, *Divorce*, Delmas express, 2013).

1205 **Conséquences de l'ouverture d'une mesure de sauvegarde à l'égard de l'un des époux.** Lorsqu'un des époux est sous sauvegarde de justice au moment où la procédure de divorce est lancée, ou lorsqu'une sauvegarde est ouverte en cours de procédure de divorce, le juge aux affaires familiales doit automatiquement suspendre la procédure jusqu'à ce que le juge des tutelles ait pris une décision soit en levant la sauvegarde de justice, soit en ouvrant une mesure de curatelle ou de tutelle et en nommant une personne pour l'exercer.

Toutefois, pendant la période de suspension, qui peut durer plusieurs mois, le juge aux affaires familiales peut prendre des mesures conservatoires que l'urgence impose, notamment pour organiser la séparation.

1206 **Divorce du majeur sous curatelle.** Le majeur sous curatelle est **seul acteur** dans la procédure de divorce qui le concerne. Toutefois, tous les actes qui lui sont adressés doivent être **également signifiés** à son curateur afin qu'il puisse l'assister si nécessaire dans la procédure (C. civ., art. 467, al. 3).

1207 **Divorce du majeur sous tutelle.** Pour le majeur sous tutelle, la procédure est différente selon qu'il est à l'origine de la demande de divorce ou qu'il en est destinataire.

Le majeur sous tutelle peut **demander le divorce**. Il lui faut cependant pour cela obtenir l'autorisation du juge des tutelles, qui devra auparavant s'assurer de la compatibilité du projet avec l'état de l'intéressé et de la volonté réelle de ce dernier par plusieurs formalités :

- le majeur doit fournir un certificat médical attestant de ce que la procédure de divorce est compatible avec son état;
- le juge doit l'entendre spécialement, sauf si cette audition est impossible;
- le juge doit recueillir l'avis des parents et proches.

Si le juge donne son autorisation, la procédure en divorce sera introduite et conduite par le tuteur au nom du majeur protégé.

Le majeur protégé peut être **destinataire d'une demande de divorce**. La demande doit alors être directement adressée au tuteur, et le majeur sous tutelle sera entièrement représenté par son tuteur durant la procédure.

1208 **Cas du conjoint tuteur ou curateur.** Dans l'hypothèse où le futur ex-conjoint était tuteur ou curateur de son époux, il doit être désigné au profit du majeur, pour toute la durée de la procédure de divorce, un tuteur ou un curateur *ad hoc*, c'est-à-dire spécialement nommé pour représenter ou assister le majeur dans le cadre de la procédure de divorce.

Cette nomination peut être faite par le juge des tutelles ou par le juge aux affaires familiales.

› Conclusion d'un Pacs par un majeur protégé (C. civ., art. 461 et 462)

1209 **Le Pacs nécessite la signature de deux actes distincts.** La particularité du Pacs réside dans le fait qu'il nécessite la signature de deux actes, l'un qui règle les conséquences financières du pacte entre les partenaires, l'autre pour la conclusion du Pacs lui-même. La loi distingue nettement le régime juridique du premier, essentiellement patrimonial, du second, exclusivement personnel (pour de précisions sur le Pacs notamment sur les exemples de contrat, de lettre de rupture v. Mécary, *Le Pacs*, 3e éd., Delmas express, 2010).

›› Conclusion d'un Pacs par un majeur sous curatelle

1210 **Signature du Pacs.** Le majeur sous curatelle doit être **assisté** par son curateur pour la signature de la convention réglant les effets du Pacs. Il signe **seul** en revanche la déclaration conjointe de Pacs conclue devant le greffier en chef du tribunal d'instance.

1211 **Rupture du Pacs.** La rupture d'un Pacs par un majeur sous curatelle répond à la même logique : le majeur sous curatelle accomplit **seul** l'acte par lequel la rupture est consommée, qu'il s'agisse d'une déclaration conjointe ou d'une déclaration unilatérale.

Il doit être **assisté** par son curateur pour tous les actes qui seraient nécessaires afin de partager ou liquider les droits et obligations nés du Pacs.

›› Conclusion d'un Pacs par un majeur sous tutelle

1212 **Signature du Pacs.** Jusqu'en 2007, la loi excluait qu'un majeur sous tutelle puisse conclure un Pacs. L'interdiction n'avait aucune logique et était très critiquée. Désormais, la conclusion d'un Pacs est possible pour un majeur sous tutelle, mais sous réserve de l'**autorisation du juge des tutelles**, laquelle est soumise à des conditions similaires à celles prévues pour le mariage : le juge des tutelles doit préalablement procéder à l'**audition** des futurs partenaires, et recueillir l'**avis** des parents ou proches.

Lorsque le juge des tutelles donne son autorisation, le majeur est assisté par son tuteur pour la rédaction et la signature de la convention patrimoniale, mais il la signe lui-même.

En revanche, la déclaration conjointe de Pacs devant le greffier en chef du tribunal d'instance est signée par le majeur sous tutelle **seul et sans assistance**.

1213 **Rupture du Pacs.** Plusieurs hypothèses doivent être distinguées :

- la rupture se fait par **déclaration conjointe** des deux partenaires : en ce cas, la déclaration est signée directement par le majeur sous tutelle ;
- la rupture se fait à l'**initiative du majeur sous tutelle seul** : dans ce cas, il appartient au tuteur d'assurer la signification de l'acte de rupture à l'autre partenaire, car cet acte est soumis à des conditions de forme particulières ;
- la rupture se fait à l'**initiative du partenaire du majeur sous tutelle** : il doit impérativement notifier non seulement à son partenaire mais au tuteur de ce dernier la déclaration de rupture ;
- enfin, et l'hypothèse est tout à fait dérogatoire au droit commun, la rupture du Pacs peut se faire à l'**initiative du tuteur**. Dans ce cas, qui doit répondre à des situations particulières (majeur sous tutelle subissant les effets négatifs d'un Pacs mais dans l'incapacité de signer la déclaration de rupture), le tuteur doit disposer de l'autorisation du juge des tutelles, qui procédera préalablement à l'audition du majeur et au recueil de l'avis de ses parents ou proches.

Dans tous les cas, après la rupture, le tuteur représente le majeur pour les actes de partage ou de liquidation des droits et obligations qui sont nés du Pacs.

Si le partenaire est le curateur ou le tuteur du majeur protégé, le juge des tutelles doit être saisi pour désigner un curateur ou un tuteur *ad hoc* pour tous les actes en rapport avec la conclusion ou la rupture du Pacs.

Exercice de l'autorité parentale par un majeur protégé (C. civ., art. 373 et 395)

1214 **Curatelle et autorité parentale.** L'ouverture d'une mesure de curatelle n'a **pas d'incidence** sur l'exercice, par un parent, de l'autorité parentale sur son ou ses enfants mineurs. Il conserve cette autorité parentale.

En revanche, le majeur sous curatelle perd la possibilité d'assurer l'administration légale des biens de ses enfants mineurs (C. civ., art. 395), puisque le législateur suppose qu'il a des difficultés à gérer un patrimoine.

1215 **Tutelle et autorité parentale.** Le majeur sous tutelle **perd** l'autorité parentale sur ses enfants mineurs, en tant qu'il est dans l'incapacité d'exprimer sa volonté (C. civ., art. 373). Il perd également la capacité d'administrer les biens de ses enfants.

En cas de mise sous tutelle, c'est donc l'autre parent qui exerce seul l'autorité parentale et l'administration des biens des enfants mineurs. À défaut, un conseil de famille doit être constitué par le juge aux affaires familiales.

Droit de vote du majeur protégé (C. élect., art. L. 5)

1216 **Le majeur protégé conserve en principe le droit de voter.** Depuis la loi de 2007, l'ouverture d'une mesure de protection n'a

plus d'incidence automatique sur la capacité électorale. Par conséquent, par principe, le majeur sous protection conserve le droit de vote. Toutefois, en cas de tutelle, le juge des tutelles peut décider, dans le jugement d'ouverture de la mesure, ou dans une décision ultérieure, que le majeur ne pourra plus exercer son droit de vote.

» Changement de régime matrimonial d'un majeur protégé (C. civ., art. 1397, al. 7)

1217 **Possibilité de changer de régime matrimonial avec l'autorisation préalable du juge.** La loi fait un sort commun, à cet égard, aux majeurs sous curatelle ou sous tutelle. Dans les deux cas, un changement de leur régime matrimonial est possible dans les conditions de droit commun (**deux années au moins** après le mariage, par acte notarié, etc.) avec l'**autorisation préalable** du juge des tutelles.

13
Renouvellement, modification et fin d'une mesure de protection

Une **mesure** de protection n'est jamais figée : elle peut être **modifiée à tout moment**, en fonction de l'évolution des situations (v. ss nos 1301 s.).
Elle peut être **allégée** (v. ss no 1302) ou **aggravée** (v. ss no 1304) ou **prendre fin** en fonction de la survenance de certains événements (v. ss no 1310). En tout état de cause, depuis la loi du 5 mars 2007, elle comporte **un terme** (v. ss no 1306) à l'issue duquel, si elle n'est pas **expressément renouvelée** (v. ss nos 1305 s.), la mesure tombe d'elle-même (v. ss no 1308).

Tableau récapitulatif des conditions de modification, renouvellement ou levée d'une mesure de protection

Situations	Possibilité pour le juge de se saisir d'office	Nécessité d'un certifica t médical	Auditions	Autres	Renvois
• Demande d'allégement d'une mesure	• Oui	• Oui, mais le certificat du médecin traitant suffit	- du majeur - du curateur ou du tuteur		v. s^s n° 1302
• Demande de mainlevée	• Oui	• Oui, mais le certificat du médecin traitant suffit	- du majeur - du curateur ou du tuteur		v. s^s n° 1311
• Demande de renouvel-lement de la mesure	• Oui	• Oui, mais le certificat du médecin traitant suffit	- du majeur - du curateur ou du tuteur	Si la mesure n'est pas renouvelée à son terme, elle prend fin automa-tiquement	v. s^s n° 1305
• Demande de renforcement de la mesure	• Non Il faut obligatoirement une requête, dans les mêmes conditions que pour l'ouverture d'une mesure de protection	• Oui Un certificat d'un médecin spécialiste inscrit sur la liste du procureur de la République	- du majeur - du curateur ou du tuteur		v. s^s n° 1304
• Demande de changement de curateur ou de tuteur	• Oui	• Non	- du majeur - du curateur ou du tuteur	La décision est prise par simple ordonnance	v. s^s n° 625

› Modification de la mesure de protection

1301 **Conditions d'intervention du juge des tutelles selon qu'il s'agit d'alléger ou de renforcer une mesure de protection (C. civ., art. 442).** À tout moment, le juge des tutelles peut être amené à modifier une mesure de protection en cours. Les conditions de son intervention sont totalement différentes, selon que cette modification conduit à alléger (v. s^s n° 1302) la mesure ou à la renforcer (v. s^s n° 1304).

›› Allégement d'une mesure de protection en cours

1302 **Formes d'allégement d'une mesure de protection en cours.** L'allégement d'une mesure de protection peut prendre différentes formes.

Il peut s'agir d'une **véritable transformation** de mesure (tutelle transformée en curatelle), lorsque l'état de la personne s'est amélioré ou pour servir de transition avec une mainlevée.

Il peut aussi s'agir d'un **allégement circonstancié** (en tutelle, augmentation des actes que le majeur peut faire seul ou avec la simple assistance du tuteur; en curatelle, augmentation des actes que le majeur peut faire sans l'intervention du curateur), permettant de mieux adapter la mesure à la situation du majeur.

> **EXEMPLE** Ainsi est-il possible de prévoir que le curateur ne s'occupera pas de gérer le salaire du majeur, mais seulement ses autres sources de revenus. Ou encore, de ne faire porter l'assistance du curateur que sur quelques actes déterminés, qui sont les seuls à mettre en danger le majeur.

1303 **Procédure simplifiée d'allégement d'une mesure de protection.** L'allégement de la mesure est soumis à une **procédure simplifiée** (C. civ., art. 442, al. 2). Il peut être demandé par les mêmes personnes que celles qui sont habilitées à demander l'ouverture d'une mesure de protection : le majeur lui-même, son conjoint, son partenaire, un parent ou un allié, le tuteur ou le curateur, ou une personne entretenant avec le majeur des liens étroits et stables. Il suffit d'une simple requête adressée au juge des tutelles, expliquant l'évolution de la situation.

Il peut aussi être **décidé d'office** par le juge des tutelles.

L'allégement nécessite uniquement un **certificat médical**, qui peut émaner du médecin traitant, et l'audition du majeur protégé d'une part, et de son curateur ou tuteur d'autre part. Il peut se faire sur **simple ordonnance**. À la différence du jugement de mise sous protection, l'ordonnance peut être prise très rapidement par le juge sans avoir besoin de fixer une audience ni même d'aviser le procureur de la République.

Cette simple ordonnance est, comme tout acte du juge des tutelles, soumise à recours.

»» Renforcement de la mesure de protection

1304 **Aggravation de la mesure de protection prise initialement.** Il arrive qu'il soit nécessaire de renforcer la mesure prise initialement.

La procédure est alors beaucoup plus lourde, puisque les droits du majeur protégé vont être à nouveau restreints. Les démarches s'apparentent à celles nécessaires pour la mise en place d'une mesure de protection.

Le **juge des tutelles** doit être saisi par une requête des personnes habilitées à le saisir pour mettre en place une mesure (v. s^s^ n°s 407 s.). Il ne peut pas se saisir d'office.

La requête doit être accompagnée d'un certificat émanant d'un médecin spécialiste, et une procédure identique à celle menée pour la mise en place de la mesure doit être suivie : audition, avis du procureur de la République, audience... (v. s^s^ n°s 410 s.).

S'il est certain que cette procédure s'applique en cas de transformation du régime de protection (de curatelle simple à curatelle renforcée, de curatelle renforcée en tutelle), un doute existe sur la procédure applicable lorsqu'il s'agit simplement d'aménager la mesure en cours en augmentant les actes pour lesquels l'assistance du curateur ou la représentation par le tuteur est nécessaire. En effet, le mot « renforcement » de mesure est employé par la loi, et les analyses divergent quant à savoir si l'aménagement est inclus dans cette notion. Certaines cours d'appel, comme la cour d'appel de Douai (8 mars 2012, RG n° 11/07900), ont considéré que l'aménagement de mesure, dès lors qu'il diminuait les libertés du majeur protégé s'analysait nécessairement en un renforcement. Si cette analyse était confirmée, toute décision d'aménagement nécessiterait le formalisme du renforcement de mesure.

» Renouvellement de la mesure de protection

1305 **Renouvellement de la mesure de protection (C. civ., art. 441 et 442).** La fixation d'un terme aux mesures de protection prononcées par le juge des tutelles a été l'une des grandes innovations de la loi du 5 mars 2007. Jusqu'alors en effet, partant de l'idée que les mesures de protection pouvaient être modifiées ou levées à tout moment, si la situation évoluait, la loi n'avait pas prévu que la mesure soit assortie d'une durée quelconque.

La fixation de la durée de la mesure, imposée au juge par l'article 441 du code civil, modifie complètement l'ancien régime.

La question de la durée de la mesure a semblé être une donnée psychologique majeure pour l'acceptation de la mesure par la personne sous curatelle ou sous tutelle, lors des Assises nationales de la tutelle (www.assisestutelles2012.fr) qui se sont déroulées en février 2012. Elle est souvent la raison essentielle du recours contre la décision d'ouverture de mesure. Pourtant, le juge des tutelles se prononce dans la plupart des cas pour la durée maximale prévue par les textes.

»» Durée des mesures de protection

1306 **Prononcée pour une durée déterminée, une mesure de protection ne peut excéder cinq ans lors de son ouverture.** Les mesures de protection peuvent être prononcées pour une durée fixée par le juge en fonction de la situation de la personne, mais qui ne peut, lors de l'ouverture de la mesure, excéder **cinq ans**.

Elles peuvent être renouvelées pour une même période de **cinq ans maximum**. Toutefois, s'il résulte d'un certificat établi par un médecin spécialiste que, compte tenu de l'altération des facultés de la personne, la situation « n'apparaît manifestement pas susceptible de connaître une amélioration selon les données acquises de la science », le juge des tutelles peut, au moment du premier renouvellement ou lors des renouvellements ultérieurs, fixer une **durée plus longue**.

»» Révision de la mesure de protection

1307 **Obligation de la révision de la mesure à l'arrivée de son terme par le juge.** À l'arrivée du terme fixé par la décision judiciaire, le juge doit procéder à la révision de celle-ci soit à la demande du majeur ou de son curateur ou tuteur, soit d'office.

Lors de cette révision, qui doit lui permettre de vérifier que la mesure telle qu'elle existe correspond toujours à la situation du majeur, le juge des tutelles doit disposer d'un **certificat médical**. Ce dernier peut émaner d'un médecin spécialiste mais également du médecin traitant ou d'un médecin généraliste. Le juge procède ensuite à l'**audition** du majeur, de son représentant, et de toute personne dont l'audition lui semble utile.

À l'issue de l'instruction du dossier, il peut prendre **quatre types de décision** :
– lever la mesure si elle n'est plus utile ;
– renouveler la mesure en l'allégeant ;
– renouveler la mesure en l'état, pour une durée maximale de cinq ans ;

– renforcer la mesure; Il ne peut cependant aggraver la mesure que s'il a été saisi à cette fin par une des personnes habilitées à déposer une requête en ouverture de la mesure de protection, et qu'il dispose d'un certificat émanant d'un médecin spécialiste.

» Que se passe-t-il si le juge omet de procéder à la révision de la mesure ?

1308 **Sanction de l'omission de la révision de la mesure par le juge.** La mesure qui ne fait pas l'objet d'une révision par le juge devient caduque. C'est la sanction grave prévue par l'article 443 du code civil. En effet, la mesure de protection **prend fin automatiquement**, si, à l'issue du terme fixé dans la décision, il n'a pas été statué sur son renouvellement dans les conditions prévues (v. ss n° 1307).

La seule solution, si le maintien d'une mesure de protection est indispensable, est de refaire entièrement la procédure d'ouverture de mesure.

La situation, en cas de caducité de la mesure de protection faute de renouvellement, risque d'être, en pratique, source de nombreuses difficultés. Il n'est pas certain, d'abord, que le majeur ni même son tuteur ou son curateur ne s'aperçoive que la mesure n'a plus cours. Ils continueront donc à faire des actes en appliquant des règles qui ne peuvent plus l'être. La validité des actes pourrait, dès lors, être remise en question.
Par ailleurs, puisque la fin de la mesure ne provient pas d'une décision expresse du juge, la mention de l'existence de cette mesure reste inscrite au répertoire civil. Le majeur ne pourra donc pas faire certains actes.

Dans cette situation de blocage, il faut immédiatement prévenir le juge des tutelles afin qu'il prenne des mesures d'urgence. En voulant privilégier à tout prix la protection des libertés du majeur, la loi a, manifestement, sacrifié en partie sa protection et sa sécurité.

»» Sort des mesures prononcées antérieurement à la loi du 5 mars 2007

1309 **Sort des mesures sans durée fixe prononcées avant l'entrée en vigueur de la loi du 5 mars 2007.** Jusqu'au **1er janvier 2009**, date d'entrée en vigueur de la loi du 5 mars 2007, les mesures prononcées par le juge des tutelles ne comportaient pas de durée. Le législateur a prévu que toutes les mesures en cours devraient **impérativement être révisées avant le 1er janvier 2014**. Ce sont ainsi 800 000 mesures, actuellement ouvertes par les juges des tutelles, qui doivent être revues en l'espace de cinq ans. Un fort encombrement des greffes et des juges est à prévoir sur cette période.

Un rapport de la Cour des comptes (6 déc. 2011) laisse apparaître qu'il est quasiment impossible que les juges des tutelles soient matériellement en capacité de réviser l'intégralité des mesures dans le délai qui leur a été imparti. À la fin de l'année 2010, seules 25 % des mesures avaient pu être révisées. Il est donc inévitable que plusieurs dizaines de milliers d'entre elles se trouvent *ipso facto* levées, sauf si le législateur intervient avant le 1er janvier 2014, date limite fixée pour leur révision. Une fois la mesure levée, sa reprise nécessite d'effectuer à nouveau toutes les démarches imposées pour l'ouverture d'un dossier. La personne en charge d'une mesure de protection, ou sous protection, peut préparer le dossier qui permettra la révision de la mesure, et notamment le certificat médical et le rapport de situation. Elle ne doit pas hésiter à se rappeler à l'attention du greffier du tribunal d'instance **si elle n'a pas été convoquée** pour la révision avant la fin de l'année 2013.

» Fin de la mesure de protection

1310 **Cas de fin de la mesure de protection (C. civ., art. 443).** La mesure de protection prend fin :

– de plein droit, si elle n'est pas renouvelée dans les délais ;
– au décès du majeur protégé ;

– lorsque le majeur protégé part résider, de manière continue, hors du territoire national, si cet éloignement empêche le suivi et le contrôle de la mesure ;
– si le juge en prononce la mainlevée.

1311 **Demande de la mainlevée d'une mesure de protection.** La mainlevée doit être demandée par le majeur protégé, son curateur ou tuteur, ou les membres de la famille qui étaient habilités à demander la mise en place d'une mesure. Elle peut aussi être **décidée d'office** par le juge des tutelles. La décision peut intervenir à l'occasion de la révision de la mesure, mais également **à tout moment**.

Dans tous les cas, le juge statue au vu d'un **certificat médical** qui peut émaner soit du médecin traitant, soit du médecin spécialiste, et après **audition** du majeur et de son curateur ou tuteur.

La mainlevée prend la forme d'un **jugement**, qui sera transmis au répertoire civil afin que la mention de l'existence d'une mesure de protection soit immédiatement supprimée.

Le jugement peut faire l'objet d'un recours (v. ss nos 1407 s.).

1312 **Effet de la fin de la mesure.** Une fois que la mesure a pris fin, que ce soit en raison du décès, de la mainlevée ou de toute autre raison, le tuteur ou le curateur est dessaisi et ne peut plus effectuer aucun acte, et le juge des tutelles ne peut plus intervenir pour quelque cause que ce soit. Il ne pourra notamment pas remettre aux héritiers copie des documents qu'il conserve à son dossier. C'est en effet au tuteur ou au curateur, si besoin est, contraints par une décision judiciaire, d'effectuer cette remise.

1313 **Exceptions au dessaisissement du mandataire à la fin d'une mesure de protection.** Toutefois, le dessaisissement du mandataire à la fin de mesure connaît des exceptions.

• Le tuteur doit établir un compte de gestion des opérations intervenues depuis l'établissement du dernier compte annuel et le soumet à la vérification du greffier en chef.

- Dans les trois mois qui suivent la fin de sa mission, le tuteur ou ses héritiers s'il est décédé doivent remettre une copie du dernier compte annuel et des comptes de gestion des cinq dernières années soit au majeur s'il a repris sa capacité et qu'il n'avait pas reçu ces comptes auparavant, soit à ses héritiers.
- Dans un délai qui n'est pas précisé, le tuteur doit également remettre au majeur devenu capable ou à ses héritiers les pièces nécessaires pour continuer la gestion ou assurer la liquidation de la succession, ainsi que l'inventaire initial et les actualisations auxquelles il a donné lieu.
- S'il apparaît impossible d'identifier les héritiers du majeur décédé, même après avoir saisi un notaire, le mandataire judiciaire à la protection des majeurs garde une compétence : celle de demander au juge des tutelles de l'autoriser à confier un mandat de recherche d'héritiers (C. civ., art. 420).

14 Contestation des décisions judiciaires

Toutes les décisions prises par le juge peuvent faire l'objet d'un **recours** (v. s[s] n° 1401), sauf s'il s'agit de **mesures d'administration judiciaire** (v. s[s] n° 1402). Cependant, les recours sont encadrés selon l'intérêt de la **personne à agir** (v. s[s] n°s 1403 s.), les **délais** écoulés (v. s[s] n° 1406), etc. Le recours consiste en une **requête** (v. s[s] n° 1407 ; et sur le **déroulement de la procédure**, v. s[s] n°s 1408 s.).

» Décisions pouvant faire l'objet d'un recours

1401 **Les décisions peuvent, en principe, faire l'objet d'un recours.** Le principe est que **toutes** les décisions prises par le juge des tutelles peuvent faire l'objet d'un recours. Il en est ainsi notamment des jugements **ouvrant la mesure, la modifiant ou la levant**, mais aussi de toutes les ordonnances rendues par le juge des tutelles, pour autoriser ou refuser d'autoriser certains actes.

1402 **Exceptions au principe du recours.** Ne peuvent pas faire l'objet d'un recours les **mesures dites d'administration judiciaire**. Il en est ainsi de la décision par laquelle le juge se prononce sur une demande de consultation de pièce ou de dossier formée par une personne de la famille ou de la décision par laquelle il décide qu'il n'y a pas lieu à audition du majeur.

L'**ordonnance ouvrant une procédure de sauvegarde de justice** n'est pas non plus susceptible de recours. **En effet, elle n'entraîne, en soi, aucune modification des droits de l'intéressé.** En revanche, si cette décision s'accompagne de la désignation d'un mandataire spécial, le recours est possible.

La décision par laquelle le juge des tutelles **refuse d'ouvrir une mesure de protection** n'est pas susceptible de recours, **sauf** de la part de celui qui a déposé la requête en ouverture initiale.

Le refus par un juge des tutelles d'accepter d'autoriser un acte que le tuteur souhaiterait accomplir, ou de prendre une mesure demandée par le majeur protégé, est une décision judiciaire. Elle peut donc faire l'objet d'un recours si ce refus est contesté. Lorsque le refus est purement oral, ou résulte d'une simple lettre, il ne faut donc pas hésiter à demander au juge de le notifier par écrit afin d'ouvrir les délais de recours et de permettre un nouveau débat devant la cour d'appel.

En cas de désaccord avec une décision du juge des tutelles, un recours devant la cour d'appel n'est pas toujours nécessaire. Le juge des tutelles peut en effet lui-même, à tout moment, modifier sa décision s'il a des éléments convaincants pour le faire. Il est donc toujours possible de lui adresser un courrier ou demander un rendez-vous pour lui expliquer une situation dont il n'avait pas forcément connaissance. Ainsi, de l'existence de membres de la famille susceptibles de s'occuper du majeur, mais qui ne s'étaient pas manifestés jusqu'alors, ou d'éléments relevant de l'histoire familiale.

Personnes pouvant former un recours

1403 **Recours dans l'intérêt du majeur.** Les décisions du juge des tutelles peuvent toujours faire l'objet d'un recours s'il apparaît qu'elles ne sont **pas conformes** à l'intérêt du majeur. Dans la mesure où seul cet intérêt légitime le recours, la contestation n'est ouverte qu'à certaines personnes, censées agir pour préserver cet intérêt.

Le **majeur** peut toujours former recours contre les décisions qui le concernent. Il peut, si nécessaire, demander la désignation d'un avocat d'office pour l'assister dans sa démarche. Si ses ressources sont insuffisantes pour payer les honoraires d'un avocat, il peut demander le bénéfice de l'aide juridictionnelle.

Peuvent également former recours toutes les personnes que l'article 430 du code civil habilite à demander la mise en place d'une mesure de protection : **parents, alliés, proches**…

Peut de même former recours le curateur ou le tuteur.

Enfin, le **ministère public** peut contester une décision du juge des tutelles. Ce dernier peut lui-même former un recours lorsqu'il n'est pas à l'origine de la décision (par exemple, contre une délibération du conseil de famille).

1404 **Bénéficier de l'aide juridictionnelle.** Qu'est-ce que l'aide juridictionnelle ? L'aide juridictionnelle est la prise en charge par l'État de tout ou partie des frais d'un procès (honoraires d'avocat, frais d'huissier, etc.).

• Qui peut demander l'aide juridictionnelle ? Toute personne qui souhaite introduire une action en justice ou est défenderesse à une action en justice, à condition d'être de nationalité française ; ou de nationalité étrangère :
– ressortissant de l'un des États membres de l'Union européenne ;
– ou ressortissant d'un État ayant conclu une convention internationale avec la France ;
– ou résidant habituellement en France en situation régulière.

• Où demander l'aide juridictionnelle ? Au greffe du tribunal de grande instance du lieu de domicile. Un formulaire est remis, à compléter et à restituer accompagné de diverses pièces justificatives. Des imprimés peuvent également être retirés dans les mairies et dans les maisons de justice et du droit ou encore sur le site du ministère de la Justice (www.vos-droits.justice.gouv.fr).

• Quelles ressources permettent d'obtenir l'aide juridictionnelle ? Pour 2009, la moyenne mensuelle des revenus perçus en 2008 doit être :
– inférieure ou égale à 911 euros pour l'aide juridictionnelle totale ;
– comprise entre 912 et 1 367 euros pour l'aide juridictionnelle partielle.

À ces montants s'ajoutent 159 euros pour chacune des deux premières personnes vivant au domicile du demandeur (par exemple, enfants, conjoint, concubin ou partenaire d'un pacte civil de solidarité) et 101 euros à partir de la troisième.

1405 **Recours des tiers.** Les personnes autres que le majeur ou ses proches ne peuvent pas former recours contre une décision du juge des tutelles, même si elles sont directement concernées par l'acte.

Depuis le 1er janvier 2009, la possibilité d'exercer une telle « tierce opposition » contre les décisions du juge (C. civ., art. 499, al. 3) a été supprimée par la loi du 5 mars 2007. Il n'est donc plus possible à des tiers au majeur protégé de venir contester une décision au motif qu'elle leur cause du tort.

Une seule exception, a été prévue par la loi au profit des créanciers du majeur protégé, et encore seulement en cas de **fraude**. L'autorisation de vendre à un proche un bien pour éviter sa saisie par un créancier pourrait ainsi faire l'objet d'un recours par ce créancier.

Avant la loi du 5 mars 2007, la jurisprudence avait admis qu'il puisse être fait « tierce opposition » à une ordonnance du juge des tutelles qui modifiait les droits d'un tiers. Ainsi, le bénéficiaire d'un contrat d'assurance-vie était-il recevable à contester une décision du juge des tutelles autorisant qu'il soit mis fin au contrat d'assurance-vie.

» Délai et forme du recours

1406 **Délai pour former recours.** Le délai pour former recours est de **quinze jours**.

Ce délai court à compter de la notification que le greffier du juge des tutelles a envoyée de la décision à toutes les personnes intéressées. À défaut, le délai court à compter du jugement ou de la décision.

1407 **Forme du recours : une simple requête.** Le recours est formé par une requête remise ou adressée par **lettre recommandée avec accusé de réception** au greffe du tribunal d'instance (pour un exemple v. s^s^ n° 1412). Le greffier enregistre le recours, et en remet ou en envoie récépissé (par lettre simple) à l'auteur du recours. Puis, il envoie le dossier à la cour d'appel.

Cette requête doit comporter l'énoncé des motifs du recours et doit être signée et datée par son auteur. Elle peut ne porter que sur une partie de la décision (par exemple, sur la personne désignée comme curateur, mais non sur le principe de la curatelle). En ce cas, il faut le préciser.

L'assistance d'un avocat n'est pas obligatoire.

» Déroulement du recours

1408 **Qui statue sur les recours en matière de protection ?** Depuis le **1er janvier 2010**, les recours sont tranchés par les **cours d'appel** (qui se situent au niveau de la région). C'est la loi du 12 mai 2009 (COJ, art. L. 312-6-1 nouv.) qui en a décidé ainsi, complétée par le décret du 23 décembre 2009.

Auparavant, les recours étaient de la compétence du tribunal de grande instance (qui se situe au niveau du département).

La personne qui forme un recours, n'a pas à s'interroger pour savoir quelle juridiction est compétente pour examiner le recours. En effet, la procédure antérieure reste inchangée. Dans la mesure où le recours doit, de toute façon, être formé au tribunal d'instance, c'est à ce dernier de l'adresser ensuite à la bonne juridiction qui procédera aux convocations.

1409 **Convocation à l'audience sur recours.** Sont convoqués à l'audience devant la cour d'appel (au tribunal de grande instance antérieurement au 31 déc. 2009), pour que soit statué sur le recours :

- celui qui a formé le recours, par l'intermédiaire de son avocat s'il en a un, ou à défaut directement;
- les personnes à qui la décision avait été notifiée.

La convocation est adressée par **lettre recommandée au moins quinze jours** avant l'audience.

1410 **Débats.** Devant la cour d'appel, les débats sont oraux, et il appartient à chacune des parties d'exposer sa position. La cour d'appel entend systématiquement l'auteur du recours, le majeur protégé ou à protéger, et les avocats s'il en a été constitué.

La cour d'appel, si elle annule la décision prise par le juge des tutelles, peut prendre directement une autre décision qui se substituera à la première.

Après le déroulement de la procédure en appel, le dossier est renvoyé au juge des tutelles. Si, au cours de la procédure d'appel, des décisions urgentes doivent être prises, le juge des tutelles demeure compétent pour statuer. Il est donc possible de s'adresser à lui pendant la procédure de recours. Si une décision est prise, le tribunal de grande instance en est aussitôt informé.

Lorsque la cour d'appel a rendu sa décision, le dossier est renvoyé devant le juge des tutelles, qui continuera à le suivre.

Recours contre la décision d'appel

1411 **Recours possible uniquement en cas d'erreur de droit.** La décision de la cour d'appel peut faire l'objet d'un recours devant la Cour de cassation, mais uniquement en cas d'erreur de droit. L'intervention d'un avocat à la Cour de cassation est alors obligatoire.

1412 Exemple de déclaration de recours à déposer au greffe du tribunal d'instance

Nom et adresse de l'auteur du recours

Lien avec le majeur protégé :.........

(Obligatoire pour la recevabilité du recours)

À ....

Greffe du tribunal d'instance

Objet : Déclaration de recours

Dossier n° ....

Concernant M. ....

Monsieur le greffier,

J'ai l'honneur de vous indiquer que je forme un recours contre la décision rendue le .... [*date*] par le juge des tutelles dans le cadre de la procédure de protection de M. ....

Dans cette décision, le juge des tutelles a .... (*choisir :* autorisé/refusé d'autoriser) l'acte suivant : ....

Expliquer les motifs de la contestation. Ne pas hésiter à détailler ces raisons, sans employer nécessairement un langage juridique, pourvu que le destinataire puisse comprendre sur quoi se fonde la contestation

[Je conteste cette décision dans la mesure où.........

Je demande donc à la cour d'appel l'annulation de cette décision

[*Et le cas échéant* :

et son remplacement par la décision suivante]

Je vous remercie de bien vouloir transmettre ce recours.

Je vous précise que je ne suis pas assisté d'un avocat.

.........]

[*Ou le cas échéant* :

Je vous précise que je serai assisté dans le cadre de la procédure par un avocat, dont voici les coordonnées :

Fait à .... [*lieu*], le .... [*date*]

[*Signature*]

....

15 Mesures d'accompagnement

Les mesures d'accompagnement sont une création de la **loi du 5 mars 2007** (v. s[s] n°s 1501 s.). Désormais, pour les personnes qui, sans être atteintes d'une altération de leurs facultés, ont des **difficultés importantes et généralisées** à s'occuper seules de leurs affaires, la loi a prévu la possibilité d'une mesure d'accompagnement qui se décline en deux catégories : une **mesure conventionnelle sociale** (v. s[s] n°s 1504 s.) et une **mesure judiciaire** (v. s[s] n°s 1511 s.).

» Conditions de la mise en place d'une mesure d'accompagnement

1501 **Personnes concernées.** Le dispositif s'adresse à toute personne « dont la santé ou la sécurité est menacée par les difficultés qu'elle éprouve à gérer ses ressources » (CASF, art. L. 271-1).

La volonté du législateur est de faire de ce dispositif une **mesure d'aide sociale contractualisée** : le bénéficiaire doit accepter le principe de la mesure, les contraintes qu'elle impose et les engagements qui lui sont demandés en échange. La mesure doit, dans toute la mesure du possible, être consensuelle. Il ne peut y avoir de mesure judiciaire qu'en cas **d'échec du dispositif social** (v. s[s] n° 1510). Par conséquent, il n'est pas possible de s'adresser directement au juge des tutelles pour demander la mise en place d'une mesure d'accompagnement judiciaire.

Sont abrogées toutes les dispositions sur la tutelle aux prestations sociales (TPSA) antérieures au 1er janvier 2009.

1502 **Mesure portant uniquement sur les prestations sociales.** La mesure ne porte que sur les prestations sociales. Elle n'est donc pas ouverte à ceux qui ont des revenus provenant d'autres sources (revenus du travail, retraites), ce qui est regrettable puisque ceux-là ne pourront, en cas de difficulté, que demander l'ouverture d'une mesure de protection classique beaucoup plus lourde.

Il est toutefois possible d'envisager une mesure d'accompagnement pour des personnes qui **auraient à la fois des prestations sociales et d'autres revenus**, étant alors précisé que la mesure sera restreinte à la partie sociale des ressources.

Le terme de prestations sociales est relativement souple, puisqu'il inclut 29 catégories de ressources (v. s[s] n° 5111 en fin d'ouvrage), y compris le RMI, le RSA ou l'AAH.

Par ailleurs, les prestations sociales familiales peuvent être incluses dans la mesure d'accompagnement, mais elles peuvent également faire l'objet d'une **mesure spécifique**, prononcée par le **juge pour enfants** dans l'intérêt de ces derniers (mesure d'aide à la gestion du budget familial).

1503 **Effets des mesures d'accompagnement.** Les mesures d'accompagnement n'entraînent **aucune incapacité** pour celui qui en bénéficie. L'intéressé peut donc accomplir seul tous les actes qui le concernent. Les seules contraintes sont celles qui résultent de la gestion directe éventuelle de certaines de ses prestations par le mandataire et des engagements qu'il a pu lui-même prendre vis-à-vis de ce mandataire.

Cette nouvelle mesure fait disparaître l'ancienne tutelle aux prestations sociales.

> ⚠ Dès lors que la mesure n'entraîne aucune incapacité, celui qui en bénéficie peut librement signer tout contrat ou tout acte, sans disposer d'une protection particulière dans le cas où cet acte serait contraire à ses intérêts. La mesure d'accompagnement n'est donc pas adaptée aux personnes les plus vulnérables : elle est une aide, pas une protection.

Mesure d'accompagnement social personnalisé (Masp)

1504 **Cadre légal.** Ses dispositions figurent dans le code de l'action sociale et des familles (CASF), art. L. 271-1 à L. 271-8.

1505 **Demande de mise en place d'une Masp.** La demande doit émaner **de l'intéressé lui-même**. Elle doit être justifiée par des **difficultés importantes** à gérer ses ressources, de nature à menacer la **sécurité ou la santé** de la personne concernée.

La procédure étant totalement nouvelle, on ne sait pas encore avec précision sous quelle forme la demande devra être formée. Il est vraisemblable qu'elle sera en tout état de cause à préparer avec le service social du département et que, bientôt, des imprimés seront prévus par les conseils généraux.
La personne qui pense qu'elle-même ou un proche peut relever de cette procédure, ne doit pas hésiter à s'adresser à l'assistante sociale de secteur afin qu'elle la mette en contact avec le service désigné par le conseil général pour s'occuper de ce nouveau dispositif.

La nature des difficultés peut être très diverse : difficultés à gérer son budget, mais également difficultés à s'occuper des démarches administratives ou encore à stabiliser sa situation.

EXEMPLE Une personne en cours d'expulsion pour n'avoir pas réglé ses loyers peut entrer dans le cadre de ce dispositif.

Si la demande est acceptée, la procédure prend la forme d'un **contrat** signé entre l'intéressé et le département. Dans ce contrat, figurent les engagements pris par le département (aide à la gestion, aide administrative) et ceux pris par l'intéressé (démarches à effectuer, économies à réaliser).

1506 **Déroulement de la Masp.** La mesure est exercée soit directement par un agent du département, soit par délégation, par un mandataire privé ou associatif ayant reçu habilitation à cet effet (sur cette habilitation v. ss nos 703 s.).

Le mandataire a un double rôle :
- il doit **aider à la gestion budgétaire** de l'intéressé. Dans ce cadre, il peut être prévu dans le contrat que le mandataire gérera directement tout ou partie des prestations sociales. Le mandataire perçoit donc ces revenus et les affecte à certaines dépenses ;
- il doit assurer un **accompagnement social individualisé** : aider l'intéressé à se réapproprier son budget et à réapprendre à effectuer les démarches sociales et administratives.

Le mandataire a enfin un **rôle social** : il doit aider l'intéressé à accéder aux prestations auxquelles il peut prétendre.

1507 **Durée de la Masp.** La durée de la mesure est fixée dans le contrat initial. Elle peut aller de **six mois à deux ans**.

Le dispositif peut être renouvelé, après évaluation de la période écoulée. Mais la mesure ne peut pas durer, au maximum, plus de quatre ans. Au-delà, le législateur considère que le dispositif de réapprentissage a échoué.

1508 **Prise en charge de la Masp en fonction des ressources.** Le coût de la mesure est pris en charge par le département. Toutefois, il peut être demandé à l'intéressé, par décision du président du conseil général, une participation au coût de sa mesure, en fonction de ses ressources.

1509 **Fin de la Masp.** L'arrivée au terme de la mesure doit normalement avoir permis à l'intéressé d'avoir surmonté ses difficultés.

Toutefois, si tel n'était pas le cas, le président du conseil général peut prendre deux sortes de décisions :

- **saisir le juge d'instance**, afin d'obtenir l'autorisation que le loyer de l'intéressé soit directement prélevé sur ses prestations sociales, à la source. Il s'agit là d'une mesure de sauvegarde, afin de garantir le maintien du logement;
- **saisir le procureur de la République**, à l'aide d'un rapport de situation circonstancié. Au vu de ce rapport, et de toute mesure d'instruction à laquelle il aura procédé, le procureur de la République peut demander au juge des tutelles l'ouverture d'une mesure de protection classique ou d'une mesure d'accompagnement judiciaire.

› Mesure d'accompagnement judiciaire (MAJ)

1510 **Conditions de mise en œuvre d'une Maj.** La première condition est l'**échec du dispositif social** : la mise en place d'une mesure d'accompagnement judiciaire (Maj) ne peut être envisagée que si la mise en œuvre de la mesure d'accompagnement social personnalisé (Masp) a échoué, soit parce qu'elle a été refusée par l'intéressé, soit parce que celui-ci n'a pas respecté les engagements qu'il avait pris, soit parce que la mesure est venue à son terme sans que la situation de l'intéressé ne s'améliore.

La demande est transmise au juge des tutelles par l'intermédiaire du procureur de la République, lui-même saisi par un rapport circonstancié du président du conseil général.

Le juge des tutelles prononce la mesure après avoir auditionné toute personne utile. Il précise les prestations sociales sur lesquelles porte la mesure. Sa décision est susceptible de recours (sur le recours v. s[s] n°s 1401 s.).

1511 **Exercice d'une Maj.** La Maj est exercée par un **mandataire judiciaire professionnel** (v. s[s] n°s 701 s.). Ce mandataire doit gérer directement les prestations sociales mentionnées dans le jugement ouvrant la mesure.

Mais il doit en même temps mener auprès de l'intéressé une **action éducative** qui vise à lui réapprendre l'autonomie dans la prise en charge de ses affaires.

1512 **Fin de la Maj.** La mesure est d'une durée de **deux ans**, renouvelable, mais sans qu'au total la mesure puisse durer **plus de quatre ans**.

50 Compléments

5100 Mini code du majeur protégé

5101 Code civil (extraits)

Présomption d'absence

Art. 112 Lorsqu'une personne a cessé de paraître au lieu de son domicile ou de sa résidence sans que l'on en ait eu de nouvelles, le juge des tutelles peut, à la demande des parties intéressées ou du ministère public, constater qu'il y a présomption d'absence.

Art. 113 Le juge peut désigner un ou plusieurs parents ou alliés, ou, le cas échéant, toutes autres personnes pour représenter la personne présumée absente dans l'exercice de ses droits ou dans tout acte auquel elle serait intéressée, ainsi que pour administrer tout ou partie de ses biens ; la représentation du présumé absent et l'administration de ses biens sont alors soumises aux règles applicables à l'administration légale sous contrôle judiciaire telle qu'elle est prévue pour les mineurs, et en outre sous les modifications qui suivent.

Art. 114 Sans préjudice de la compétence particulière attribuée à d'autres juridictions, aux mêmes fins, le juge fixe, le cas échéant, suivant l'importance des biens, les sommes qu'il convient d'affecter annuellement à l'entretien de la famille ou aux charges du mariage.

Il détermine comment il est pourvu à l'établissement des enfants.

Il spécifie aussi comment sont réglées les dépenses d'administration ainsi qu'éventuellement la rémunération qui peut être allouée à la personne chargée de la représentation du présumé absent et de l'administration de ses biens.

Art. 115 Le juge peut, à tout moment et même d'office, mettre fin à la mission de la personne ainsi désignée ; il peut également procéder à son remplacement.

Art. 116 Si le présumé absent est appelé à un partage, celui-ci peut être fait à l'amiable.

En ce cas, le juge des tutelles autorise le partage, même partiel, et désigne, s'il y a lieu, un notaire pour y procéder, en présence du représentant du présumé absent ou de son remplaçant désigné conformément à l'article 115, si le représentant initial est lui-même intéressé au partage. L'état liquidatif est soumis à l'approbation du juge des tutelles.

Le partage peut également être fait en justice conformément aux dispositions des articles 840 à 842.

Tout autre partage est considéré comme provisionnel.

Art. 117 Le ministère public est spécialement chargé de veiller aux intérêts des présumés absents ; il est entendu sur toutes les demandes les concernant ; il peut requérir d'office l'application ou la modification des mesures prévues au présent titre.

Art. 118 Si un présumé absent reparaît ou donne de ses nouvelles, il est, sur sa demande, mis fin par le juge aux mesures prises pour sa représentation et l'administration de ses biens ; il recouvre alors les biens gérés ou acquis pour son compte durant la période de l'absence.

Art. 119 Les droits acquis sans fraude, sur le fondement de la présomption d'absence, ne sont pas remis en cause lorsque le décès de l'absent vient à être établi ou judiciairement déclaré, quelle que soit la date retenue pour le décès.

Art. 120 Les dispositions qui précèdent, relatives à la représentation des présumés absents et à l'administration de leurs biens, sont aussi applicables aux personnes qui, par suite d'éloignement, se trouvent malgré elles hors d'état de manifester leur volonté.

Art. 121 Ces mêmes dispositions ne sont pas applicables aux présumés absents ou aux personnes mentionnées à l'article 120 lorsqu'ils ont laissé une procuration suffisante à l'effet de les représenter et d'administrer leurs biens.

Il en est de même si le conjoint peut pourvoir suffisamment aux intérêts en cause par l'application du régime matrimonial, et notamment par l'effet d'une décision obtenue en vertu des articles 217 et 219, 1426 et 1429.

Pouvoirs d'un époux quand l'autre est hors d'état de manifester sa volonté

Art. 217 Un époux peut être autorisé par justice à passer seul un acte pour lequel le concours ou le consentement de son conjoint serait nécessaire, si celui-ci est hors d'état de manifester sa volonté ou si son refus n'est pas justifié par l'intérêt de la famille.

L'acte passé dans les conditions fixées par l'autorisation de justice est opposable à l'époux dont le concours ou le consentement a fait défaut, sans qu'il en résulte à sa charge aucune obligation personnelle.

Art. 219 Si l'un des époux se trouve hors d'état de manifester sa volonté, l'autre peut se faire habiliter par justice à le représenter, d'une manière générale, ou pour certains actes particuliers, dans l'exercice des pouvoirs résultant du régime matrimonial, les conditions et l'étendue de cette représentation étant fixées par le juge.

À défaut de pouvoir légal, de mandat ou d'habilitation par justice, les actes faits par un époux en représentation de l'autre ont effet, à l'égard de celui-ci, suivant les règles de la gestion d'affaires.

Art. 1426 Si l'un des époux se trouve, d'une manière durable, hors d'état de manifester sa volonté, ou si sa gestion de la communauté atteste l'inaptitude ou la fraude, l'autre conjoint peut demander en justice à lui être substitué dans l'exercice de ses pouvoirs. Les dispositions des articles 1445 à 1447 sont applicables à cette demande.

Le conjoint, ainsi habilité par justice, a les mêmes pouvoirs qu'aurait eus l'époux qu'il remplace ; il passe avec l'autorisation de justice les actes pour lesquels son consentement aurait été requis s'il n'y avait pas eu substitution.

L'époux privé de ses pouvoirs pourra, par la suite, en demander au tribunal la restitution, en établissant que leur transfert à l'autre conjoint n'est plus justifié.

Art. 1429 Si l'un des époux se trouve, d'une manière durable, hors d'état de manifester sa volonté, ou s'il met en péril les intérêts de la famille, soit en laissant dépérir ses propres, soit en dissipant ou détournant les revenus qu'il en retire, il peut, à la demande de son conjoint, être dessaisi des droits d'administration et de jouissance qui lui sont reconnus par l'article précédent. Les dispositions des articles 1445 à 1447 sont applicables à cette demande.

À moins que la nomination d'un administrateur judiciaire n'apparaisse nécessaire, le jugement confère au conjoint demandeur le pouvoir d'administrer les propres de l'époux dessaisi, ainsi que d'en percevoir les fruits, qui devront être appliqués par lui aux charges du mariage et l'excédent employé au profit de la communauté.

À compter de la demande, l'époux dessaisi ne peut disposer seul que de la nue-propriété de ses biens.

Il pourra, par la suite, demander en justice à rentrer dans ses droits, s'il établit que les causes qui avaient justifié le dessaisissement n'existent plus.

Protection juridique des majeurs

Art. 425 Toute personne dans l'impossibilité de pourvoir seule à ses intérêts en raison d'une altération, médicalement constatée, soit de ses facultés mentales, soit de ses facultés corporelles de nature à empêcher l'expression de sa volonté peut bénéficier d'une mesure de protection juridique prévue au présent chapitre.

S'il n'en est disposé autrement, la mesure est destinée à la protection tant de la personne que des intérêts patrimoniaux de celle-ci. Elle peut toutefois être limitée expressément à l'une de ces deux missions.

Art. 428 La mesure de protection ne peut être ordonnée par le juge qu'en cas de nécessité et lorsqu'il ne peut être suffisamment pourvu aux intérêts de la personne par l'application des règles du droit commun de la représentation, de celles relatives aux droits et devoirs respectifs des époux et des règles des régimes matrimoniaux, en particulier celles prévues aux articles 217, 219, 1426 et 1429, par une autre mesure de protection judiciaire moins contraignante ou par le mandat de protection future conclu par l'intéressé.

La mesure est proportionnée et individualisée en fonction du degré d'altération des facultés personnelles de l'intéressé.

Art. 430 La demande d'ouverture de la mesure peut être présentée au juge par la personne qu'il y a lieu de protéger ou, selon le cas, par son conjoint, le partenaire avec qui elle a conclu un pacte civil de solidarité ou son concubin, à moins que la vie commune ait cessé entre eux, ou par un parent ou un allié, une personne entretenant avec le majeur des liens étroits et stables, ou la personne qui exerce à son égard une mesure de protection juridique.

Elle peut être également présentée par le procureur de la République soit d'office, soit à la demande d'un tiers.

Sauvegarde de justice autonome

Art. 433 Le juge peut placer sous sauvegarde de justice la personne qui, pour l'une des causes prévues à l'article 425, a besoin d'une protection juridique temporaire ou d'être représentée pour l'accomplissement de certains actes déterminés.

Cette mesure peut aussi être prononcée par le juge, saisi d'une procédure de curatelle ou de tutelle, pour la durée de l'instance.

Par dérogation à l'article 432, le juge peut, en cas d'urgence, statuer sans avoir procédé à l'audition de la personne. En ce cas, il entend celle-ci dans les meilleurs délais, sauf si, sur avis médical, son audition est de nature à porter préjudice à sa santé ou si elle est hors d'état d'exprimer sa volonté.

Art. 437 S'il y a lieu d'agir en dehors des cas définis à l'article 436, tout intéressé peut en donner avis au juge.

Le juge peut désigner un mandataire spécial, dans les conditions et selon les modalités prévues aux articles 445 et 448 à 451, à l'effet d'accomplir un ou plusieurs actes déterminés, même de disposition, rendus nécessaires par la gestion du patrimoine de la personne protégée. Le mandataire peut, notamment, recevoir mission d'exercer les actions prévues à l'article 435.

Le mandataire spécial est tenu de rendre compte de l'exécution de son mandat à la personne protégée et au juge dans les conditions prévues aux articles 510 à 515.

Art. 439 Sous peine de caducité, la mesure de sauvegarde de justice ne peut excéder un an, renouvelable une fois dans les conditions fixées au quatrième alinéa de l'article 442.

Lorsque la sauvegarde de justice a été prononcée en application de l'article 433, le juge peut, à tout moment, en ordonner la mainlevée si le besoin de protection temporaire cesse.

Lorsque la sauvegarde de justice a été ouverte en application de l'article 434, elle peut prendre fin par déclaration faite au procureur de la République si le besoin de protection temporaire cesse ou par radiation de la déclaration médicale sur décision du procureur de la République.

Dans tous les cas, à défaut de mainlevée, de déclaration de cessation ou de radiation de la déclaration médicale, la sauvegarde de justice prend fin à l'expiration du délai ou après l'accomplissement des actes pour lesquels elle a été ordonnée. Elle prend également fin par l'ouverture d'une mesure de curatelle ou de tutelle à partir du jour où la nouvelle mesure de protection juridique prend effet.

Art. 1249 La subrogation dans les droits du créancier au profit d'une tierce personne qui le paie est ou conventionnelle ou légale.

Désignation du curateur ou tuteur

Art. 446 Un curateur ou un tuteur est désigné pour la personne protégée dans les conditions prévues au présent paragraphe et sous réserve des pouvoirs conférés au conseil de famille s'il a été constitué.

Art. 447 Le curateur ou le tuteur est désigné par le juge.

Celui-ci peut, en considération de la situation de la personne protégée, des aptitudes des intéressés et de la consistance du patrimoine à administrer, désigner plusieurs curateurs ou plusieurs tuteurs pour exercer en commun la mesure de protection. Chaque curateur ou tuteur est réputé, à l'égard des tiers, avoir reçu des autres le pouvoir de faire seul les actes pour lesquels un tuteur n'aurait besoin d'aucune autorisation.

Le juge peut diviser la mesure de protection entre un curateur ou un tuteur chargé de la protection de la personne et un curateur ou un tuteur chargé de la gestion patrimoniale. Il peut confier la gestion de certains biens à un curateur ou à un tuteur adjoint.

À moins que le juge en ait décidé autrement, les personnes désignées en application de l'alinéa précédent sont indépendantes et ne sont pas responsables l'une envers l'autre. Elles s'informent toutefois des décisions qu'elles prennent.

Art. 448 La désignation par une personne d'une ou plusieurs personnes chargées d'exercer les fonctions de curateur ou de tuteur pour le cas où elle serait placée en curatelle ou en tutelle s'impose au juge, sauf si la personne désignée refuse la mission ou est dans l'impossibilité de l'exercer ou si l'intérêt de la personne protégée commande de l'écarter. En cas de difficulté, le juge statue.

Il en est de même lorsque les parents ou le dernier vivant des père et mère, ne faisant pas l'objet d'une mesure de curatelle ou de tutelle, qui exercent l'autorité parentale sur leur enfant mineur ou assument la charge matérielle et affective de leur enfant majeur désignent une ou plusieurs personnes chargées d'exercer les fonctions de curateur ou de tuteur à compter du jour où eux-mêmes décéderont ou ne pourront plus continuer à prendre soin de l'intéressé.

Art. 449 À défaut de désignation faite en application de l'article 448, le juge nomme, comme curateur ou tuteur, le conjoint de la personne protégée, le partenaire avec qui elle a conclu un pacte civil de solidarité ou son concubin, à moins que la vie commune ait cessé entre eux ou qu'une autre cause empêche de lui confier la mesure.

À défaut de nomination faite en application de l'alinéa précédent et sous la dernière réserve qui y est mentionnée, le juge désigne un parent, un allié ou une personne résidant avec le majeur protégé ou entretenant avec lui des liens étroits et stables.

Le juge prend en considération les sentiments exprimés par celui-ci, ses relations habituelles, l'intérêt porté à son égard et les recommandations éventuelles de ses parents et alliés ainsi que de son entourage.

Art. 450 Lorsqu'aucun membre de la famille ou aucun proche ne peut assumer la curatelle ou la tutelle, le juge désigne un mandataire judiciaire à la protection des majeurs inscrit sur la liste prévue à l'article L. 471-2 du code de l'action sociale et des familles. Ce mandataire ne peut refuser d'accomplir les actes urgents que commande l'intérêt de la personne protégée, notamment les actes conservatoires indispensables à la préservation de son patrimoine.

Art. 451 Si l'intérêt de la personne hébergée ou soignée dans un établissement de santé ou dans un établissement social ou médico-social le justifie, le juge peut désigner, en qualité de curateur ou de tuteur, une personne ou un service préposé de l'établissement inscrit sur la liste des mandataires judiciaires à la protection des majeurs au titre du 1° ou du 3° de l'article L. 471-2 du code de l'action sociale et des familles, qui exerce ses fonctions dans les conditions fixées par décret en Conseil d'État.

La mission confiée au mandataire s'étend à la protection de la personne, sauf décision contraire du juge.

Art. 452 La curatelle et la tutelle sont des charges personnelles.

Le curateur et le tuteur peuvent toutefois s'adjoindre, sous leur propre responsabilité, le concours de tiers majeurs ne faisant pas l'objet d'une mesure de protection juridique pour l'accomplissement de certains actes dont la liste est fixée par décret en Conseil d'État.

Art. 453 Nul n'est tenu de conserver la curatelle ou la tutelle d'une personne au-delà de cinq ans, à l'exception du conjoint, du partenaire du pacte civil de solidarité et des enfants de l'intéressé ainsi que des mandataires judiciaires à la protection des majeurs.

Protection de la personne placée sous curatelle ou sous tutelle

Art. 457-1 La personne protégée reçoit de la personne chargée de sa protection, selon des modalités adaptées à son état et sans préjudice des informations que les tiers sont tenus de lui dispenser en vertu de la loi, toutes informations sur sa situation personnelle, les actes concernés, leur utilité, leur degré d'urgence, leurs effets et les conséquences d'un refus de sa part.

Art. 458 Sous réserve des dispositions particulières prévues par la loi, l'accomplissement des actes dont la nature implique un consentement strictement personnel ne peut jamais donner lieu à assistance ou représentation de la personne protégée.

Sont réputés strictement personnels la déclaration de naissance d'un enfant, sa reconnaissance, les actes de l'autorité parentale relatifs à la personne d'un enfant, la déclaration du choix ou du changement du nom d'un enfant et le consentement donné à sa propre adoption ou à celle de son enfant.

Art. 459 Hors les cas prévus à l'article 458, la personne protégée prend seule les décisions relatives à sa personne dans la mesure où son état le permet.

Lorsque l'état de la personne protégée ne lui permet pas de prendre seule une décision personnelle éclairée, le juge ou le conseil de famille s'il a été constitué peut prévoir qu'elle bénéficiera, pour l'ensemble des actes relatifs à sa personne ou ceux d'entre eux qu'il énumère, de l'assistance de la personne chargée de sa protection. Au cas où cette assistance ne suffirait pas, il peut, le cas échéant après l'ouverture d'une mesure de tutelle, autoriser le tuteur à représenter l'intéressé.

Toutefois, sauf urgence, la personne chargée de la protection du majeur ne peut, sans l'autorisation du juge ou du conseil de famille s'il a été constitué, prendre une décision ayant pour effet de porter gravement atteinte à l'intégrité corporelle de la personne protégée ou à l'intimité de sa vie privée.

La personne chargée de la protection du majeur peut prendre à l'égard de celui-ci les mesures de protection strictement nécessaires pour mettre fin au danger que son propre comportement ferait courir à l'intéressé. Elle en informe sans délai le juge ou le conseil de famille s'il a été constitué.

Art. 459-1 L'application de la présente sous-section ne peut avoir pour effet de déroger aux dispositions particulières prévues par le code de la santé publique et le code de l'action sociale et des familles prévoyant l'intervention d'un représentant légal.

Toutefois, lorsque la mesure a été confiée à une personne ou un service préposé d'un établissement de santé ou d'un établissement social ou médico-social dans les conditions prévues à l'article 451, et que cette personne ou ce service doit soit prendre une décision nécessitant l'autorisation du juge ou du conseil de famille en application du troisième alinéa de l'article 459, soit accomplir au bénéfice de la personne protégée une diligence ou un acte pour lequel le code de la santé publique prévoit l'intervention du juge, ce dernier peut décider, s'il estime qu'il existe un conflit d'intérêts, d'en confier la charge au subrogé curateur ou au subrogé tuteur, s'il a été nommé, et à défaut à un curateur ou à un tuteur *ad hoc*.

Mandat de protection future

Art. 477 Toute personne majeure ou mineure émancipée ne faisant pas l'objet d'une mesure de tutelle peut charger une ou plusieurs personnes, par un même mandat, de la représenter pour le cas où, pour l'une des causes prévues à l'article 425, elle ne pourrait plus pourvoir seule à ses intérêts.

La personne en curatelle ne peut conclure un mandat de protection future qu'avec l'assistance de son curateur.

Les parents ou le dernier vivant des père et mère, ne faisant pas l'objet d'une mesure de curatelle ou de tutelle, qui exercent l'autorité parentale sur leur enfant mineur ou assument la charge matérielle et affective de leur enfant majeur peuvent, pour le cas où cet enfant ne pourrait plus pourvoir seul à ses intérêts pour l'une des causes prévues à l'article 425, désigner un ou plusieurs mandataires chargés de le représenter. Cette désignation prend effet à compter du jour où le mandant décède ou ne peut plus prendre soin de l'intéressé.

Le mandat est conclu par acte notarié ou par acte sous seing privé. Toutefois, le mandat prévu au troisième alinéa ne peut être conclu que par acte notarié.

Art. 478 Le mandat de protection future est soumis aux dispositions des articles 1984 à 2010 qui ne sont pas incompatibles avec celles de la présente section.

Art. 479 Lorsque le mandat s'étend à la protection de la personne, les droits et obligations du mandataire sont définis par les articles 457-1 à 459-2. Toute stipulation contraire est réputée non écrite.

Le mandat peut prévoir que le mandataire exercera les missions que le code de la santé publique et le code de l'action sociale et des familles confient au représentant de la personne en tutelle ou à la personne de confiance.

Le mandat fixe les modalités de contrôle de son exécution.

Art. 480 Le mandataire peut être toute personne physique choisie par le mandant ou une personne morale inscrite sur la liste des mandataires judiciaires à la protection des majeurs prévue à l'article L. 471-2 du code de l'action sociale et des familles.

Le mandataire doit, pendant toute l'exécution du mandat, jouir de la capacité civile et remplir les conditions prévues pour les charges tutélaires par l'article 395 et les deux derniers alinéas de l'article 445 du présent code.

Il ne peut, pendant cette exécution, être déchargé de ses fonctions qu'avec l'autorisation du juge des tutelles.

Art. 481 Le mandat prend effet lorsqu'il est établi que le mandant ne peut plus pourvoir seul à ses intérêts. Celui-ci en reçoit notification dans les conditions prévues par le code de procédure civile.

À cette fin, le mandataire produit au greffe du tribunal d'instance le mandat et un certificat médical émanant d'un médecin choisi sur la liste mentionnée à l'article 431 établissant que le mandant se trouve dans l'une des situations prévues à l'article 425. Le greffier vise le mandat et date sa prise d'effet, puis le restitue au mandataire.

Art. 482 Le mandataire exécute personnellement le mandat. Toutefois, il peut se substituer un tiers pour les actes de gestion du patrimoine mais seulement à titre spécial.

Le mandataire répond de la personne qu'il s'est substituée dans les conditions de l'article 1994.

Art. 483 Le mandat mis à exécution prend fin par :

1° Le rétablissement des facultés personnelles de l'intéressé constaté à la demande du mandant ou du mandataire, dans les formes prévues à l'article 481 ;

2° Le décès de la personne protégée ou son placement en curatelle ou en tutelle, sauf décision contraire du juge qui ouvre la mesure ;

3° Le décès du mandataire, son placement sous une mesure de protection ou sa déconfiture ;

4° Sa révocation prononcée par le juge des tutelles à la demande de tout intéressé, lorsqu'il s'avère que les conditions prévues par l'article 425 ne sont pas réunies, lorsque les règles du droit commun de la représentation ou celles relatives aux droits et devoirs respectifs des époux et aux régimes matrimoniaux apparaissent suffisantes pour qu'il soit pourvu aux intérêts de la personne par son conjoint avec qui la communauté de vie n'a pas cessé ou lorsque l'exécution du mandat est de nature à porter atteinte aux intérêts du mandant.

Le juge peut également suspendre les effets du mandat pour le temps d'une mesure de sauvegarde de justice.

Art. 484 Tout intéressé peut saisir le juge des tutelles aux fins de contester la mise en œuvre du mandat ou de voir statuer sur les conditions et modalités de son exécution.

Art. 485 Le juge qui met fin au mandat peut ouvrir une mesure de protection juridique dans les conditions et selon les modalités prévues aux sections 1 à 4 du présent chapitre.

Lorsque la mise en œuvre du mandat ne permet pas, en raison de son champ d'application, de protéger suffisamment les intérêts personnels ou patrimoniaux de la personne, le juge peut ouvrir une mesure de protection juridique complémentaire confiée, le cas échéant, au mandataire de protection future. Il peut aussi autoriser ce dernier ou un mandataire *ad hoc* à accomplir un ou plusieurs actes déterminés non couverts par le mandat.

Le mandataire de protection future et les personnes désignées par le juge sont indépendants et ne sont pas responsables l'un envers l'autre; ils s'informent toutefois des décisions qu'ils prennent.

Art. 486 Le mandataire chargé de l'administration des biens de la personne protégée fait procéder à leur inventaire lors de l'ouverture de la mesure. Il assure son actualisation au cours du mandat afin de maintenir à jour l'état du patrimoine.

Il établit annuellement le compte de sa gestion qui est vérifié selon les modalités définies par le mandat et que le juge peut en tout état de cause faire vérifier selon les modalités prévues à l'article 511.

Art. 487 À l'expiration du mandat et dans les cinq ans qui suivent, le mandataire tient à la disposition de la personne qui est amenée à poursuivre la gestion, de la personne protégée si elle a recouvré ses facultés ou de ses héritiers l'inventaire des biens et les actualisations auxquelles il a donné lieu ainsi que les cinq derniers comptes de gestion et les pièces nécessaires pour continuer celle-ci ou assurer la liquidation de la succession de la personne protégée.

Art. 488 Les actes passés et les engagements contractés par une personne faisant l'objet d'un mandat de protection future mis à exécution, pendant la durée du mandat, peuvent être rescindés pour simple lésion ou réduits en cas d'excès alors même qu'ils pourraient être annulés en vertu de l'article 414-1. Les tribunaux prennent notamment en considération l'utilité ou l'inutilité de l'opération, l'importance ou la consistance du patrimoine de la personne protégée et la bonne ou mauvaise foi de ceux avec qui elle a contracté.

L'action n'appartient qu'à la personne protégée et, après sa mort, à ses héritiers. Elle s'éteint par le délai de cinq ans prévu à l'article 1304.

5102 Code de procédure civile (extraits)

La protection juridique des mineurs et des majeurs

Dispositions relatives aux mesures judiciaires

Art. 1211 Le juge des tutelles territorialement compétent est celui de la résidence habituelle de la personne à protéger ou protégée ou celui du domicile du tuteur.

Art. 1218 La requête aux fins d'ouverture d'une mesure de protection d'un majeur comporte, à peine d'irrecevabilité :

1° Le certificat médical circonstancié prévu à l'article 431 du code civil ;

2° L'identité de la personne à protéger et l'énoncé des faits qui appellent cette protection au regard de l'article 428 du même code.

Art. 1218-1 La requête prévue à l'article 1218 mentionne également les personnes appartenant à l'entourage du majeur à protéger énumérées au premier alinéa de l'article 430 du code civil ainsi que le nom de son médecin traitant, si son existence est connue du requérant. Celui-ci précise, dans la mesure du possible, les éléments concernant la situation familiale, financière et patrimoniale du majeur.

Le greffier avise le procureur de la République de la procédure engagée, sauf lorsque ce dernier est le requérant.

Art. 1219 Le certificat médical circonstancié prévu par l'article 431 du code civil :

1° Décrit avec précision l'altération des facultés du majeur à protéger ou protégé ;

2° Donne au juge tout élément d'information sur l'évolution prévisible de cette altération ;

3° Précise les conséquences de cette altération sur la nécessité d'une assistance ou d'une représentation du majeur dans les actes de la vie civile, tant patrimoniaux qu'à caractère personnel, ainsi que sur l'exercice de son droit de vote.

Le certificat indique si l'audition du majeur est de nature à porter atteinte à sa santé ou si celui-ci est hors d'état d'exprimer sa volonté.

Le certificat est remis par le médecin au requérant sous pli cacheté, à l'attention exclusive du procureur de la République ou du juge des tutelles.

Autorisation et habilitation entre époux

Art. 1286 Les demandes d'autorisation et d'habilitation prévues par la loi, et notamment à l'article 217, au deuxième alinéa de l'article 1426 et aux articles 2405, 2406 et 2446 du code civil, sont formées par requête devant le juge aux affaires familiales.

Les demandes d'autorisation et d'habilitation prévues par les articles 217 et 219 du même code, lorsque le conjoint est hors d'état de manifester sa volonté, sont présentées au juge des tutelles.

5103 Code de l'action sociale et des familles (extraits)

Dispositions communes aux mandataires judiciaires à la protection des majeurs

Art. D. 471-3 Les personnes mentionnées à l'article L. 471-4 doivent avoir suivi avec succès une formation complémentaire attestant des compétences nécessaires à l'exercice des fonctions de mandataire judiciaire.

Pour pouvoir accéder à cette formation, elles doivent être titulaires d'un diplôme ou titre enregistré au niveau III du répertoire national des certifications professionnelles ou, pour les ressortissants d'un autre État membre de la Communauté européenne ou d'un autre État à partie à l'accord sur l'Espace économique européen, d'un titre équivalent ou, le cas échéant, justifier d'une ancienneté d'au moins trois ans dans un emploi exigeant normalement un diplôme ou titre de ce niveau.

Les personnes mentionnées au 2° de l'article L. 471-2 doivent justifier d'une expérience professionnelle d'une durée minimale de trois ans dans un des domaines nécessaires à l'exercice des fonctions de mandataire judiciaire; elles doivent être âgées au minimum de 25 ans.

Les personnes mentionnées au 3° de l'article L. 471-2 doivent justifier d'une expérience professionnelle d'une durée minimale d'un an dans un des domaines nécessaires à l'exercice des fonctions de mandataire judiciaire; elles doivent être âgées au minimum de 21 ans. Elles doivent être inscrites à la formation complémentaire dès la déclaration mentionnée à l'article L. 472-6 et disposent, pour l'achever, d'un délai d'un an à compter de cette déclaration.

Les personnes physiques qui ont reçu délégation d'un service mentionné au 14° du I de l'article L. 312-1 pour assurer la mise en œuvre de la mesure de protection des majeurs doivent être âgées au minimum de 21 ans à leur entrée en fonction. Elles disposent d'un délai maximum de deux ans à compter de leur entrée en fonction au sein du service pour satisfaire aux conditions prévues au premier alinéa du présent article.

La durée et le contenu de la formation complémentaire sont fonction des qualifications des intéressés et de leur expérience professionnelle pertinente.

Art. L. 471-4 Les mandataires judiciaires à la protection des majeurs doivent satisfaire à des conditions de moralité, d'âge, de formation certifiée par l'État et d'expérience professionnelle.

Lorsque le mandat judiciaire à la protection des majeurs a été confié à un service mentionné au 14° du I de l'article L. 312-1, les conditions prévues au premier alinéa sont exigées des personnes physiques appartenant à ce service qui ont reçu délégation de celui-ci pour assurer la mise en œuvre de la mesure. Ce service informe le représentant de l'État dans le département des méthodes de recrutement suivies pour se conformer aux dispositions du présent article et des règles internes qu'il s'est fixées pour le contrôle de ses agents dans l'exercice de leur mission.

Art. D. 471-4 Le certificat national de compétence de mandataire judiciaire atteste que son titulaire a satisfait aux conditions de formation prévues à l'article L. 471-4 et au premier alinéa de l'article D. 471-3.

Il comporte deux mentions permettant l'exercice :

1° D'une part, des mesures de protection des majeurs au titre du mandat spécial auquel il peut être recouru dans le cadre de la sauvegarde de justice ou au titre de la curatelle ou de la tutelle ;

2° D'autre part, de la mesure d'accompagnement judiciaire.

Un arrêté du ministre chargé des affaires sociales, publié au Journal officiel de la République française, précise :

1° L'agencement de la formation complémentaire mentionnée à l'article D. 471-3, le contenu des enseignements théoriques et des stages éventuels ainsi que les dispenses et allégements de formation en fonction des qualifications et de l'expérience professionnelle des intéressés ;

2° Les conditions et les modalités d'entrée en formation, de mise en œuvre et de validation de la formation ainsi que de délivrance du certificat national de compétence de mandataire judiciaire à la protection des majeurs.

Art. L. 471-5 Le coût des mesures exercées par les mandataires judiciaires à la protection des majeurs et ordonnées par l'autorité judiciaire au titre du mandat spécial auquel il peut être recouru dans le cadre de la sauvegarde de justice ou au titre de la curatelle, de la tutelle ou de la mesure d'accompagnement judiciaire est à la charge totale ou partielle de la personne protégée en fonction de ses ressources. Lorsqu'il n'est pas intégralement supporté par la personne protégée, il est pris en charge dans les conditions fixées par les articles L. 361-1, L. 472-3 et L. 472-9.

À titre exceptionnel, le juge peut, après avoir recueilli l'avis du procureur de la République, allouer au mandataire judiciaire à la protection des majeurs, pour l'accomplissement d'un acte ou d'une série d'actes requis par l'exercice de la mesure de protection et impliquant des diligences particulièrement longues ou complexes, une indemnité en complément des sommes perçues au titre du premier alinéa lorsqu'elles s'avèrent manifestement insuffisantes. Cette indemnité est à la charge de la personne et est fixée par le juge en application d'un barème national établi par décret.

Art. L. 471-6 Afin de garantir l'exercice effectif des droits et libertés de la personne protégée, notamment de prévenir tout risque de maltraitance, le mandataire judiciaire à la protection des majeurs remet à la personne protégée ou, dès lors que l'état de cette dernière ne lui permet pas d'en mesurer la portée, à un membre du conseil de famille s'il a été constitué ou, à défaut, à un parent, un allié ou une personne de son entourage dont il connaît l'existence, une notice d'information à laquelle est annexée une charte des droits de la personne protégée.

Art. L. 471-7 Afin de garantir l'exercice effectif des droits mentionnés aux articles L. 311-3 à L. 311-9, lorsque le représentant légal d'un usager d'un établissement mentionné à l'article L. 472-6 est un mandataire judiciaire à la protection des majeurs mentionné au même article :

1° Les documents mentionnés aux trois premiers alinéas de l'article L. 311-4 sont personnellement remis à la personne protégée ou, dès lors que l'état de cette dernière ne lui permet pas d'en mesurer la portée, à un membre du conseil de famille s'il a été constitué ou, à défaut, à un parent, un allié ou une personne de son entourage dont l'existence est connue ;

2° La participation directe de la personne à l'élaboration du document individuel de prise en charge mentionné à l'article L. 311-4 est requise à moins que son état ne lui permette pas d'exprimer une volonté éclairée ;

3° La faculté mentionnée à l'article L. 311-5 est exercée directement par l'intéressé. Lorsque son état ne lui permet pas d'exprimer une volonté éclairée, elle est exercée par un membre du conseil de famille s'il a été constitué ou, à défaut, par un parent, un allié ou une personne de son entourage dont l'existence est connue ;

4° L'association des personnes protégées au fonctionnement du service ou de l'établissement leur est garantie par leur participation directe au conseil de la vie sociale prévu à l'article L. 311-6 ou, lorsque leur état ne le leur permet pas, par d'autres formes de participation prévues par le même article.

Le présent article s'applique lorsque le représentant légal d'un usager d'un établissement ou d'un service social ou médico-social mentionné au I de l'article L. 312-1 est un mandataire judiciaire à la protection des majeurs mentionné au 14° du même I, géré par cet établissement ou ce service ou par le gestionnaire de cet établissement ou de ce service s'il n'est pas doté d'une personnalité morale propre.

Art. L. 471-8 Afin de garantir l'exercice effectif des droits mentionnés aux articles L. 311-3 à L. 311-9, lorsque le mandataire judiciaire à la protection des majeurs est un service mentionné au 14° du I de l'article L. 312-1 :

1° La notice d'information prévue à l'article L. 471-6 et le règlement de fonctionnement prévu à l'article L. 311-7 sont remis dans les conditions définies au 1° de l'article L. 471-7 ;

2° Le 3° de l'article L. 471-7 est applicable ;

3° Pour satisfaire aux dispositions du quatrième alinéa de l'article L. 311-4, il est également remis à la personne, dans les conditions définies au 1° de l'article L. 471-7, un document individuel de protection des majeurs qui définit les objectifs et la nature de la mesure de protection dans le respect des principes déontologiques et éthiques, des recommandations de bonnes pratiques professionnelles et du projet de service. Il détaille la liste et la nature des prestations offertes ainsi que le montant prévisionnel des prélèvements opérés sur les ressources de la personne protégée. Le contenu minimal de ce document est fixé par décret. Copie en est, dans tous les cas, adressée à la personne;

4° Les personnes protégées sont associées au fonctionnement de l'établissement ou du service par leur participation directe au conseil de la vie sociale prévu à l'article L. 311-6 ou, lorsque leur état ne le leur permet pas, par d'autres formes de participation prévues par le même article.

Art. L. 471-9 Les modalités d'application de l'article L. 471-5 ainsi que les adaptations apportées à la mise en œuvre de l'article L. 311-5 par l'article L. 471-7 sont fixées par décret en Conseil d'État.

Activité exercée à titre individuel

Art. L. 472-1 Les personnes physiques qui exercent à titre individuel et habituel les mesures de protection des majeurs ordonnées par l'autorité judiciaire au titre du mandat spécial auquel il peut être recouru dans le cadre de la sauvegarde de justice ou au titre de la curatelle, de la tutelle ou de la mesure d'accompagnement judiciaire font l'objet, préalablement à leur inscription sur la liste prévue à l'article L. 471-2, d'un agrément en qualité de mandataire judiciaire à la protection des majeurs.

L'agrément est délivré par le représentant de l'État dans le département, après vérification que la personne satisfait aux conditions prévues par les articles L. 471-4 et L. 472-2 et avis conforme du procureur de la République.

L'agrément doit s'inscrire dans les objectifs et répondre aux besoins fixés par le schéma régional d'organisation sociale et médico-sociale prévu à l'article L. 312-5.

Tout changement affectant les conditions prévues par les articles L. 471-4 et L. 472-2 ainsi que la nature des mesures que les personnes physiques exercent à titre individuel comme mandataire judiciaire à la protection des majeurs justifie un nouvel agrément dans les conditions prévues aux alinéas précédents.

Art. R. 472-1 La demande d'agrément en qualité de mandataire judiciaire à la protection des majeurs est établie sur un document précisant dans des conditions définies par arrêté du ministre chargé de la famille l'identité du demandeur, sa formation, son expérience, son activité professionnelle, les garanties mentionnées à l'article L. 472-2, l'identité, la formation et l'expérience des personnes qui assurent auprès de lui des fonctions de secrétaire spécialisé, ainsi que la description de ces fonctions. Le cas échéant, la demande indique les agréments déjà obtenus dans d'autres départements.

Elle est accompagnée d'un acte de naissance, d'un extrait de casier judiciaire, d'un justificatif de domicile, d'une attestation d'immatriculation fiscale, du certificat national de compétence mentionné à l'article D. 471-4, de tout document et information permettant au préfet de vérifier l'existence des garanties mentionnées à l'article L. 472-2, des contrats de travail des personnes mentionnées au premier alinéa ainsi que du projet de notice d'information mentionnée à l'article L. 471-6.

Art. L. 472-2 Le bénéficiaire de l'agrément doit justifier de garanties des conséquences pécuniaires de sa responsabilité civile en raison des dommages subis par les personnes qu'il prend en charge.

Art. L. 472-3 Les mandats judiciaires à la protection des majeurs exercés en application de la présente section bénéficient d'un financement fixé dans les conditions prévues aux premier à cinquième alinéas du I de l'article L. 361-1. La rémunération des personnes physiques mandataires judiciaires à la protection des majeurs est déterminée en fonction d'indicateurs liés, en particulier, à la charge de travail résultant de l'exécution des mesures de protection dont elles ont la charge.

Art. L. 472-4 Un décret en Conseil d'État fixe les modalités d'application de la présente section.

Activité exercée en qualité de préposé d'établissement hébergeant des majeurs

Art. L. 472-5 Lorsqu'ils sont publics, les établissements mentionnés aux 6° et 7° du I de l'article L. 312-1 qui hébergent des personnes adultes handicapées ou des personnes âgées et dont la capacité d'accueil est supérieure à un seuil fixé par décret sont tenus de désigner un ou plusieurs agents comme mandataires judiciaires à la protection des majeurs pour exercer les mesures ordonnées par l'autorité judiciaire au titre du mandat spécial auquel il peut être recouru dans le cadre de la sauvegarde de justice ou au titre de la curatelle, de la tutelle ou de la mesure d'accompagnement judiciaire.

Ils peuvent toutefois confier l'exercice de ces mesures à un service mentionné au 14° du I de l'article L. 312-1, géré par eux-mêmes ou par un syndicat interhospitalier, un groupement d'intérêt public, un groupement de coopération sanitaire ou un groupement de coopération sociale ou médico-sociale dont ils sont membres.

Ils peuvent également recourir, par voie de convention, aux prestations d'un autre établissement disposant d'un service mentionné au 14° du I de l'article L. 312-1 ou d'un ou de plusieurs agents mentionnés au premier alinéa du présent article et déclarés auprès du représentant de l'État.

Art. L. 472-6 Un établissement mentionné au 6° ou au 7° du I de l'article L. 312-1 ne peut désigner l'un de ses agents en qualité de mandataire judiciaire à la protection des majeurs que si un exercice indépendant des mesures de protection qui lui sont confiées par le juge peut être assuré de manière effective.

L'agent désigné doit satisfaire aux conditions prévues à l'article L. 471-4.

La désignation opérée en application du premier alinéa est soumise à déclaration préalable auprès du représentant de l'État dans le département. Celui-ci informe sans délai le procureur de la République des déclarations qu'il a reçues.

Les conditions d'application du présent article sont fixées par décret en Conseil d'État.

Art. L. 472-7 Tout changement affectant les conditions prévues par l'article L. 471-4, la nature des mesures exercées ainsi que l'identité des préposés d'établissements d'hébergement désignés comme mandataires judiciaires à la protection des majeurs justifie une nouvelle déclaration dans les conditions prévues à l'article L. 472-6.

Art. L. 472-8 Le représentant de l'État dans le département peut, sur avis conforme du procureur de la République ou à la demande de celui-ci, faire opposition à la déclaration opérée en application du troisième alinéa de l'article L. 472-6 ou de l'article L. 472-7, dans un délai de deux mois à compter de sa réception, s'il apparaît que l'intéressé ne satisfait pas aux conditions prévues à l'article L. 471-4 ou au premier alinéa de l'article L. 472-6. Il en est de même si les conditions d'exercice du mandat ne permettent pas de garantir que le respect de la santé, de la sécurité et du bien-être physique et moral de la personne protégée sera assuré.

Art. L. 472-9 Les mandats judiciaires à la protection des majeurs exercés par les agents désignés par un établissement mentionné au 6° ou au 7° du I de l'article L. 312-1 bénéficient, selon des modalités déterminées par décret en Conseil d'État, d'un financement fixé dans les conditions prévues :

1° Au II de l'article L. 361-1 lorsqu'ils sont mis en œuvre par les préposés des établissements mentionnés au même II ;

2° Au III du même article lorsqu'ils sont mis en œuvre par les préposés des établissements mentionnés au même III.

Dispositions communes aux délégués aux prestations familiales

Art. D. 474-3 Les personnes mentionnées à l'article L. 474-3 doivent avoir suivi avec succès une formation complémentaire attestant des compétences nécessaires à l'exercice des fonctions de délégué aux prestations familiales.

Pour pouvoir accéder à cette formation, elles doivent être titulaires d'un diplôme d'État de travail social enregistré au niveau III du répertoire national des certifications professionnelles ou, pour les ressortissants d'un autre État membre de la Communauté européenne ou d'un autre État partie à l'accord sur l'Espace économique européen, d'un titre de formation équivalent.

Les personnes mentionnées au 2° de l'article L. 474-1 doivent, en outre, être âgées au minimum de 25 ans et justifier d'une expérience professionnelle d'une durée minimale de trois ans dans un des domaines nécessaires à l'exercice des fonctions de délégué aux prestations familiales.

Les personnes physiques qui ont reçu délégation d'un service mentionné au 15° du I de l'article L. 312-1 pour assurer la mise en œuvre de la mesure judiciaire d'aide à la gestion du budget familial doivent, en outre, être âgées au minimum de 21 ans à leur entrée en fonction. Elles disposent d'un délai maximum de deux ans à compter de leur entrée en fonction au sein du service pour satisfaire aux conditions prévues au premier alinéa du présent article.

La durée et le contenu de la formation complémentaire sont fonction des qualifications des intéressés et de leur expérience professionnelle pertinente.

Art. D. 474-4 Le certificat national de compétence de délégué aux prestations familiales atteste que son titulaire a satisfait aux conditions de formation prévues à l'article L. 474-3 et au premier alinéa de l'article D. 474-3.

Un arrêté du ministre chargé des affaires sociales précise :

1° L'agencement de la formation complémentaire mentionnée à l'article D. 474-3, le contenu des enseignements théoriques et des stages éventuels ainsi que les dispenses et allégements de formation en fonction des qualifications et de l'expérience professionnelle des intéressés ;

2° Les conditions et les modalités d'entrée en formation, de mise en œuvre et de validation de la formation ainsi que de délivrance du certificat national de compétence de délégué aux prestations familiales.

5104 Fiche pratique : signer un mandat de protection future

Qui peut signer un mandat de protection future ?

- Toute personne majeure ou mineure émancipée sauf si elle est sous tutelle.

- Les parents ou le dernier vivant des père et mère qui exercent l'autorité parentale sur leur enfant mineur, ou assument la charge matérielle et affective de leur enfant majeur.

Qui peut être désigné en qualité de mandataire ?

- Toute personne physique.

- Une personne morale inscrite sur la liste des mandataires judiciaires à la protection des majeurs.

Comment signer un mandat de protection future ?

- Le mandat peut être sous seing privé, pourvu qu'il soit daté et signé de son auteur, et accepté par le mandataire. Il doit être établi selon un modèle type fixé par décret ou contresigné par un avocat.

- Le mandat peut également être établi par un notaire.

Quels pouvoirs a le mandataire ?

- Si le mandat a été fait sous seing privé, le mandataire dispose du pouvoir d'administrer les biens du majeur, et, si le mandat le prévoit, du pouvoir de le représenter pour les décisions personnelles. Le mandataire ne peut accomplir d'actes de disposition qu'avec l'autorisation du juge des tutelles.

- Si le mandat a été fait devant notaire, son contenu est totalement libre. Le mandant peut confier au mandataire le pouvoir d'accomplir tous les actes, même de disposition, à l'exception des actes à titre gratuit.

Comment se met en œuvre le mandat de protection future ?

- Le mandataire doit se présenter en personne au greffe du tribunal d'instance dans le ressort duquel se trouve la résidence du mandant, accompagné de ce dernier sauf s'il est établi par certificat médical que sa présence n'est pas compatible avec son état de santé.

- Le mandataire doit présenter le mandat, et un certificat médical établi par un médecin spécialiste datant de moins de deux mois établissant que le mandant se trouve dans une situation d'incapacité.

Qui contrôle l'action du mandataire ?

- Si le mandat est sous seing privé, le contrôle est exercé par la personne que le mandant a désignée dans l'acte ;

- Si le mandat est notarié, le mandataire doit adresser des comptes annuels au notaire qui, en cas de difficulté, saisit le juge des tutelles.

Comment contester la mise en œuvre ou l'exécution du mandat ?

- Tout intéressé peut, à tout moment, saisir le juge des tutelles.

5105 Fiche pratique : saisir le juge des tutelles pour demander la protection judiciaire d'un majeur vulnérable (C. pr. civ., art. 1217 à 1219)

Qui peut saisir le juge des tutelles ?

- Le majeur;
- Le conjoint, le partenaire avec lequel le majeur a conclu un Pacs, le concubin, sauf si la vie commune a cessé entre eux;
- Un parent ou un allié;
- Une personne entretenant des liens étroits et stables avec le majeur;
- Le procureur de la République.

Quel juge des tutelles saisir ?

- Le juge des tutelles du lieu de résidence habituelle de la personne à protéger, c'est-à-dire son domicile personnel (même si elle est actuellement hospitalisée ou en résidence) ou le domicile du tuteur.

Comment saisir le juge des tutelles ?

- Par simple requête, adressée par courrier ou remise directement au greffe du tribunal d'instance, portant mention :
- De l'identité de la personne à protéger, ses coordonnées;
- De l'identité de la personne formant la requête, et de ses liens avec le majeur;
- De l'identité des membres de la famille et des personnes proches, en précisant si l'un d'entre eux souhaite exercer la mesure de protection;
- Des raisons de la demande de mise sous protection;
- De la situation financière et personnelle du majeur à protéger;
- Des coordonnées du médecin traitant;
- Des imprimés peuvent être retirés au greffe du tribunal d'instance ou sur le portail « tutelles » du ministère de la Justice.

Quelles pièces doivent être jointes ?

- Obligatoirement, sous peine d'irrecevabilité, un certificat d'un médecin spécialiste inscrit sur une liste établie par le procureur de la République (disponible dans les greffes des tribunaux) attestant que la personne est dans l'impossibilité de pourvoir seule à ses intérêts en raison d'une altération, soit de ses facultés mentales, soit de ses facultés corporelles de nature à empêcher l'expression de sa volonté;
- Les documents montrant la situation financière et patrimoniale de l'intéressé;
- Tout document de nature à expliquer la requête de mise sous protection, sa nécessité, et son urgence éventuelle.

5106 Liste des actes regardés comme actes d'administration ou comme actes de disposition (Décr. n° 2008-1484 du 22 décembre 2008, annexes 1 et 2)

ANNEXE 1

Liste des actes regardés comme actes d'administration ou comme actes de disposition

Actes d'administration	Actes de disposition
I. Actes portant sur les immeubles : * convention de jouissance précaire (C. civ., art. 426, al. 2) * conclusion et renouvellement d'un bail de neuf ans au plus en tant que bailleur (C. civ., art. 595 et 1718) ou preneur * bornage amiable de la propriété de la personne protégée * travaux d'améliorations utiles, aménagements, réparations d'entretien des immeubles de la personne protégée * résiliation du bail d'habitation en tant que bailleur * prêt à usage et autre convention de jouissance ou d'occupation précaire * déclaration d'insaisissabilité des immeubles non professionnels de l'entrepreneur individuel (C. com., art. L. 526-1) * mainlevée d'une inscription d'hypothèque en contrepartie d'un paiement	I. Actes portant sur les immeubles : * disposition des droits relatifs au logement de la personne protégée, par aliénation, résiliation ou conclusion d'un bail (C. civ., art. 426, al. 3) * vente ou apport en société d'un immeuble (C. civ., art. 505, al. 3) * achat par le tuteur des biens de la personne protégée, ou prise à bail ou à ferme de ces biens par le tuteur (C. civ., art. 508, al. 1) * échange (C. civ., art. 1707) * acquisition d'immeuble en emploi ou remploi de sommes d'argent judiciairement prescrit (C. civ., art. 501) * acceptation par le vendeur d'une promesse d'acquisition (C. civ., art. 1589) * acceptation par l'acquéreur d'une promesse de vente (C. civ., art. 1589) * dation * tout acte grave, notamment la conclusion et le renouvellement du bail, relatif aux baux ruraux, commerciaux, industriels, artisanaux, professionnels et mixtes, grosses réparations sur l'immeuble * constitution de droits réels principaux (usufruit, usage, servitude…) et de droits réels accessoires (hypothèques…) et autres sûretés réelles * consentement à une hypothèque (C. civ., art. 2413) * mainlevée d'une inscription d'hypothèque sans contrepartie d'un paiement

Actes d'administration	Actes de disposition
II. Actes portant sur les meubles corporels et incorporels : 1° Sommes d'argent : * ouverture d'un premier compte ou livret au nom ou pour le compte de la personne protégée (C. civ., art. 427, al. 4) * emploi et remploi de sommes d'argent qui ne sont ni des capitaux ni des excédents de revenus (C. civ., art. 468 et 501) * emploi et remploi des sommes d'argent non judiciairement prescrits par le juge des tutelles ou le conseil de famille (C. civ., art. 501) * perception des revenus * réception des capitaux * quittance d'un paiement * demande de délivrance d'une carte bancaire de retrait 2° Instruments financiers : * résiliation d'un contrat de gestion de valeurs mobilières et instruments financiers (C. civ., art. 500, al. 3)	II. Actes portant sur les meubles corporels et incorporels : 1° Sommes d'argent : * modification de tout compte ou livret ouvert au nom de la personne protégée (C. civ., art. 427, al. 1 et 2) * ouverture de tout nouveau compte ou livret au nom ou pour le compte de la personne protégée (C. civ., art. 427, al. 1 et 2) * ouverture de tout compte, y compris d'un compte de gestion du patrimoine, auprès de la Caisse des dépôts et consignations (C. civ., art. 427, al. 3, et art. 501, al. 4) * lorsque la personne protégée a fait l'objet d'une interdiction d'émettre des chèques, fonctionnement de ses comptes sous la signature de la personne chargée de la mesure de protection et disposition par celle-ci de tous les moyens de paiement habituels (C. civ., art. 427, al. 7) * emploi et remploi des capitaux et des excédents de revenus (C. civ., art. 468 et 501) * à compter du 1er février 2009 : contrat de fiducie par une personne sous curatelle (C. civ., art. 468, al. 2) * clôture d'un compte bancaire; * ouverture d'un compte de gestion de patrimoine * demande de délivrance d'une carte bancaire de crédit 2° Instruments financiers (au sens de C. mon. fin., art. L. 211-1) : * conclusion d'un contrat de gestion de valeurs mobilières et instruments financiers (C. civ., art. 500, al. 3) * vente ou apport en société d'instruments financiers non admis à la négociation sur un marché réglementé (C. civ., art. 505, al. 3) * vente d'instruments financiers (C. civ., art. 505, al. 4)

Actes d'administration	Actes de disposition
3° Autres meubles, corporels et incorporels : *louage-prêt-emprunt-vente-échange-dation et acquisition de meubles d'usage courant ou de faible valeur *perception des fruits *location d'un coffre-fort III. Actes relatifs aux groupements dotés de la personnalité morale. IV. Actes relatifs aux groupements dénués de personnalité morale : *en cas d'indivision légale : vente d'un bien indivis pour payer les dettes de l'indivision (C. civ., art. 815-3 [3°]) V. Actes à titre gratuit : *inventaire (C. civ., art. 503) *acceptation d'une succession à concurrence de l'actif net (C. civ., art. 507-1) *acceptation d'un legs universel ou à titre universel à concurrence de l'actif net (C. civ., art. 507-1 et 724-1) *acte de notoriété (C. civ., art. 730-1) *action interrogatoire à l'encontre des héritiers taisants (C. civ., art. 771, al. 2) *mandat aux fins de partage (C. civ., art. 837) *acceptation de legs à titre particulier et de donation non grevés de charge *délivrance de legs *déclaration de succession *attestation de propriété	3° Autres meubles, corporels et incorporels : *aliénation des meubles meublant du logement ou résiliation ou conclusion d'un bail sur ces meubles (C. civ., art. 426, al. 3) *vente ou apport d'un fonds de commerce en société (C. civ., art. 505, al. 3) *louage-prêt-vente-échange-dation de meubles de valeur ou qui constituent, au regard de l'inventaire, une part importante du patrimoine du mineur ou du majeur protégé *vente-échange-dation d'un fonds de commerce *conclusion d'un contrat de location-gérance sur un fonds de commerce III. Actes relatifs aux groupements dotés de la personnalité morale : *candidature aux fonctions de gérant et d'administrateur *copropriété des immeubles bâtis : actes visés aux articles 25 à 28-1, 30, 35 et 38 de la loi n° 65-557 du 10 juillet 1965 IV. Actes relatifs aux groupements dénués de personnalité morale : *communauté conjugale : actes qu'un époux ne peut pas faire seul *indivision conventionnelle : actes que le gérant ou l'un des coïndivisaires ne peut pas faire seul *en cas de démembrement du droit de propriété : vente-échange-dation du droit démembré, actes auxquels les titulaires des droits démembrés doivent consentir conjointement, grosses réparations non urgentes V. Actes à titre gratuit : *donation consentie par une personne protégée majeure (C. civ., art. 470, al. 2 et 476, al. 1er) *partage amiable (C. civ., art. 507) *acceptation pure et simple d'une succession (C. civ., art. 507-1, al. 1er)

Actes d'administration	Actes de disposition
VI. Actions en justice : * toute action en justice relative à un droit patrimonial de la personne sous tutelle (C. civ., art. 504, al. 2) * tout acte de procédure qui n'emporte pas perte du droit d'action VII. Assurances : * conclusion ou renouvellement d'un contrat d'assurance de biens ou de responsabilité civile	* révocation d'une renonciation à une succession ou à un legs universel ou à titre universel (C. civ., art. 507-2) * acceptation pure et simple d'un legs universel ou à titre universel (C. civ., art. 724-1) * révocation d'une renonciation à un legs (C. civ., art. 724-1) * choix par le donataire de rapporter en nature le bien donné (C. civ., art. 859) * renonciation à une succession (C. civ., art. 507-1, al. 2) * renonciation à un legs (C. civ., art. 724-1) * renonciation à une action en réduction des libéralités excessives après le décès du prémourant (C. civ., art. 920) * acceptation de legs à titre particulier et de donations grevés de charges * renonciation à un legs universel grevé de charges * révocation d'une donation entre époux (C. civ., art. 953) * consentement à exécution d'une donation entre époux VI. Actions en justice : * toute action en justice relative à un droit extrapatrimonial de la personne sous tutelle (C. civ., art. 475, al. 2) * toute action en justice relative à un droit patrimonial ou extrapatrimonial de la personne en curatelle (C. civ., art. 468, al. 3) * action par la personne chargée de la protection en nullité, rescision ou réduction, selon le cas, des actes accomplis par la personne protégée (C. civ., art. 465, al. 6) * tout acte de procédure qui n'emporte pas perte du droit d'action VII. Assurances : * demande d'avance sur contrat d'assurance (C. assur., art. L. 132-21)

Actes d'administration	Actes de disposition
VIII. Actes de poursuite et d'exécution : * mesures conservatoires (loi n° 91-650 du 9 juillet 1991, art. 26) * procédures d'exécution mobilière (loi n° 91-650 du 9 juillet 1991, art. 26)	VIII. Actes de poursuite et d'exécution : * saisie immobilière (C. civ., art. 2206, al. 1 et décret n° 2006-236 du 27 juillet 2006, art. 13)
IX. Actes divers : * indivision légale : actes visés par l'article 815-3 (1° et 2°) du code civil (acte d'administration des biens indivis et mandat général d'administration) * tout acte relatif à l'animal domestique de la personne protégée	IX. Actes divers : * transaction et compromis et clauses compromissoires au nom de la personne protégée (C. civ., art. 506) * changement ou modification du régime matrimonial (C. civ., art. 1397) * souscription ou rachat d'un contrat d'assurance-vie et désignation ou substitution du bénéficiaire (C. assur., art. L. 132-4-1 et C. mut., art. L. 223-7-1) * révocation du bénéfice non accepté d'un contrat d'assurance-vie (C. assur., art. L. 132-9 et C. mut., art. L. 223-11) * confirmation de l'acte nul pour insanité d'esprit (C. civ., art. 414-2) * confirmation d'un acte nul pour avoir été accompli par le tuteur ou le curateur seul (C. civ., art. 465, al. 8) * convention d'honoraires proportionnels en toute ou partie à un résultat, indéterminés ou aléatoires

ANNEXE 2

Liste des actes regardés comme des actes d'administration ou de disposition sauf circonstances d'espèce

Actes d'administration	Actes de disposition
I. Actes portant sur les meubles corporels et incorporels : 1° Sommes d'argent : * paiements des dettes y compris par prélèvement sur le capital * octroi de délai raisonnable en vue du recouvrement de créances 2° Instruments financiers (au sens de C. mon. fin., art. L. 211-1) : * actes de gestion d'un portefeuille, y compris les cessions de titres à condition qu'elles soient suivies de leur remplacement * exercice du droit de vote dans les assemblées, sauf ce qui est dit à propos des ordres du jour particuliers * demandes d'attribution, de regroupement ou d'échanges de titres * vente des droits ou des titres formant rompus * souscription à une augmentation de capital, sauf ce qui est dit sur le placement de fonds * conversion d'obligations convertibles en actions admises à la négociation sur un marché réglementé 3° Autres meubles, corporels et incorporels	I. Actes portant sur les meubles corporels et incorporels : 1° Sommes d'argent : * prélèvement sur le capital à l'exclusion du paiement des dettes * emprunt de sommes d'argent * prêt consenti par la personne protégée 2° Instruments financiers (au sens de C. mon. fin., art. L. 211-1) : * cession du portefeuille en pleine propriété ou en nue-propriété * acquisition et cession d'instruments financiers non inclus dans un portefeuille * nantissement et mainlevée du nantissement d'instruments financiers 3° Autres meubles, corporels et incorporels : * cession de fruits * vente-échange-dation de droits incorporels * conclusion d'un contrat d'exploitation d'un droit ou d'un meuble incorporel
II. Actes relatifs aux groupements dotés de la personnalité morale : * engagement de conservation de parts ou d'actions	II. Actes relatifs aux groupements dotés de la personnalité morale : * tout apport en société non visé à l'annexe 1 * détermination du vote sur les ordres du jour suivants : - reprise des apports - modification des statuts - prorogation et dissolution du groupement - fusion - cission - apport partiel d'actifs - agrément d'un associé - augmentation et réduction du capital - changement d'objet social - emprunt et constitution de sûreté

Actes d'administration	Actes de disposition
III. Actes relatifs à la vie professionnelle : *conclusion et rupture d'un contrat de travail en qualité d'employeur *conclusion et rupture d'un contrat de travail en qualité de salarié *adhésion à un contrat d'assurance de groupe en cas de vie dont les prestations sont liées à la cessation d'activité professionnelle ou adhésion à un contrat de prévoyance complémentaire (sauf en matière d'assurance-vie : C. assur., art. L. 132-4-1 et L. 132-9 et C. mut., art. L. 223-7-1 et L. 223-11) *adhésion à un contrat d'assurance afférent au risque décès dans le cadre d'un contrat collectif (C. assur., art. L. 141-5 et C. mut., L. 233-6) IV. Assurances : *acceptation de la clause bénéficiaire d'un contrat d'assurance-vie sans charge V. Actes divers	- vente d'un élément d'actif immobilisé *aggravation des engagements des associés *maintien dans le groupement *cession et nantissement de titres III. Actes relatifs à la vie professionnelle IV. Assurances : *acceptation de la clause bénéficiaire d'un contrat d'assurance-vie avec charges *versement de nouvelles primes sur un contrat d'assurance-vie V. Actes divers : *contrat de crédit

5107 Conditions d'âge, de formation et d'expérience professionnelle devant être satisfaites par les mandataires judiciaires à la protection des majeurs et par les délégués aux prestations familiales (Décr. n° 2008-1508 du 30 déc. 2008)

Art. 3 Les personnes qui exerçaient avant le 1er janvier 2009 la tutelle d'État aux majeurs protégés, la tutelle aux prestations sociales versée aux adultes ou la gérance de tutelle en qualité d'administrateur spécial disposent du délai prévu à l'article 44 de la loi 2007-308 du 5 mars 2007 pour satisfaire aux conditions définies au premier alinéa de l'article D. 471-3 du code de l'action sociale et des familles. Les personnes qui ne remplissent pas les conditions de diplôme prévues au deuxième alinéa de ce même article en sont dispensées sous réserve de justifier d'une expérience professionnelle d'au moins trois ans dans la fonction.

Les personnes qui exerçaient avant le 1er janvier 2009 la mesure judiciaire d'aide à la gestion du budget familial ou la tutelle aux prestations sociales auxquelles donnent droit les enfants disposent du délai prévu au V de l'article 44 de la loi 2007-308 du 5 mars 2007 pour satisfaire aux conditions définies au premier alinéa de l'article D. 474-3 du code de l'action sociale et des familles. Les personnes qui ne remplissent pas les conditions de diplôme prévues au deuxième alinéa de ce même article en sont dispensées sous réserve de justifier d'une expérience professionnelle d'au moins trois ans dans la fonction.

Art. 4 Le présent décret entre en vigueur le 1er janvier 2009.

Art. 5 La ministre de l'intérieur, de l'outre-mer et des collectivités territoriales, le ministre du travail, des relations sociales, de la famille et de la solidarité et la ministre de la santé, de la jeunesse, des sports et de la vie associative sont chargés, chacun en ce qui le concerne, de l'exécution du présent décret, qui sera publié au Journal officiel de la République française.

5108 Notice d'information à remettre au majeur protégé (Décr. n° 2008-1556, 31 déc. 2008, annexe 4-2)

La notice d'information contient obligatoirement les éléments suivants :

I. Une présentation du dispositif de protection juridique des majeurs.

La loi n° 2007-308 du 5 mars 2007 a rénové le dispositif de protection juridique des majeurs.

Toute personne majeure qui ne peut pourvoir seule à ses intérêts peut bénéficier d'une protection juridique, adaptée à son état et à sa situation.

Si une altération des facultés de la personne est médicalement constatée, le juge des tutelles peut décider qu'un régime de représentation (tutelle) ou d'assistance (curatelle) est nécessaire pour protéger les intérêts personnels et patrimoniaux de cette personne vulnérable.

Si une personne met sa santé ou sa sécurité en danger du fait de ses difficultés à gérer ses prestations sociales, une mesure d'accompagnement social personnalisé peut lui être proposée. Si cet accompagnement ne lui permet pas de gérer ses prestations sociales de façon autonome, le juge des tutelles pourra ordonner une mesure d'accompagnement judiciaire en vue de rétablir cette situation.

II. Des éléments d'information relatifs au mandataire judiciaire à la protection des majeurs :

a) La date de l'habilitation du mandataire judiciaire à la protection des majeurs ;

b) Les mesures de protection des majeurs pour lesquelles le mandataire judiciaire à la protection des majeurs a reçu une habilitation et leur définition;

c) Les qualifications du mandataire judiciaire à la protection des majeurs ou, si le mandataire judiciaire est un service, les qualifications de l'ensemble de ses personnels;

d) L'adresse du mandataire judiciaire à la protection des majeurs et, si le mandataire judiciaire à la protection des majeurs est un service, des différents sites qui le composent et notamment du site qui s'occupe de la personne protégée, leurs voies et moyens d'accès;

e) Si le mandataire judiciaire à la protection des majeurs est un service, les noms de son directeur et de son représentant, et le cas échéant du ou des responsables des différentes annexes ou sites concernés, du président du conseil d'administration ou de l'instance délibérante de l'organisme gestionnaire;

f) Si le mandataire judiciaire à la protection des majeurs est un service, son organisation générale et son organigramme, ses coordonnées et ses horaires d'accueil;

g) Les conditions de facturation des mesures de protection des majeurs;

h) Les garanties souscrites en matière d'assurance et de responsabilité civile contractées par le mandataire judiciaire à la protection des majeurs.

III. Des éléments d'information concernant les personnes protégées :

a) La charte des droits et libertés de la personne majeure protégée;

b) Les principaux documents et pièces que la personne transmet pour la mise en place et la révision de la mesure de protection des majeurs;

c) Si le mandataire judiciaire à la protection des majeurs est un service, une présentation des modalités de participation des personnes protégées à l'organisation et au fonctionnement du service ainsi que des modalités de consultation sur le projet de service (groupe d'expression, enquête de satisfaction et autre mode de consultation);

d) Si le mandataire judiciaire à la protection des majeurs n'est pas un service, une présentation des modalités de participation de la personne protégée à l'exercice de sa mesure de protection;

e) Si le mandataire judiciaire à la protection des majeurs est un service, l'élaboration et la remise du document individuel de protection des majeurs;

f) Le traitement des données concernant la personne dans les conditions fixées par la loi du 6 janvier 1978 modifiée relative à l'informatique, aux fichiers et aux libertés et le droit de s'opposer, pour des raisons légitimes, au recueil et au traitement de données nominatives la concernant, dans les conditions fixées par la loi du 6 janvier 1978 précitée;

g) Le respect, lors de la communication des documents, informations et données concernant la personne, des lois et réglementations en vigueur, de l'obligation de confidentialité des informations, des préconisations prévues par la charte des droits et libertés de la personne majeure protégée et des décisions du juge ;

h) Les numéros d'appel des services d'accueil téléphonique spécialisés (écoute maltraitance, maison départementale des personnes handicapées, centre local d'information et de coordination…) ;

i) En cas de réclamation ou de contestation, si le mandataire judiciaire à la protection des majeurs est un service, la liste et les modalités pratiques de saisine des personnes qualifiées mentionnées à l'article L. 311-5 du code de l'action sociale et des familles auxquelles la personne peut faire appel en vue de l'aider à faire valoir ses droits ;

j) Les coordonnées du tribunal qui a ordonné la mesure de protection juridique des majeurs dont bénéficie la personne, ainsi que celles du procureur de la République compétent.

5109 Fiche pratique : devenir mandataire judiciaire à la protection des majeurs (CASF, art. L. 471-4)

Quelles conditions de base ?

- Pour devenir MJPM, il faut tout d'abord remplir certaines conditions de base :

• Avoir au minimum 21 ans ;

• Être titulaire d'un diplôme d'État ou titre classé au niveau III du répertoire national des certifications professionnelles (assimilé à bac + 2) ;

• Ou, à défaut, justifier d'une ancienneté d'au moins trois ans dans un emploi exigeant normalement un diplôme ou un titre de ce niveau.

- Certains professionnels de la tutelle, de l'action sociale, ou fonctionnaires territoriaux ou hospitaliers bénéficient d'une dispense ou de conditions de diplôme différentes.

En quoi consiste la formation ?

- La formation au métier de MJPM, dite « formation complémentaire attestant des compétences nécessaires à l'exercice des fonctions de mandataire judiciaire » varie selon les qualifications et l'expérience professionnelle antérieure du candidat.

- La formation « complète » comporte 300 heures d'enseignements théoriques, et 350 heures (10 semaines consécutives de stage pratique). L'enseignement théorique se décompose en modules, répartis en quatre domaines : formation juridique (droits et procédure, champ médico-social) ; gestion (administrative et budgétaire ; fiscale et patrimoniale) : protection de la personne ; mandataire judiciaire à la protection des majeurs.

- Peuvent demander une dispense ou un allégement de certains modules les personnes qui disposent d'un diplôme ou d'une expérience professionnelle couvrant tout ou partie du champ dudit module.

- Cependant, il existe des modules de base sur lesquels aucune dispense ne peut être demandée (protection de la personne…). La durée minimale de formation obligatoire est de 66 heures.

- Peuvent demander une dispense de stage les personnes qui justifient d'une expérience d'au moins 6 mois dans le cadre d'une activité tutélaire.

- Le dossier de dispense ou d'allégement doit être présenté au directeur de l'établissement de formation qui y fait droit en fonction des justificatifs produits.

- La validation de chacun des modules dont le candidat n'a pas été dispensé est nécessaire pour l'obtention du « certificat national de compétence » nécessaire à l'exercice des fonctions de MJPM.

Comment être autorisé à exercer ?

- L'agrément est délivré par le représentant de l'État dans le département, après vérification des conditions, avis conforme du Procureur de la République, et sous réserve du schéma régional d'organisation sociale ;

- L'agrément donne le droit d'être inscrit sur la liste des MJPM tenue par le Préfet.

- Le MJPM doit justifier avoir souscrit une assurance responsabilité.

- Le MJPM doit prêter serment.

5110 Charte des droits et libertés du majeur protégé, dont la mesure est assurée par un MJPM (décr. n° 2008-1556, 31 déc. 2008, annexe 4-3)

Par la loi du 5 mars 2007 portant réforme de la protection juridique des majeurs, le législateur a souhaité garantir à tout citoyen le droit d'être protégé pour le cas où il ne pourrait plus s'occuper seul de ses intérêts. Cette loi renforce la protection de la personne du majeur concerné et de ses biens.

La protection juridique qui lui est garantie s'exerce en vertu des principes énoncés dans la présente charte.

Art. 1er Respect des libertés individuelles et des droits civiques.

Conformément à l'article 415 du code civil, la mesure de protection juridique est exercée dans le respect des libertés individuelles et des droits fondamentaux et civiques de la personne.

Conformément à l'article L. 5 du code électoral, le droit de vote est garanti à la personne sous réserve des décisions de justice.

Art. 2 Non-discrimination.

Nul ne peut faire l'objet d'une discrimination en raison de son sexe, de l'origine, de sa grossesse, de son apparence physique, de son patronyme, de ses caractéristiques génétiques, de ses mœurs, de son orientation sexuelle, de son handicap, de son âge, de ses opinions et convictions ou croyances, notamment politiques ou religieuses, de ses activités syndicales, de son appartenance ou de sa non-appartenance, vraie ou supposée, à une ethnie, une nation, une race ou une religion déterminée lors de la mise en œuvre d'une mesure de protection.

Art. 3 Respect de la dignité de la personne et de son intégrité.

Le respect de la dignité et de l'intégrité de la personne est garanti. Le droit à l'intimité est préservé.

Il est garanti à la personne la confidentialité de la correspondance privée reçue à son attention par le mandataire judiciaire à la protection des majeurs. Cette correspondance lui est remise. La correspondance administrative reçue à son attention par le mandataire judiciaire à la protection des majeurs est également mise à sa disposition.

Art. 4 Liberté des relations personnelles.

Conformément à l'article 459-2 du code civil, la personne entretient librement des relations personnelles avec les tiers, parents ou non, et a le droit d'être visitée et, le cas échéant, hébergée par ceux-ci, sauf décision contraire du conseil de famille ou du juge en cas de difficulté.

Art. 5 Droit au respect des liens familiaux.

La mesure de protection juridique s'exerce en préservant les liens familiaux et tient compte du rôle de la famille et des proches qui entourent de leurs soins la personne tout en respectant les souhaits de la personne protégée et les décisions du conseil de famille ou du juge.

Art. 6 Droit à l'information.

La personne a droit à une information claire, compréhensible et adaptée sur :

- la procédure de mise sous protection;
- les motifs et le contenu d'une mesure de protection;
- le contenu et les modalités d'exercice de ses droits durant la mise en œuvre de cette procédure ainsi que sur l'organisation et le fonctionnement du mandataire judiciaire à la protection des majeurs, en particulier s'il s'agit d'un service.

La personne est également informée des voies de réclamation et de recours amiables et judiciaires.

Elle a accès aux informations la concernant dans les conditions prévues par la loi et, le cas échéant, selon des modalités fixées par le juge.

Art. 7 Droit à l'autonomie.

Conformément à l'article 458 du code civil, « sous réserve des dispositions particulières prévues par la loi, l'accomplissement par la personne des actes dont la nature implique un consentement strictement personnel ne peut jamais donner lieu à assistance ou représentation ». Conformément à l'article 459 du code civil, « dans les autres cas, la personne protégée prend seule les décisions relatives à sa personne dans la mesure où son état le permet ».

Conformément à l'article 459-2 du code civil, la personne a la possibilité de choisir son lieu de résidence, sauf décision contraire du conseil de famille ou du juge.

Art. 8 Droit à la protection du logement et des objets personnels.

Conformément à l'article 426 du code civil, « le logement de la personne et les meubles dont il est garni, qu'il s'agisse d'une résidence principale ou secondaire, sont conservés à la disposition de celle-ci aussi longtemps qu'il est possible. Les objets à caractère personnel indispensables à la personne handicapée ou destinés* aux soins de la personne malade sont gardés à sa disposition, le cas échéant par l'établissement dans lequel elle est hébergée. »

Art. 9 Consentement éclairé et participation de la personne.

Dans le respect des dispositions légales et réglementaires ainsi que des décisions du conseil de famille ou du juge :

- le consentement éclairé de la personne est recherché en l'informant, par tous les moyens adaptés à sa situation et en veillant à sa compréhension, des conditions d'exercice et des conséquences de la mesure de protection juridique;
- le droit de participer à la conception et à la mise en œuvre du projet individuel de protection est garanti.

Art. 10 Droit à une intervention personnalisée.

Dans le cadre de la mise en œuvre de la mesure de protection, la personne bénéficie d'une intervention individualisée de qualité favorisant son autonomie et son insertion. La situation de la personne fait l'objet d'une évaluation régulière afin d'adapter le plus possible l'intervention à ses besoins.

Les conséquences affectives et sociales qui peuvent résulter de la mise en œuvre de la mesure de protection sont prises en considération.

Art. 11 Droit à l'accès aux soins.

Il est garanti à la personne l'accès à des soins adaptés à son état de santé.

Art. 12 Protection des biens dans l'intérêt exclusif de la personne.

La protection des biens est exercée en fonction de la situation ou de l'état de la personne et, conformément à l'article 496 du code civil, dans son seul intérêt.

Conformément au même article du code civil, les actes relatifs à la protection des biens de la personne font l'objet de soins prudents, diligents et avisés.

Sauf volonté contraire exprimée par la personne protégée, les comptes ou les livrets ouverts à son nom, et sous réserve des dispositions légales et réglementaires ainsi que des décisions du conseil de famille ou du juge, sont maintenus ouverts.

Conformément à l'article 427 du code civil, les opérations bancaires d'encaissement, de paiement et de gestion patrimoniale, effectuées au nom et pour le compte de la personne, sont réalisées exclusivement au moyen des comptes ouverts à son nom, sous réserve des dispositions légales et réglementaires, notamment celles relatives à la comptabilité publique. Les fruits, produits et plus-values générés par les fonds et les valeurs appartenant à la personne lui reviennent exclusivement.

Art. 13 Confidentialité des informations.

Il est garanti à la personne et à sa famille le respect de la confidentialité des informations les concernant dans le cadre des lois existantes et sous réserve des décisions du juge.

5111 Annexe : liste des prestations sociales concernées par les mesures d'accompagnement social personnalisé (CASF, art. D. 271-2)

Les prestations sociales mentionnées aux articles L. 271-1 et L. 271-5 sont :

1° L'aide personnalisée au logement mentionnée à l'article L. 351-1 du code de la construction et de l'habitation, dès lors qu'elle n'est pas versée en tiers payant selon les modalités prévues à l'article R. 351-27 ;

2° L'allocation de logement sociale mentionnée à l'article L. 831-1 du code de la sécurité sociale, dès lors qu'elle n'est pas versée en tiers payant ;

3° L'allocation personnalisée d'autonomie mentionnée à l'article L. 232-1 du présent code, dès lors qu'elle n'est pas versée directement aux établissements et services mentionnés à l'article L. 232-15 selon les conditions prévues au même article ;

4° L'allocation de solidarité aux personnes âgées mentionnée à l'article L. 815-1 du code de la sécurité sociale ;

5° L'allocation aux vieux travailleurs salariés mentionnée à l'article 2 de l'ordonnance n° 2004-605 du 24 juin 2004 simplifiant le minimum vieillesse ;

6° L'allocation aux vieux travailleurs non salariés mentionnée au même article ;

7° L'allocation aux mères de famille mentionnée au même article ;

8° L'allocation spéciale vieillesse prévue à l'article L. 814-1 du code de la sécurité sociale et sa majoration prévue à l'article L. 814-2 du même code dans leur rédaction antérieure à l'entrée en vigueur de la même ordonnance ;

9° L'allocation viagère dont peuvent bénéficier les rapatriés en vertu de la loi du 2 juillet 1963 visée ci-dessus et mentionnée à l'article 2 de la même ordonnance ;

10° L'allocation de vieillesse agricole mentionnée à l'article 2 de la même ordonnance ;

11° L'allocation supplémentaire mentionnée à l'article L. 815-2 du code de la sécurité sociale, dans sa rédaction antérieure à l'entrée en vigueur de la même ordonnance ;

12° L'allocation supplémentaire d'invalidité mentionnée à l'article L. 815-24 du code de la sécurité sociale ;

13° L'allocation aux adultes handicapés mentionnée à l'article L. 821-1 du même code, le complément de ressources mentionné à l'article L. 821-1-1 du même code et la majoration pour la vie autonome mentionnée à l'article L. 821-1-2 du même code ;

14° L'allocation compensatrice mentionnée à l'article 95 de la loi n° 2005-102 du 11 février 2005 pour l'égalité des droits et des chances, la participation et la citoyenneté des personnes handicapées ;

15° La prestation de compensation du handicap mentionnée aux I et II de l'article L. 245-1 du présent code, sauf si elle est versée dans les conditions prévues à l'article L. 245-11 ;

16° L'allocation de revenu minimum d'insertion mentionné à l'article L. 262-1 et la prime forfaitaire mentionnée à l'article L. 262-11, dès lors qu'ils ne sont pas reversés par un organisme mentionné à l'article R. 262-50, ou le revenu de solidarité active mis en œuvre pour les bénéficiaires de ces allocations en application de l'article 19 de la loi n° 2007-1223 du 21 août 2007 en faveur du travail, de l'emploi et du pouvoir d'achat ;

17° L'allocation de parent isolé mentionnée à l'article L. 511-1 du code de la sécurité sociale et la prime forfaitaire instituée par l'article L. 524-5 du même code ou le revenu de solidarité active mis en œuvre pour les bénéficiaires de ces allocations en application de l'article 20 de la loi n° 2007-1223 du 21 août 2007 en faveur du travail, de l'emploi et du pouvoir d'achat ;

18° La prestation d'accueil du jeune enfant mentionnée à l'article L. 511-1 du code de la sécurité sociale ;

19° Les allocations familiales mentionnées au même article ;

20° Le complément familial mentionné au même article ;

21° L'allocation de logement mentionnée au même article, dès lors qu'elle n'est pas versée en tiers payant au bailleur ;

22° L'allocation d'éducation de l'enfant handicapé mentionnée au même article ;

23° L'allocation de soutien familial mentionnée au même article ;

24° L'allocation de rentrée scolaire mentionnée au même article ;

25° L'allocation journalière de présence parentale mentionnée au même article ;

26° La rente versée aux orphelins en cas d'accident du travail mentionnée à l'article L. 434-10 du code de la sécurité sociale ;

27° L'allocation représentative de services ménagers mentionnée aux articles L. 231-1 et L. 241-1 du présent code ;

28° L'allocation différentielle mentionnée à l'article L. 241-2 du présent code ;

29° La prestation de compensation du handicap mentionnée au III de l'article L. 245-1 du présent code.

5200 Glossaire

ABSENCE Disparition d'une personne sans laisser d'adresse. Une procédure de présomption d'absence peut être déclenchée devant le juge des tutelles pour représenter l'absent jusqu'à ce qu'il réapparaisse ou que l'on ait des nouvelles. Au préalable, il est recommandé de demander une « recherche dans l'intérêt des familles » à la gendarmerie ou à la police.

ACTE D'ADMINISTRATION Acte courant fait sur un patrimoine, dans le cadre d'une gestion normale : paiement des factures courantes, encaissement des revenus, petits achats. Un décret fixe la liste des actes qui doivent être considérés comme actes d'administration en matière de tutelle et curatelle.

ACTE CONSERVATOIRE Acte fait sur un patrimoine, uniquement pour l'entretenir : paiement des factures urgentes, commande de travaux indispensables à l'entretien d'un immeuble...

ACTE DE DISPOSITION Acte important fait sur un patrimoine, qui en change la consistance : vente, dépense importante, changement de comptes, fermeture ou ouverture d'un placement... Un décret fixe la liste des actes qui doivent être considérés comme actes de disposition en matière de tutelle et curatelle.

ACTE NOTARIÉ Acte juridique signé devant le notaire. Lorsqu'il est rédigé par le notaire, il est également appelé « acte authentique ».

ACTE SOUS SEING PRIVÉ Acte rédigé sur papier libre, sans la présence d'un professionnel. Attention, ce type d'acte peut nécessiter, pour être valable, le respect de certaines formalités (voir par exemple le testament ou le mandat de protection future). Il doit au minimum toujours être daté et signé de la main de son auteur.

ADMINISTRATION LÉGALE C'est le pouvoir d'administrer les biens d'autrui, dans un cadre défini par la loi. Ce terme vise notamment les parents d'un enfant mineur qui peuvent, s'ils exercent ensemble l'administration légale, être « administrateurs légaux purs et simples », ou si l'un d'entre eux seulement exerce l'administration, être « administrateur sous contrôle judiciaire », ce qui signifie qu'il devra demander l'autorisation du juge des tutelles pour les actes de disposition (voir ce mot) et le tenir informé de la gestion du patrimoine de l'enfant.

ADMINISTRATEUR *AD HOC* Personne nommée, dans le cadre d'un acte ou d'une série d'actes ponctuels, pour représenter une autre personne en remplacement de son représentant habituel. Un administrateur *ad hoc* est par exemple systématiquement désigné lorsque le tuteur a un intérêt personnel, à quelque titre que ce soit, dans un acte qui doit être effectué pour le majeur sous protection.

Il existe aussi des curateurs *ad hoc*.

AIDE JURIDICTIONNELLE Possibilité dans le cadre d'une procédure judiciaire de demander l'assistance d'un avocat dont les honoraires seront pris en charge, totalement ou partiellement, par l'État. L'admission à l'aide juridictionnelle est subordonnée à des revenus limités à un certain plafond. Le dossier doit être déposé, le plus rapidement possible, devant le bureau d'aide juridictionnelle du tribunal de grande instance du domicile.

ALLIÉS Personnes d'une même famille unies par un lien d'alliance.

ASSISTANCE En matière de protection des majeurs, le régime d'assistance consiste à aider une personne qui ne peut accomplir seule tous les actes ou les démarches, mais sans la remplacer; La curatelle en est un.

AUDITION PAR LE JUGE DES TUTELLES Entretien avec le Juge des tutelles, dont la teneur sera consignée par le greffier dans un procès-verbal d'audition. Ce procès-verbal n'est consultable que par le majeur protégé et son conseil. L'entretien a lieu généralement dans le cabinet du juge des tutelles, mais le juge des tutelles peut se déplacer à domicile ou dans l'établissement de soins.

AUTORISATION DU JUGE DES TUTELLES Autorisation qui doit être demandée par le tuteur, et plus rarement par le curateur, pour faire certains actes importants. L'autorisation, ou le refus d'autorisation, fait l'objet d'une ordonnance du juge des tutelles, c'est-à-dire d'une décision officielle sur laquelle il est toujours possible de former un recours.

AUTORITÉ PARENTALE Ensemble de droits et de devoirs des parents envers leurs enfants mineurs. L'autorité parentale est conjointe lorsqu'elle est exercée par les deux parents, qu'ils soient unis ou séparés. Elle est unilatérale lorsqu'elle n'est exercée que par un seul des parents.

CADUCITÉ La caducité met fin à un régime ou à une décision du seul fait de l'expiration d'un délai. Ainsi, la procédure d'ouverture d'une mesure de protection tombe d'elle-même, au bout d'un an, si aucune décision n'a été prise dans ce délai. De même, les décisions de curatelle ou tutelle sont caduques si elles ne font pas l'objet d'une procédure de renouvellement dans les délais prévus par le jugement.

CERTIFICAT DE NON-RECOURS Certificat attestant qu'aucun recours n'a été introduit contre la décision qui a été rendue. Ce certificat permet de mettre à exécution la décision. Il est délivré par le greffe du juge qui a rendu la décision.

CHAMBRE DU CONSEIL Salle, non publique, du tribunal, où sont examinées les affaires concernant l'état des personnes ; par opposition à l'audience publique, à laquelle toute personne peut assister.

COMPTE DE GESTION Compte que doit rendre le tuteur ou le curateur, qu'il soit professionnel ou familial, au greffier en chef du juge des tutelles afin qu'il soit vérifié qu'ils ont accompli correctement leur mission. Les comptes de gestion doit être envoyé une fois par an, soit à la date anniversaire de la mesure, soit à la fin de chaque année civile.

CURATELLE Mesure juridique d'aide et d'assistance au profit d'une personne qui, sans être incapable de s'occuper de ses affaires, ne peut y arriver seule.

GREFFE Ensemble des personnes qui travaillent avec le Juge des tutelles au sein du tribunal. Les greffiers ont des attributions qui leur sont propres : le greffier en chef est le seul à pouvoir contrôler les comptes de gestion, les greffiers attestent de la véracité de ce qu'ils ont entendu au cours des auditions ou des audiences.

HABILITATION (ENTRE ÉPOUX) Dispositions permettant à l'un des époux de représenter l'autre, s'il en est empêché ou incapable, dans le cadre d'un ou plusieurs actes à effectuer dans l'intérêt du ménage, prévues par le code civil.

INCAPABLE MAJEUR Ancienne appellation, dans la loi, du majeur faisant l'objet d'une mesure de protection. Cette dénomination n'est plus employée aujourd'hui.

INSTRUCTION (D'UN DOSSIER) recueil par le juge de tous éléments utiles pour lui permettre de prendre sa décision.

INVENTAIRE énumération et évaluation écrite des biens d'une personne (immeubles, meubles, avoirs financiers…). L'inventaire est obligatoire à l'ouverture de tout régime de protection.

JUGE DES AFFAIRES FAMILIALES Juge du tribunal de grande instance, délégué par le président aux affaires de la famille.

JUGE DES AFFAIRES FAMILIALES (JLD) Magistrat du siège du tribunal de grande instance possédant des attributions en matière d'atteinte à la liberté individuelle; fonction créée par la loi du 15 juin 2000.

JUGE DES TUTELLES Le juge des tutelles, qui siège au sein du tribunal d'instance, est notamment compétent pour la tutelle des majeurs, pour les situations d'absence, et pour les habilitations entre époux.

JUGEMENT Décision officielle du juge concernant la mise en place, la levée, ou le refus de mise en place d'une mesure de protection. Le jugement, notifié à toutes les parties intéressées, est susceptible de recours.

MAINLEVÉE Décision officielle du juge mettant fin à une mesure de protection.

MAJEUR PROTÉGÉ Majeur faisant l'objet d'une mesure de protection légale.

MANDAT DE PROTECTION FUTURE Acte par lequel une personne donne à l'avance à une autre personne le pouvoir de la représenter dans la gestion de ses affaires et/ou des décisions touchant à sa personne pour le cas où elle ne serait plus apte à le faire elle-même. Le mandat peut être donné sous forme notariée ou par acte sous seing privé. Il est soumis à diverses formalités, et ne prend effet que lorsque celui qui l'a donné est dans une situation qui nécessiterait l'ouverture d'une mesure de protection.

MANDAT SPÉCIAL Mandat confié par ordonnance par le juge des tutelles, pendant une période provisoire, dite sauvegarde de justice, d'effectuer pour le compte d'un majeur un ou plusieurs actes déterminés à charge d'en rendre compte.

MANDATAIRE À LA PROTECTION DES MAJEURS Profession regroupant toutes les personnes qui s'occupent, à titre professionnel, de majeurs sous protection, créée par la loi du 5 mars 2007. Qu'ils exercent individuellement, ou au sein d'une association ou d'un établissement de soins, ce mandataire doit, pour être habilité à s'occuper des mesures de tutelle, curatelle, ou encore accompagnement social ou judiciaire, avoir validé une période de formation spécifique, et avoir reçu un agrément du préfet sur avis conforme du procureur de la République. Il rend compte au juge des tutelles de l'exercice de chacune des mesures qui lui est confiée, et fait l'objet d'un contrôle du procureur et du préfet.

MINEUR Personne âgée de moins de 18 ans.

MINEUR ÉMANCIPÉ Mineur, âgé de 16 à 18 ans, ayant fait l'objet d'une décision du juge des tutelles lui donnant capacité d'agir comme un majeur, mais uniquement pour les actes civils. Il ne peut pas voter, par exemple.

MÉDECIN SPÉCIALISTE OU MÉDECIN AGRÉÉ Médecin inscrit sur une liste spéciale établie par le procureur de la République, habilité à rédiger des certificats en matière de protection des majeurs. La liste des médecins spécialistes peut être obtenue après des greffes des tribunaux d'instance ou du procureur de la République.

MESURE D'ACCOMPAGNEMENT SOCIAL Mesure permettant à une personne ayant des difficultés à gérer ses affaires mais pas d'altération de ses facultés mentales ou physiques d'être aidée par les services du conseil général pendant une certaine période. Cette mesure, créée par la loi du 5 mars 2007, est effective depuis le 1er janvier 2009.

MINUTE Original d'une décision de justice (jugement, ordonnance) conservé par le greffe.

NOTIFICATION Le fait de porter une décision ou un acte à la connaissance de quelqu'un. En matière de protection des majeurs, les jugements et ordonnances sont notifiés aux intéressés par le greffe du tribunal d'instance, soit par remise en mains propres, soit par lettre recommandée avec accusé de réception. Lorsque l'acte est remis par un huissier de justice, la notification prend comme nom « signification ».

PACTE CIVIL DE SOLIDARITÉ (PACS) Accord conclu entre deux personnes, de sexe différent ou du même sexe, pour organiser leur vie commune. Le pacte est préparé par les partenaires et signé devant le greffier en chef du tribunal d'instance.

PATRIMOINE Ensemble des biens et obligations d'une personne comprenant l'actif et le passif.

PROCURATION Pouvoir donné à une autre personne d'agir en son nom.

PROCUREUR DE LA RÉPUBLIQUE Chef du ministère public (Parquet), représentant des intérêts de la société. Il est au tribunal de grande instance.

RÉGIME MATRIMONIAL Ensemble de règles destinées à faciliter la gestion de leurs biens par un couple marié, et prévoyant la répartition des biens entre les époux selon leur origine (acquis, donné, reçus par succession) et leur date d'entrée dans le patrimoine (avant ou pendant le mariage). Si aucun choix particulier n'a été fait chez le notaire, c'est le régime légal de la communauté des biens réduite aux acquêts qui s'applique ; sont communs aux deux époux tous les biens acquis pendant le mariage par l'un ou l'autre des époux, mais seulement ces biens-là.

RÉPERTOIRE CIVIL Registre tenu au greffe du tribunal de grande instance mentionnant l'éventuelle mesure de protection qui a pu être prononcée et sa mainlevée. La publicité de l'existence de cette mesure de protection se fait par la mention, en marge de l'acte de naissance, du numéro de répertoire civil. Le mandat de protection future n'est pas mentionné au répertoire civil.

REQUÊTE Demande officielle formée en Justice. Alors que la saisine de la Justice, très souvent, nécessite un acte d'huissier dit assignation, en matière de protection des majeurs, une simple requête, c'est-à-dire une demande formulée sur papier libre et remise ou envoyée par lettre recommandée au tribunal suffit. La requête nécessite cependant un certain nombre d'indications qui dépendent des situations, et doit être signée et datée de la main de la personne qui en est à l'origine. Elle doit être accompagnée des pièces justificatives.

SAUVEGARDE DE JUSTICE Période « suspecte » au cours de laquelle l'acte accompli par une personne est susceptible d'être annulé s'il est contraire à ses intérêts. La sauvegarde de justice peut être décidée soit par le procureur de la République soit par le juge des tutelles. Elle dure au maximum un an.

RECEVABILITÉ (CONDITIONS DE) Conditions de forme ou de fond auxquelles est soumis le dépôt d'un dossier pour qu'il puisse être pris en compte par le juge.

RECOURS Contestation d'une décision de justice devant une juridiction supérieure.

REPRÉSENTATION La représentation consiste, pour celui qui en est chargé, à accomplir pour le compte et au nom d'une autre personne tous les actes que celle-ci n'est plus en mesure de faire. La représentation ne nécessite donc pas l'accord du majeur à l'acte qui doit être effectué. La tutelle est un régime de représentation. Il peut aussi y avoir un système de représentation entre époux.

SUBROGÉ-TUTEUR OU SUBROGÉ-CURATEUR Personne désignée, dans le cadre d'une mesure de tutelle ou curatelle, pour assister le tuteur ou curateur, vérifier ses actes et sa gestion, et le remplacer en cas de nécessité.

TESTAMENT Acte par lequel une personne décide à l'avance de la répartition de ses biens après sa mort. Le testament ne peut concerner que la *quotité disponible*, c'est-à-dire la partie du patrimoine qui n'est pas réservée par la loi à certains héritiers notamment les enfants.

TRIBUNAL D'INSTANCE Tribunal au sein duquel exerce le juge des tutelles. Le tribunal d'instance est également compétent dans un certain nombre de domaines, notamment certains litiges en matière civile (baux d'habitation, crédits…). En raison la réforme très de la carte judiciaire, la moitié des tribunaux d'instance, de taille modeste, ont disparus au 1er janvier 2010, ce qui a pu causer des difficultés.

TUTELLE Régime de représentation d'une personne qui ne peut plus du tout s'occuper de ses affaires.

5300 Liste des exemples

5400 Formulaires Cerfa

5401 Mandat de protection future (Cerfa n° 13592*02)

Liberté • Égalité • Fraternité
RÉPUBLIQUE FRANÇAISE

MINISTÈRE DE LA JUSTICE

cerfa

N° 13592*02

LE MANDAT DE PROTECTION FUTURE NE PEUT PRENDRE EFFET QUE LORSQU'IL EST ETABLI QUE LE MANDANT NE PEUT PLUS POURVOIR SEUL A SES INTERETS

Mandat de protection future

(Articles 477 à 488 et 492 à 494 du code civil)

IDENTITE DU MANDANT :

Madame ☐ Mademoiselle ☐ Monsieur ☐

Mon nom de famille (de naissance): ____________________

Mon nom d'usage (ex : nom marital) : ____________________

Mes prénoms (dans l'ordre de l'état civil): ____________________

Ma date de naissance: |__|__|__|__|__|__|__|__|

Mon lieu de naissance :

Code postal : |__|__|__|__|__| Commune : ____________________

Pays : ____________________

La date du jugement de mon émancipation (le cas échéant) : ____________________

Mon adresse : ____________________

Code postal : |__|__|__|__|__| Commune : ____________________

Pays : ____________________

JE DECLARE NE PAS BENEFICIER, A CE JOUR, D'UNE MESURE DE TUTELLE (recopiez cette phrase de votre main) ____________________

____

Je sais que je peux choisir de protéger ma personne, mon patrimoine ou les deux à la fois.

VOUS DEVEZ SIGNER TOUTES LES PAGES

1

1 - <u>JE FAIS LE CHOIX D'UNE PROTECTION DE MA PERSONNE</u>

Je désigne comme mandataire chargé de la protection de ma personne :

(Si vous choisissez une personne morale allez directement au § A. Bis)

A- Identité du mandataire s'il s'agit d'une personne physique

Un parent ☐ un proche ☐ un mandataire judiciaire à la protection des majeurs (M.J.P.M) ☐

Madame ☐ Mademoiselle ☐ Monsieur ☐

Son nom de famille : ______________________________

Son nom d'usage (ex : nom marital) : ______________________________

Ses prénoms (dans l'ordre de l'état civil) :______________________________

Lien de parenté (le cas échéant) : ______________________________

Sa date de naissance : I__I__I__I__I__I__I__I__I Son lieu de naissance :

Code postal : I__I__I__I__I__I Commune : ______________________________

Pays: ______________________________

Son adresse : ______________________________

Code postal : I__I__I__I__I__I Commune : ______________________________

Pays : ______________________________

A.bis - Identité du mandataire s'il s'agit d'une personne morale

Dénomination : ______________________________

Forme juridique : ______________________________

Représentée par :______________________________

Adresse du siège social :______________________________

Code postal I__I__I__I__I__I Commune ______________________________

Pays: ______________________________

2

VOUS DEVEZ SIGNER TOUTES LES PAGES

B- *Définition des pouvoirs du ou des mandataire(s) chargé(s) de la protection de ma personne*

Mon mandataire veillera sur ma personne selon les modalités fixées aux articles 457-1 à 459-2 du code civil, dont j'ai pris connaissance, et qui recevront obligatoirement application, sans dérogation possible :

Article 457-1 : La personne protégée reçoit de la personne chargée de sa protection, selon des modalités adaptées à son état et sans préjudice des informations que les tiers sont tenus de lui dispenser en vertu de la loi, toutes informations sur sa situation personnelle, les actes concernés, leur utilité, leur degré d'urgence, leurs effets et les conséquences d'un refus de sa part.

Article 458 : Sous réserve des dispositions particulières prévues par la loi, l'accomplissement des actes dont la nature implique un consentement strictement personnel ne peut jamais donner lieu à assistance ou représentation de la personne protégée. Sont réputés strictement personnels la déclaration de naissance d'un enfant, sa reconnaissance, les actes de l'autorité parentale relatifs à la personne d'un enfant, la déclaration du choix ou du changement du nom d'un enfant et le consentement donné à sa propre adoption ou à celle de son enfant.

Article 459 : Hors les cas prévus à l'article 458, la personne protégée prend seule les décisions relatives à sa personne dans la mesure où son état le permet.

Lorsque l'état de la personne protégée ne lui permet pas de prendre seule une décision personnelle éclairée, le juge ou le conseil de famille s'il a été constitué peut prévoir qu'elle bénéficiera, pour l'ensemble des actes relatifs à sa personne ou ceux d'entre eux qu'il énumère, de l'assistance de la personne chargée de sa protection. Au cas où cette assistance ne suffirait pas, il peut, le cas échéant après l'ouverture d'une mesure de tutelle, autoriser le tuteur à représenter l'intéressé.

Toutefois, sauf urgence, la personne chargée de la protection du majeur ne peut, sans l'autorisation du juge ou du conseil de famille s'il a été constitué, prendre une décision ayant pour effet de porter gravement atteinte à l'intégrité corporelle de la personne protégée ou à l'intimité de sa vie privée.
La personne chargée de la protection du majeur peut prendre à l'égard de celui-ci les mesures de protection strictement nécessaires pour mettre fin au danger que son propre comportement ferait courir à l'intéressé. Elle en informe sans délai le juge ou le conseil de famille s'il a été constitué.

Article 459-1 : L'application de la présente sous-section ne peut avoir pour effet de déroger aux dispositions particulières prévues par le code de la santé publique et le code de l'action sociale et des familles prévoyant l'intervention d'un représentant légal.

Toutefois, lorsque la mesure a été confiée à une personne ou un service préposé d'un établissement de santé ou d'un établissement social ou médico-social dans les conditions prévues à l'article 451, et que cette personne ou ce service doit soit prendre une décision nécessitant l'autorisation du juge ou du conseil de famille en application du troisième alinéa de l'article 459, soit accomplir au bénéfice de la personne protégée une diligence ou un acte pour lequel le code de la santé publique prévoit l'intervention du juge, ce dernier peut décider, s'il estime qu'il existe un conflit d'intérêts, d'en confier la charge au subrogé curateur ou au subrogé tuteur, s'il a été nommé, et à défaut à un curateur ou à un tuteur ad hoc.

Article 459-2 : La personne protégée choisit le lieu de sa résidence.

Elle entretient librement des relations personnelles avec tout tiers, parent ou non. Elle a le droit d'être visitée et, le cas échéant, hébergée par ceux-ci.

En cas de difficulté, le juge ou le conseil de famille s'il a été constitué statue.

VOUS DEVEZ SIGNER TOUTES LES PAGES

C- Définition des pouvoirs de mon mandataire pour ce qui concerne ma santé et ma prise en charge sociale ou médico-sociale

(Cochez la ou les options choisies **et recopiez-la de votre main***)*

☐ **Option 1 :** Mon mandataire exercera les missions que le code de la santé publique et le code de l'action sociale et des familles confient au « **représentant de la personne en tutelle** ». *(Voir notice jointe)*

____
____
____
____
____

☐ **Option 2 :** Mon mandataire exercera les missions que le code de la santé publique et le code de l'action sociale et des familles confient à la « **personne de confiance** ». *(Voir notice jointe)*

____
____
____
____
____

☐ **Option 3 :** Mon mandataire n'exercera aucune des missions prévues par le code de la santé publique et le code de l'action sociale et des familles.

D- J'ajoute les précisions complémentaires suivantes que je juge utiles, sur les conditions de protection de ma personne :

(Voir exemples en notice jointe)

____
____
____
____
____
____
____
____

2 - JE FAIS LE CHOIX D'UNE PROTECTION DE MON PATRIMOINE

SI VOUS AVEZ DESIGNE UN MANDATAIRE POUR LA PROTECTION DE VOTRE PERSONNE, VOUS POUVEZ CHOISIR LE MEME MANDATAIRE POUR LA PROTECTION DE VOTRE PATRIMOINE.

Je désigne comme mandataire chargé de la protection de mon patrimoine :

A- Identité du mandataire s'il s'agit d'une personne physique :

Un parent ☐ un proche ☐ un mandataire judiciaire à la protection des majeurs (M.J.P.M) ☐

Madame ☐ Mademoiselle ☐ Monsieur ☐

Son nom de famille :___

Son nom d'usage (ex : nom marital) : ___

Ses prénoms (dans l'ordre de l'état civil) : ___

Lien de parenté (le cas échéant) : ___

Sa date de naissance I_I_I_I_I_I_I_I_I Son lieu de naissance :

Code postal : I_I_I_I_I_I Commune : ___

Pays : ___

Son adresse : ___

Code postal : I_I_I_I_I_I Commune : ___

Pays : ___

A.bis - Identité du mandataire s'il s'agit d'une personne morale

Dénomination : ___

Forme juridique : ___

Représentée par : ___

Adresse du siège social : ___

Code postal I_I_I_I_I_I Commune ___

Pays: ___

B- *Définition des pouvoirs de mon mandataire chargé de la protection de mon patrimoine*

(Cochez l'option choisie et recopiez-la de votre main):

☐ **Option 1 :** Mon mandataire veillera à mes intérêts patrimoniaux et me représentera pour l'administration de **l'ensemble de mon patrimoine** :

____
____
____
____

☐ **Option 2 :** Mon mandataire veillera à mes intérêts patrimoniaux et me représentera exclusivement pour l'administration **des biens suivants *(à compléter)*** :

____
____
____
____

Je souhaite ajouter les précisions suivantes

Mon mandataire veillera sur mes animaux domestiques (précisez) :

____
____
____
____
____
____
____
____

Précisions complémentaires que vous souhaitez apporter :

(Voir exemples en notice jointe) **:**

____
____
____
____
____
____
____
____
____

VOUS DEVEZ SIGNER TOUTES LES PAGES

3 - MODALITES D'EXECUTION DU MANDAT :

A- INVENTAIRE DE MES BIENS

A son entrée en fonction, **le mandataire chargé de la protection de mon patrimoine en dressera un inventaire**. Il en assurera l'actualisation au cours du mandat.

N.B. : Le mandataire conservera l'inventaire et ses actualisations ainsi que les pièces justificatives, il sera tenu de les présenter au juge des tutelles ou au procureur de la République qui lui en ferait la demande.

S'il quitte ses fonctions, il devra remettre ces documents à la personne qui lui succédera dans la mission de protection de mon patrimoine.

B-REMUNERATION DE MON OU DE MES MANDATAIRES

1- Rémunération du mandataire chargé de la protection de ma personne

(Cochez l'option choisie)

☐**Option 1 :** Le mandataire chargé de la protection de ma personne accepte de remplir sa mission **gratuitement**.

☐**Option 2 :** Le mandataire chargé de la protection de ma personne ne sera pas rémunéré mais, s'il supporte des frais et des charges nécessaires à l'accomplissement de sa mission, le **remboursement de ses frais se fera sur mon patrimoine sur justificatifs.**

☐**Option 3 :** Le mandataire chargé de la protection de ma personne sera rémunéré ainsi qu'il suit : (*cochez l'option définissant le mode de rémunération et fixez la rémunération de votre main)* :

☐ Une somme **annuelle** forfaitaire de.................._______________€ TTC
☐ Une somme **mensuelle** de................................._______________€ TTC

☐ Une rémunération fixée de la façon suivante :

____
____
____
____
____
____

2- Rémunération du mandataire chargé de la protection <u>de mon patrimoine</u>
(cochez l'option choisie) :

☐**Option 1 :** Le mandataire chargé de la protection de mon patrimoine accepte de remplir sa mission **gratuitement**.

☐**Option 2 :** Le mandataire chargé de la protection de mon patrimoine ne sera pas rémunéré mais, s'il supporte des frais et des charges nécessaires à l'accomplissement de sa mission, **le remboursement de ses frais se fera sur mon patrimoine sur justificatifs.**

☐**Option 3 :** Le mandataire chargé de la protection de mon patrimoine sera rémunéré ainsi qu'il suit : (*cochez l'option définissant le mode de rémunération <u>et fixez la rémunération de votre main)</u>*

☐ Une somme **annuelle** forfaitaire de..................________________€ TTC
☐ Une somme **mensuelle** de..............................________________€ TTC

☐ Une rémunération fixée de la façon suivante :

____
____
____
____
____

4 - MODALITES DE CONTROLE DU MANDAT :

A- CONTROLE DE L'ACTIVITE DU MANDATAIRE CHARGE DE LA PROTECTION DE MA PERSONNE

Le mandataire chargé de la protection de ma personne rendra compte par écrit, au moins chaque année, de l'accomplissement de sa mission, à la personne chargée du contrôle de l'exécution du mandat, que je désigne ci-dessous :

☐ Je choisis et **désigne une personne physique (1)**

☐ Je désigne une personne morale, en ce cas allez directement au **(2)**

1) ☐ JE CHOISIS UNE PERSONNE PHYSIQUE
Je peux désigner toute personne de mon choix.

Madame ☐ Mademoiselle ☐ Monsieur ☐

Son nom de famille : ____________________

Son nom d'usage (ex : nom marital) : ____________________

Ses prénoms (dans l'ordre de l'état civil) : ____________________

Sa date de naissance : I_|_I_|_I_|_|_|_I Son lieu de naissance :

Code postal: I_|_|_|_|_I Commune: ____________________

Pays : ____________________

Son adresse : ____________________

Code postal: I_|_|_|_|_I Commune : ____________________

Pays____________________

2) ☐ JE CHOISIS UNE PERSONNE MORALE
Je peux désigner toute personne de mon choix.

Dénomination : ____________________

Forme juridique : ____________________

Nom et prénom usuel de son représentant légal ____________________

Adresse du siège social ____________________

Code postal I_I_I_I_I_I Commune ____________________

Pays: ____________________

VOUS DEVEZ SIGNER TOUTES LES PAGES

B- CONTROLE DE L'ACTIVITE DU MANDATAIRE CHARGE DE LA PROTECTION DE MON PATRIMOINE

Le mandataire que j'ai chargé de la protection de mon patrimoine établira, chaque année, un compte de gestion qu'il remettra pour vérification à la personne que je choisis et désigne ci-dessous.

1. ☐Je désigne la même personne physique ou la même personne morale pour contrôler l'exécution des missions de protection de ma personne et de protection de mon patrimoine confiées à mon mandataire.

2. ☐Je désigne une personne physique pour contrôler l'exécution de la mission de protection de mon patrimoine.
Je peux désigner toute personne de mon choix.

Madame ☐ Mademoiselle ☐ Monsieur ☐

Son nom de famille : ____________________

Son nom d'usage (ex : nom marital) : ____________________

Ses prénoms (dans l'ordre de l'état civil) : ____________________

Sa date de naissance I__I__I__I__I__I__I__I__I Son lieu de naissance :

Code postal I__I__I__I__I__I Commune ____________________

Pays : ____________________

Son adresse : ____________________

Code postal I__I__I__I__I__I Commune : ____________________

Pays : ____________________

3. ☐Je désigne une personne morale pour contrôler l'exécution de la mission de protection de mon patrimoine.
Je peux désigner toute personne de mon choix.

Dénomination ____________________

Forme juridique ____________________

Nom et prénom usuel de son représentant légal ____________________

Adresse du siège social ____________________

Code postal I__I__I__I__I__I Commune ____________________

Pays ____________________

VOUS DEVEZ SIGNER TOUTES LES PAGES

C- REMUNERATION DE LA OU DES PERSONNE(S) DESIGNEE(S) POUR CONTRÔLER L'ACTIVITE DU MANDATAIRE

Si vous avez désigné un contrôleur pour la protection de votre personne et un contrôleur pour la protection de votre patrimoine, vous pouvez opter de manière différente pour la rémunération de chacun d'eux

1. **Contrôle du mandat de protection de ma personne *(cochez l'option choisie)* :**

☐**Option 1 : le contrôleur** de mon ou mes mandataire(s) accepte de remplir sa mission **gratuitement**.

☐**Option 2 : le contrôleur de** mon ou mes mandataire(s) ne sera pas rémunéré mais, s'il supporte des frais et des charges nécessaires à l'accomplissement de sa mission, **le remboursement de ses frais se fera sur mon patrimoine sur justificatifs.**

☐**Option 3 : le contrôleur de** mon ou mes mandataires sera rémunéré ainsi qu'il suit :(*cochez l'option définissant le mode de rémunération* *<u>et fixez la rémunération de votre main)</u>*

☐ Une somme **annuelle** forfaitaire de.................._______________€ TTC

☐ Une somme **mensuelle** de.............................._______________€ TTC

☐ Une rémunération fixée de la façon suivante :

____

____

____

2. **Contrôle du mandat de protection de mon patrimoine *(cochez l'option choisie)* :**

☐**Option 1 : le contrôleur** de mon ou mes mandataire(s) accepte de remplir sa mission **gratuitement**.

☐**Option 2 : le contrôleur de** mon ou mes mandataire(s) ne sera pas rémunéré mais, s'il supporte des frais et des charges nécessaires à l'accomplissement de sa mission, **le remboursement de ses frais se fera sur mon patrimoine sur justificatifs.**

☐**Option 3 : le contrôleur de** mon ou mes mandataire(s) sera rémunéré ainsi qu'il suit :(*cochez l'option définissant le mode de rémunération* *<u>et fixez la rémunération de votre main)</u>*

☐ Une somme **annuelle** forfaitaire de.................._______________€ TTC
☐ Une somme **mensuelle** de.............................._______________€ TTC

☐ Une rémunération fixée de la façon suivante _______________

____

____

____

____

11

VOUS DEVEZ SIGNER TOUTES LES PAGES

5- <u>SIGNATURES ET ACCEPTATIONS DU MANDAT</u>

A- SIGNATURE DU MANDANT

J'appose ma signature sur le mandat, après avoir pris connaissance des informations contenues dans la notice jointe, ainsi que des paragraphes suivants :

1°Je suis informé(e) que ce mandat prendra effet s'il est présenté au greffe du tribunal d'instance de mon domicile par mon ou mes mandataires, accompagné d'un certificat médical émanant d'un médecin inscrit sur la liste dressée par le procureur de la République, et attestant de l'altération soit de mes facultés mentales, soit de mes facultés corporelles, de nature à empêcher l'expression de ma volonté.

2°Je suis informé(e) que tant que le mandat n'a pas été mis en œuvre, je peux le modifier, en remplissant un nouvel exemplaire du formulaire, ou le révoquer en notifiant cette révocation à mon mandataire. Dans les deux cas, l'ancien formulaire doit être barré à chaque page.

3°Je reconnais avoir pris connaissance du fait que lorsque les formalités prévues au paragraphe 1° ci-dessus auront été accomplies, je ne pourrai plus modifier ou révoquer moi-même le mandat, mais je pourrai alors m'adresser au juge des tutelles de mon domicile pour qu'il se prononce si je conteste sa mise en œuvre ou son exécution.

4° Je suis informé(e) que je dois **conserver l'un des exemplaires originaux** du présent mandat et en remettre un exemplaire original à chacune des personnes désignées comme mandataires chargés de la protection de ma personne et/ou de mon patrimoine et une copie à chacune des personnes désignées pour le contrôle de l'exécution des mandats de protection de ma personne et/ou de mon patrimoine.

5°Je suis informé(e) que pour donner date certaine à ce mandat, je dois le faire enregistrer à la Recette des impôts de mon domicile.

Mandat établi le ____

à Code postal I__I__I__I__I__I Commune ______________________________

Pays : ____

par Prénoms *(dans l'ordre de l'état civil)* _____________________________

Nom de famille____

Nom d'usage *(ex. nom marital)*:_______________________________________

VOTRE SIGNATURE :

VOUS DEVEZ SIGNER TOUTES LES PAGES

12

Si je bénéficie d'une curatelle, mon curateur doit cosigner le mandat :

Remplissez le paragraphe 1 si votre curateur est une personne physique ou le paragraphe 2 si votre curateur est une personne morale.

Assisté (e) de mon curateur :

1) Prénoms *(dans l'ordre de l'état civil)* ______________________

Nom de famille ______________________

Nom d'usage ______________________

Domicilié ______________________

Code postal : I__I__I__I__I__I Commune ______________________

Pays ______________________

ou

2) Si mon curateur est **une personne morale** :

Sa dénomination ______________________

L'adresse de son siège social ______________________

Code postal : I__I__I__I__I__I Commune ______________________

Pays ______________________

Son représentant légal qui signera le présent acte :

Madame ☐ Mademoiselle ☐ Monsieur ☐

Prénom usuel ______________________

Nom de famille ______________________

Nom d'usage ______________________

SIGNATURE DU CURATEUR :

Fait le ....**à** ....

B- ACCEPTATION DU MANDAT DE PROTECTION FUTURE PAR LE MANDATAIRE CHARGE DE LA PROTECTION DE LA PERSONNE DU MANDANT

Je soussigné (e)

Prénoms (dans l'ordre de l'état civil) ____________________
Nom de famille ____________________
Nom d'usage ____________________
Adresse : ____________________
Code postal : I__I__I__I__I__I Commune : ____________________
Pays : ____________________

Désigné (e) en qualité de mandataire de protection future de la personne du mandant

Déclare ce qui suit :

1° Je reconnais avoir pris connaissance du présent mandat de protection future et de toutes les informations concernant l'étendue de mes obligations et de mes devoirs, tels que fixés par les textes et rappelés dans la notice annexée au présent formulaire.

2° Je suis informé(e) de ce que je dois, pendant toute l'exécution du mandat, disposer de tous mes droits civils et remplir les conditions prévues pour les charges tutélaires fixées par le code civil et que je ne peux être déchargé(e) de mes fonctions de mandataire qu'avec l'autorisation du juge des tutelles.

3° Je suis informé(e) des conditions fixées par l'article 483 du code civil, dans lesquelles le présent mandat prend fin.

Même après sa mise à exécution, il cessera, notamment, du fait du rétablissement des facultés personnelles du mandant, constaté à la demande de ce dernier ou du mandataire dans les formes prévues à l'article 481 du même code.

4° Je suis informé(e) que je dois conserver un exemplaire original du présent mandat, qui m'aura été remis.

J'accepte le mandat qui m'est confié *(recopiez de votre main)* :____________________

____

Fait le .... **à** ....

SIGNATURE DU MANDATAIRE CHARGE DE LA PROTECTION DE LA PERSONNE DU MANDANT

14

VOUS DEVEZ SIGNER TOUTES LES PAGES

C- ACCEPTATION DU MANDAT DE PROTECTION FUTURE PAR LE MANDATAIRE CHARGE DE LA PROTECTION DU PATRIMOINE DU MANDANT :

Je soussigné (e)

Prénoms (dans l'ordre de l'état civil) ______________________
Nom de famille______________________
Nom d'usage ______________________
Adresse : ______________________
Code postal : I__I__I__I__I__I Commune : ______________________
Pays : ______________________

Désigné (e) en qualité de mandataire de protection future du patrimoine du mandant

Déclare ce qui suit :

1° Je reconnais avoir pris connaissance du présent mandat de protection future, et de toutes les informations concernant l'étendue de mes obligations et de mes devoirs, tels que fixés par les textes et rappelés dans la notice jointe au présent formulaire.

2° Je suis informé(e) de ce que je dois, pendant toute l'exécution du mandat, disposer de tous mes droits civils et remplir les conditions prévues pour les charges tutélaires fixées par le code civil et que je ne peux être déchargé(e) de mes fonctions de mandataire qu'avec l'autorisation du juge des tutelles.

3° Je suis informé(e) des conditions fixées par l'article 483 du code civil, dans lesquelles le présent mandat prend fin.

Même après sa mise à exécution, il cessera, notamment, du fait du rétablissement des facultés personnelles du mandant, constaté à la demande de ce dernier ou du mandataire dans les formes prévues à l'article 481 du même code.

4° Je suis informé(e) que je dois conserver un exemplaire original du présent mandat, qui m'aura été remis.

J'accepte le mandat qui m'est confié *(recopiez de votre main)* ______________________
____
____

Fait le ....**à** ....

SIGNATURE DU MANDATAIRE CHARGE DE LA PROTECTION DU PATRIMOINE DU MANDANT :

VOUS DEVEZ SIGNER TOUTES LES PAGES

D- ACCEPTATION DE SA MISSION PAR LA PERSONNE DESIGNEE POUR LE CONTROLE DE L'ACTIVITE DU MANDATAIRECHARGE DE LA PROTECTION DE LA PERSONNE DU MANDANT

Je soussigné (e)

Prénoms(dans l'ordre de l'état civil) : ______________________
Nom de famille :______________________
Nom d'usage : ______________________
Adresse : ______________________
Code postal: I__I__I__I__I__I Commune : ______________________
Pays : ______________________

Cochez l'option correspondant à votre situation :

☐Désigné (e) pour le contrôle de l'activité du mandataire de protection future de la personne du mandant

☐Représentant la personne morale désignée pour le contrôle de l'activité du mandataire de protection future de la personne du mandant

Déclare ce qui suit :

1° Je reconnais avoir pris connaissance du présent mandat de protection future, et de toutes les informations concernant l'étendue de mon contrôle rappelé dans la notice jointe.

2° Je suis informé(e) des conditions fixées par l'article 483 du code civil, dans lesquelles le présent mandat prend fin.

Même après sa mise à exécution, il cessera notamment du fait du rétablissement des facultés personnelles du mandant, constaté à la demande de ce dernier ou du mandataire dans les formes prévues à l'article 481 du même code.

3° Je suis informé(e) que je dois recevoir une copie du présent mandat.

J'accepte la mission de contrôle qui m'est confiée. (recopiez de votre main)

____

Fait le .... **à** ....

SIGNATURE DE LA PERSONNE CHARGEE DU CONTROLE DU MANDATAIRE CHARGE DE PROTECTION FUTURE DE LA PERSONNE DU MANDANT

16

VOUS DEVEZ SIGNER TOUTES LES PAGES

E- ACCEPTATION DE SA MISSION PAR LA PERSONNE DESIGNEE POUR LE CONTROLE DE L'ACTIVITE DU MANDATAIRE CHARGE DE LA PROTECTION DU PATRIMOINE DU MANDANT

Je soussigné (e) :

Prénoms *(dans l'ordre de l'état civil)* ____________________
Nom de famille ____________________
Nom d'usage : ____________________
Adresse : ____________________
Code postal: I__I__I__I__I__I Commune : ____________________
Pays : ____________________

Cochez l'option correspondant à votre situation :

☐ Désigné(e) pour le contrôle de l'activité du mandataire de protection future du patrimoine du mandant

☐ Représentant la personne morale désignée pour le contrôle de l'activité du mandataire de protection future du patrimoine du mandant

Déclare ce qui suit :

1° Je reconnais avoir pris connaissance du présent mandat de protection future, et de toutes les informations concernant l'étendue de mon contrôle rappelé dans la notice jointe.

2° Je suis informé(e) des conditions fixées par l'article 483 du code civil, dans lesquelles le présent mandat prend fin.

Même après sa mise à exécution, il cessera, notamment, du fait du rétablissement des facultés personnelles du mandant, constaté à la demande de ce dernier ou du mandataire dans les formes prévues à l'article 481 du même code.

3° Je suis informé(e) que je dois recevoir une copie du présent mandat.

J'accepte la mission de contrôle qui m'est confiée. *(Recopiez de votre main)*____________________

Fait le ……………………………………… **à** ………………………………………

SIGNATURE DE LA PERSONNE CHARGEE DU CONTROLE DU MANDATAIRE CHARGE DE PROTECTION FUTURE DU PATRIMOINE DU MANDANT

17

VOUS DEVEZ SIGNER TOUTES LES PAGES

NOMBRE D'EXEMPLAIRES ORIGINAUX DU PRESENT MANDAT (l'inscrire en toutes lettres) :

....

Le présent mandat annule tout mandat de protection future fait antérieurement. Une fois mis en œuvre, il mettra fin à toute procuration consentie à autrui, portant sur les éléments du patrimoine du mandant visés dans le présent mandat.

DATE CERTAINE DU PRESENT MANDAT

ATTENTION : CETTE PARTIE EST A REMPLIR PAR LA RECETTE DES IMPOTS

Mention d'enregistrement :

VOUS DEVEZ SIGNER TOUTES LES PAGES

18

5402 Notice d'information du mandat de protection future sous seing privé (C. civ., art. 492) (Cerfa n° 51226)

Nous sommes là pour vous aider

Liberté • Égalité • Fraternité
RÉPUBLIQUE FRANÇAISE

MINISTÈRE DE LA JUSTICE

cerfa

N° 51226#02

NOTICE D'INFORMATION DU MANDAT DE PROTECTION FUTURE SOUS SEING PRIVE (Article 492 du code civil)

Cette notice est à lire attentivement par le mandant et le mandataire avant de remplir le formulaire auquel elle est jointe.

LE MANDAT DE PROTECTION FUTURE NE PEUT PRENDRE EFFET QUE S'IL EST ETABLI QUE LE MANDANT NE PEUT PLUS POURVOIR SEUL A SES INTERÊTS

I- QUELQUES QUESTIONS POUR COMMENCER

- Qu'est-ce que le mandat de protection future ?

C'est un contrat qui vous permet d'organiser à l'avance la protection de votre personne et de vos biens et de désigner la ou les personnes qui en seront chargées, pour le jour où votre état de santé ne vous permettra plus de le faire vous-même.

- Que signifie « protection future » ?

Vous chargez une ou plusieurs personnes de votre choix de faire les actes nécessaires à votre protection, lorsque vous ne serez plus en état, physique ou mental, de le faire. Vous pouvez décider que cette protection concernera votre patrimoine et votre personne ou seulement l'un des deux.

La protection de votre personne porte sur l'ensemble des questions relatives à votre vie personnelle, votre santé, vos relations aux autres, votre logement, vos déplacements, vos loisirs, etc. Les règles applicables à la protection de la personne sont précisément définies par les articles 457-1 à 459-2 du code civil (voir plus loin).

La protection de votre patrimoine concerne l'ensemble des actes d'administration de vos biens. Vous pouvez limiter cette protection à certains biens ou la prévoir pour l'ensemble de vos biens.

- Comment établir le mandat de protection future ?

Vous êtes « **le mandant** » et vous allez à ce titre établir vous-même votre mandat en utilisant le formulaire joint à la présente notice : vous allez remplir l'ensemble des rubriques prévues.

Vous devez remplir autant **d'exemplaires en original** qu'il y a de mandataires et établir une **copie** pour chaque personne chargée du contrôle de leur activité.

La personne que vous aurez désignée et qui deviendra votre « **mandataire** », doit, si elle accepte de remplir la mission que vous lui confiez, indiquer expressément sur ce mandat qu'elle l'accepte.

1

- **Qui peut-être désigné comme mandataire** ?

Vous pouvez désigner toute **personne physique** de votre choix (membre de votre famille, proche, mandataire judiciaire à la protection des majeurs...).
Vous pouvez aussi désigner une **personne morale** mais celle-ci doit alors être **inscrite sur la liste** des mandataires judiciaires à la protection des majeurs établie par le préfet.

- **Comment donner une date certaine au mandat** ?

Il suffit de le faire enregistrer par l'administration fiscale en présentant les exemplaires originaux du mandat à la recette des impôts de votre domicile.
L'intérêt de la démarche est que l'on ne pourra pas contester la date à laquelle vous avez établi le mandat.

- **Quels seront les effets de ce mandat** ?

Tant que vous conservez vos facultés, le mandat ne produit aucun effet.

Lorsque le mandataire constate que votre état de santé ne vous permet plus de prendre soin de votre personne ou de vous occuper de vos affaires, il effectue les démarches nécessaires pour que le mandat prenne effet.

Il sollicite alors qu'un médecin, inscrit sur la liste dressée par le procureur de la République, vous examine et délivre un certificat médical constatant votre inaptitude. (Cette liste des médecins est disponible dans les tribunaux d'instance).

Le mandataire va ensuite présenter le mandat et le certificat médical au greffier du tribunal d'instance de votre domicile.

Le greffier vérifiera que :
- les conditions prévues par la loi sont remplies (âge des parties au jour de l'établissement du mandat, désignation d'une personne en charge du contrôle de l'activité du mandataire, co-signature du curateur du mandant s'il se trouve sous curatelle lors de l'établissement du mandat),
- le mandat est accompagné des pièces requises (certificat médical datant de moins deux mois constatant l'altération des facultés du mandant, pièce d'identité du mandataire, certificat de la résidence habituelle du mandant).

Après ces vérifications, le greffier apposera son visa sur le mandat et le restituera au mandataire, qui pourra alors le mettre en œuvre.

- **Une fois que le mandat est mis en œuvre, que se passe-t-il** ?

Le mandat ne vous fait perdre ni vos droits ni votre capacité juridique, mais permet à votre mandataire d'agir à votre place et en votre nom dans votre intérêt.

Ce mandat fonctionne comme une procuration : le mandataire vous représente et veille à vos intérêts pour les actes relatifs à votre personne et pour ceux concernant l'administration de votre patrimoine. Mais le mandataire n'a aucun pouvoir pour faire des actes de disposition sur vos biens (par exemple, il ne peut pas faire vendre votre maison).

Si un acte de disposition ou un acte non prévu par le mandat, apparaît nécessaire, dans votre intérêt, il peut être ordonné par le juge des tutelles sur demande de votre mandataire.

En pratique, le mandataire présente ce mandat aux tiers pour agir en votre nom à chaque fois que cela est nécessaire dans les actes concernant votre vie personnelle et l'administration de votre patrimoine. Mais vous conservez la capacité de faire vous-même ces actes si vous le souhaitez et dans la mesure où votre état de santé le permet.
Si votre état vous permet de le comprendre, votre mandataire doit vous informer des actes qu'il diligente en votre nom ou dans votre intérêt.
Il doit également vous rendre compte tous les ans de la gestion de votre patrimoine.

- **Qui contrôle le mandat ?**

En choisissant votre mandataire, vous devez aussi désigner la personne qui contrôlera son action. Il peut s'agir d'une personne physique ou d'une personne morale de votre choix.
Cette personne doit accepter la mission qui lui est confiée et doit recevoir une copie du mandat.

En cas de difficulté, toute personne, y compris vous-même, peut saisir le juge des tutelles.

Celui-ci a le pouvoir de contrôler, de compléter ou même de révoquer le mandat s'il l'estime insuffisant ou contraire à vos intérêts.

- **Quelle est la responsabilité du mandataire ?**

Il doit exécuter la mission qui lui est confiée conformément **à ce qui est prévu dans le mandat** et plus globalement par les règles du code civil.

Il doit établir **un inventaire** de votre patrimoine lors de la mise en oeuvre du mandat.

Il doit rendre compte annuellement de sa mission à la ou aux personnes que vous désignez dans le mandat pour contrôler cette mission : le mandataire établit un compte de gestion du patrimoine (utilisation des revenus, actes d'administration des biens) et un rapport écrit sur les actes liés à la protection de la personne elle-même (santé, logement, relations avec les tiers...).

Votre mandataire peut confier un ou plusieurs actes déterminés de gestion du patrimoine à un tiers ; en ce cas il doit vous en informer, et il sera responsable des actes effectués par ce tiers.

La responsabilité de votre mandataire peut être mise en cause en cas de mauvaise exécution, d'insuffisance ou de faute dans l'exercice de sa mission (articles 1991 et 1992 du code civil). S'il est reconnu responsable d'un préjudice à votre égard, il peut être condamné à vous indemniser.

Lorsque le mandat prendra fin, pour quelque cause que ce soit, le mandataire remettra l'inventaire **actualisé** de votre patrimoine, l'ensemble des **cinq** derniers comptes de gestion et les pièces justificatives, selon les cas : à vous-même si vous avez retrouvé vos facultés, à la nouvelle personne qui assurera votre protection ou à vos héritiers. Cela afin de vous permettre de reprendre en main la gestion de vos biens et de votre vie personnelle ou, après votre décès, de faciliter le règlement de votre succession.

- **Y a-t-il des frais financiers à prévoir ?**

- établissement du mandat : les frais incontournables sont ceux liés à l'enregistrement auprès de la recette des impôts pour donner une date certaine à chaque exemplaire original de votre mandat, ces frais, de l'ordre de 125€, sont à votre charge.

- mise en œuvre du mandat : le coût du certificat médical constatant l'altération de vos facultés est à votre charge. Toutefois, **aucun frais** n'est requis lors de l'apposition du visa par le greffe du tribunal d'instance.

- exécution du mandat : le mandat de protection future s'exerce, en principe, à titre gratuit. Vous pouvez cependant **prévoir dans le mandat** une rémunération ou une indemnisation de votre ou de vos mandataires ainsi que de la ou des personnes chargées du contrôle de l'exécution du mandat par le ou les mandataires.

- **Le mandat peut-il être modifié ou prendre fin ?**

Tant qu'il n'est pas mis en œuvre :

- vous pouvez toujours modifier vous-même votre mandat ou le révoquer.

- tout mandataire peut renoncer à sa mission.

- toute personne chargée du contrôle du mandat peut également renoncer à sa mission.

Une fois le mandat mis en œuvre :

- Vous ne pouvez plus le révoquer. Mais si vous contestez la mise en œuvre ou les conditions d'exécution du mandat, vous pouvez demander au **juge des tutelles de se prononcer**.

- Le mandataire ainsi que la personne chargée du contrôle de l'exécution du mandat ne peuvent plus renoncer à leur mission par eux-mêmes, mais ils peuvent demander au juge des tutelles d'en être déchargés.

- Tout intéressé peut contester la mise en œuvre ou les conditions d'exécution du mandat devant le juge des tutelles ; celui-ci peut, à cette occasion, mettre fin au mandat.

- Si vous retrouvez vos facultés, le mandataire devra faire viser au greffe du tribunal le certificat médical qui en justifie. Il est alors mis fin à votre mandat de protection future, sans autre formalité.

Les explications qui suivent doivent vous permettre de répondre avec plus de précision aux questions que vous vous posez sur le mandat de protection future**, et de remplir le formulaire auquel la présente notice est jointe.**

II- LES REGLES REGISSANT LE MANDAT DE PROTECTION FUTURE

VOTRE MANDATAIRE

Désignation du ou des mandataires (1-A et 2-A)

Vous pouvez désigner un ou plusieurs mandataires.

Vous pouvez confier la protection de votre personne et de votre patrimoine à un seul et même mandataire.

Vous pouvez aussi confier la protection de votre personne à un mandataire, celle de votre patrimoine à un autre.

Vous pouvez également confier à un ou plusieurs mandataires à la fois chacune de ces protections. Dans ce cas, vous devez ajouter des intercalaires dans le formulaire à la suite de la page 2 ou de la page 6 selon le cas.

Vous pouvez enfin ne confier qu'une seule de ces deux protections à un ou plusieurs mandataires.

Mais vous devez savoir que s'il devient nécessaire de vous protéger davantage que ce qui est prévu dans votre mandat, le juge des tutelles pourra intervenir à la demande de tout intéressé.

Ce juge pourra ainsi décider d'étendre la protection à votre personne ou à votre patrimoine selon le cas, en prenant une mesure judiciaire complétant le mandat de protection future.

Qualité de la personne désignée (1-A et 2-A)

Vous pouvez désigner toute personne physique de votre entourage en laquelle vous avez confiance et qui vous semble avoir les compétences nécessaires pour assurer votre protection le moment venu. Vous pouvez également désigner un professionnel (avocat, notaire, syndic d'immeuble, etc.).

Vous pouvez aussi désigner une personne morale, mais celle-ci doit être inscrite sur la liste des mandataires judiciaires à la protection des majeurs établie par le préfet. Cette liste est disponible dans les tribunaux d'instance et les préfectures.

LES POUVOIRS DE VOTRE MANDATAIRE

Protection de la personne (1-B, C et D)

- Le principe incontournable

Si vous confiez à votre mandataire la protection de votre personne, celui-ci devra respecter les droits et obligations du mandataire définis par les articles 457-1 à 459-2 du code civil (figurant dans le formulaire et repris en fin de notice).

Toute indication du mandat qui serait contraire à ces articles ne sera pas valable.

- L'option supplémentaire

Vous pouvez décider de confier en plus à votre mandataire le pouvoir d'exercer les missions que le code de la santé publique et le code de l'action sociale et des familles confient au représentant de la personne en tutelle ou à la personne de confiance, mais dans ce dernier cas cela n'est possible que si le mandataire désigné est une personne physique.

Si vous lui confiez les missions exercées par le *représentant d'une personne en tutelle* cela signifie que votre mandataire pourra consentir à votre place à certains actes médicaux importants (comme par exemple une recherche biomédicale) lorsque vous ne serez plus du tout en état de le faire vous-même (option 1).

Si vous lui confiez les missions exercées par *la personne de confiance*, cela signifie qu'il sera consulté à l'occasion de tout acte médical lorsque vous ne serez plus du tout en état d'exprimer votre volonté, mais il ne donnera qu'un avis et ne pourra, en aucun cas, consentir à votre place (option 2).

Si vous optez pour l'une ou l'autre de ces deux hypothèses, vous l'indiquez en cochant et recopiant dans l'espace prévu à cet effet l'option 1 ou 2 choisie.

Si vous ne souhaitez pas que votre mandataire exerce l'une ou l'autre de ces missions, vous cochez et recopiez l'option 3.

- Les précisions possibles

Vous pouvez indiquer vos souhaits concernant votre logement ou vos conditions d'hébergement. Vous pouvez ainsi donner des indications concernant votre maintien à domicile dans la mesure du possible et vos préférences si vous deviez, au vu de votre état de santé, être hébergé dans un milieu de vie plus sécurisé et mieux adapté à vos besoins.

Vous pouvez aussi indiquer vos souhaits particuliers concernant le maintien des relations personnelles avec les tiers, parents ou non.

Vous pouvez également indiquer vos souhaits concernant vos loisirs et vacances.

Vous pouvez, à l'inverse, ne rien ajouter ni préciser ; vous indiquez alors la mention « néant » dans l'espace réservé à cet effet.

Protection du patrimoine (2-B)

- le principe

Le mandataire ne peut exercer que la mission que vous lui confiez en votre qualité de mandant. Cette mission s'exerce dans la limite des pouvoirs reconnus par la loi au mandataire : il doit effectuer tous les actes d'administration et de gestion nécessaires et utiles aux biens du mandant c'est-à-dire les gérer, les préserver, percevoir et placer leurs revenus.

Le mandataire ne peut effectuer aucun acte de disposition du patrimoine, c'est-à-dire qu'il ne pourra pas, notamment, vendre ou donner vos biens.

Néanmoins, si l'accomplissement d'un acte de disposition ou d'un acte qui n'est pas prévu par le mandat s'avère nécessaire dans votre intérêt, le mandataire pourra saisir le juge des tutelles pour le solliciter ; le juge appréciera alors si votre intérêt nécessite que soit ordonnée par exemple la vente de l'un de vos biens.

Si vous souhaitez que votre mandataire ait des pouvoirs plus étendus et qu'il puisse par exemple vendre vos biens à un tiers, il faut que votre mandat de protection future soit établi par un notaire, conformément aux dispositions correspondantes du code civil.

- les options

- Si vous donnez à votre mandataire un *pouvoir d'administration sur l'ensemble du patrimoine,* cela signifie que vous confiez à votre mandataire le pouvoir d'administrer tous vos biens. Dans ce cas, vous cochez l'option 1 et vous la recopiez dans l'espace prévu à cet effet.

- Si vous donnez à votre mandataire des *pouvoirs d'administration limités* à certains biens ou à certains actes sur vos biens, il faut préciser quels sont ces biens et ces actes. Dans ce cas, vous cochez l'option 2 et vous la recopiez dans l'espace prévu à cet effet en indiquant les biens concernés.

- Vous pouvez également confier à votre mandataire le soin de veiller sur votre animal domestique ; dans ce cas vous devez le préciser dans sa mission.

L'EXECUTION ET LE CONTROLE DU MANDAT (3)

Inventaire (A)

Lors de son entrée en fonction, le mandataire chargé de la protection du patrimoine devra procéder à **un inventaire** de tous vos biens meubles et immeubles. Cet inventaire devra être actualisé au cours du mandat afin de maintenir à jour l'état du patrimoine.

Les formes de cet inventaire sont libres. Votre mandataire pourra opter pour toute solution adaptée à la situation particulière de votre patrimoine (inventaire sous seing privé ou confié à un professionnel).

Rémunération du mandataire (B-1-2)

ATTENTION : Le mandataire n'est rémunéré qu'à compter de la mise en œuvre du mandat.

Le mandant et le mandataire doivent se mettre d'accord sur les conditions financières du mandat :

- soit il est totalement gratuit, et vous cochez et recopiez alors l'option 1 dans l'espace prévu à cet effet,

- soit le mandataire peut se faire rembourser sur le patrimoine du mandant, sur justificatifs, les frais qu'il engage pour le compte ou dans l'intérêt de celui-ci, et vous cochez et recopiez alors l'option 2 dans l'espace prévu à cet effet,

- soit (en plus ou non des remboursements évoqués ci-dessus), il est prévu une rémunération. Vous cochez alors l'option 3 et fixez la rémunération de votre main, dans l'espace prévu à cet effet. Il peut s'agir d'une indemnité forfaitaire, d'une rémunération dont vous fixez le montant et la périodicité ou d'une rémunération que vous déterminez différemment (cette rémunération peut par exemple être liée à la disponibilité du mandataire ou être proportionnelle au temps consacré à la gestion de votre patrimoine ou aux actes concernant votre personne, ou encore être indexée).

Ces modalités financières doivent être précisées pour tout mandataire désigné :

- si vous avez désigné un seul mandataire pour protéger votre personne et votre patrimoine, ATTENTION vous devez remplir les rubriques B-1 et B-2 afin de préciser votre choix pour

chacune des deux protections. Vous pouvez décider que l'une des deux protections est exercée gratuitement et pas l'autre, ou que les deux sont exercées gratuitement.
Vous pouvez aussi décider que chaque mission de protection est rémunérée. Dans ce dernier cas, les montants indiqués dans les rubriques B-1 et B-2 se cumulent.

- Si vous avez désigné un mandataire différent pour chaque protection, vous remplissez chacune des rubriques B-1 et B-2, en choisissant des rémunérations identiques ou différentes pour chacun des mandataires désignés.

Contrôle de l'activité du mandataire (4A et 4B)

-Le mandataire chargé de la protection de votre personne doit établir par écrit un rapport des actes diligentés dans le cadre de cette protection, qui doit être contrôlé par une personne désignée par le mandat. Vous devez donc indiquer avec précision qui est cette personne.

Le mandataire chargé de la protection de votre patrimoine doit établir par écrit tous les ans un compte de gestion qui doit être contrôlé par une personne désignée par le mandat. Vous devez donc indiquer avec précision qui est cette personne.

Si un seul mandataire est désigné pour assurer ces deux protections, il doit rendre compte de son activité pour chacune d'elles.

-Vous pouvez désigner la ou les mêmes personnes ou des personnes différentes en charge de contrôler le compte de gestion et le rapport des actes diligentés dans le cadre de la protection de la personne.

Vous pouvez désigner une ou des personnes physiques ou une ou des personnes morales. En toute hypothèse, votre choix est libre.
Mais la personne désignée ne peut être ni le juge ni le fonctionnaire du greffe.

-Vous devez remettre à chaque personne désignée pour exercer le contrôle du mandataire une copie de votre mandat de protection future.

Cette personne doit accepter sa mission, ainsi que cela est expressément prévu dans le formulaire.

En tout état de cause, le juge des tutelles a un pouvoir de vérification d'office du compte de gestion, qu'il met en œuvre s'il l'estime nécessaire.

Rémunération de la personne désignée pour contrôler l'activité du mandataire (4C)

La mission de contrôle confiée à la ou aux personnes désignées à cet effet peut s'exercer dans les conditions financières suivantes :

- soit cette mission est totalement gratuite, et vous cochez et recopiez alors l'option 1 dans l'espace prévu à cet effet,

- soit la personne désignée pour exercer ce contrôle peut se faire rembourser sur le patrimoine du mandant, sur justificatifs, les frais qu'elle engage pour le compte ou dans l'intérêt de celui-ci, et vous cochez et recopiez alors l'option 2 dans l'espace prévu à cet effet,

- soit (en plus ou non des remboursements évoqués ci-dessus), il est prévu une rémunération. Vous cochez alors l'option 3 et fixez la rémunération de votre main, dans l'espace prévu à cet effet. Il peut s'agir d'une indemnité forfaitaire, d'une rémunération dont vous fixez le montant et la périodicité ou d'une rémunération que vous déterminez différemment (cette rémunération peut par exemple être liée à la disponibilité du mandataire ou être proportionnelle au temps consacré à la gestion de votre patrimoine ou aux actes concernant votre personne, ou encore être indexée).

Ces modalités financières doivent être précisées pour chaque personne désignée pour exercer le contrôle de l'activité du ou des mandataires.

Conservation des documents

Afin de permettre au juge des tutelles de faire vérifier le compte de gestion, en tout état de cause et selon les modalités prévues par l'article 511 du code civil, le mandataire devra conserver l'inventaire des biens et ses actualisations, les cinq derniers comptes de gestion, les pièces justificatives ainsi que celles nécessaires à la continuation de la gestion du patrimoine.

Le mandataire est tenu de les présenter au juge des tutelles ou au Procureur de la République dès que ceux-ci le requièrent.

A l'expiration du mandat et dans les cinq ans qui suivent, le mandataire tiendra à la disposition de la personne qui est amenée à poursuivre la gestion de votre patrimoine, à votre disposition si vous avez recouvré vos facultés ou à vos héritiers, l'inventaire des biens et ses actualisations, les cinq derniers comptes de gestion et les pièces nécessaires pour continuer celle-ci ou assurer la liquidation de la succession du mandant.

SIGNATURE ET ACCEPTATION DU MANDAT (5)

Vous devez **SIGNER** de votre main chaque page de chacun des exemplaires originaux du mandat et dater, également de votre main, chacun de ces exemplaires en dernière page.
Si vous êtes sous curatelle, votre curateur doit apposer également sa signature à côté de la vôtre, à la fin du formulaire.
Vous devez conserver l'un des exemplaires originaux du mandat.

Votre mandataire doit également **DATER** et **SIGNER** son ACCEPTATION de sa main, à la fin du formulaire.
Il conserve un exemplaire original du mandat.

La ou les personnes désignées pour contrôler le compte de gestion et le rapport des actes diligentés dans le cadre de la protection de la personne doivent également ACCEPTER leur mission en l'indiquant dans l'espace prévu à cet effet à la fin du formulaire. Cette ou ces personnes doivent aussi **DATER** et **SIGNER** le formulaire, en dernière page, et reçoivent une copie du mandat.

En outre, si vous souhaitez donner date certaine au mandat, un exemplaire original supplémentaire doit être établi pour permettre son enregistrement à la recette des impôts. Cet enregistrement vous est conseillé. Dès qu'il sera réalisé, il fixera avec certitude la date de validité de votre mandat vis-à-vis des tiers.

MODIFICATION OU REVOCATION DU MANDAT AVANT SA MISE EN OEUVRE

Seul vous-même, en qualité de mandant pouvez modifier ou révoquer le mandat selon des formes précisées ci-après et tant que le mandat n'est pas mis en œuvre.

Le mandataire peut renoncer au mandat dans les formes précisées ci-après tant que le mandat n'est pas mis en œuvre

La personne chargée de la mission de contrôle peut également renoncer à sa mission avant la mise en œuvre du mandat.

Modification du mandat

Si vous souhaitez modifier votre mandat, vous devez le révoquer et en établir un autre.
Pour cela vous barrez chaque page de votre mandat en y indiquant en caractères très apparents la mention « **REVOQUE** », et en y apposant à côté date et signature, le tout de manière manuscrite. Puis vous remplissez, avec votre mandataire, un nouveau formulaire qui devient le nouveau mandat seul valide, que vous établissez en autant d'exemplaires originaux que de mandataires désignés, plus vous-même, ainsi que, le cas échéant, pour l'enregistrement à la recette des impôts. Vous établissez ce nouveau mandat en suivant les indications de la présente notice, comme lorsque vous aviez établi votre premier mandat.

Vous conservez l'un des exemplaires et votre mandataire conserve l'autre.

Révocation du mandat

Si vous souhaitez révoquer votre mandat, vous en barrez chaque page en y indiquant en caractères très apparents la mention « **REVOQUE** », en datant et apposant votre signature sur chaque page, le tout de manière manuscrite.

Vous devez notifier, par lettre recommandée avec accusé de réception, cette décision au(x) mandataire(s) et au(x) personne(s) désignée(s) pour contrôler l'exécution du mandat.

Renonciation au mandat

Tout mandataire peut renoncer au mandat : il en informe le mandant et la ou les personnes chargées du contrôle de l'exécution, par lettre recommandée avec accusé de réception. Dans ce cas, le mandat n'a plus d'existence.

Toute personne chargée du contrôle du mandat peut également renoncer à sa mission ; elle doit en informer le mandant et le mandataire par lettre recommandée avec accusé de réception.
Dans ce dernier cas, le mandant et le mandataire doivent modifier le mandat en désignant une nouvelle personne en charge du contrôle.
Pour cela, ils doivent révoquer le mandat et en établir un nouveau, sur un nouveau formulaire, dans les mêmes conditions que celles requises pour l'établissement du mandat précédent.

CESSATION DU MANDAT APRES SA MISE EN OEUVRE

Le mandat prend fin de droit dans les situations suivantes :

- si vous retrouvez vos facultés, ce qui doit être constaté par un certificat établi par un médecin inscrit sur la liste dressée par le Procureur de la République, et présenté par le mandataire ou par vous-même au greffe du tribunal d'instance qui appose son visa sur le mandat ;
- si vous décédez ou si vous êtes placé sous mesure de curatelle ou de tutelle ;
- si le mandataire décède, est placé sous mesure de protection ou se retrouve en faillite personnelle.

Le juge des tutelles peut mettre fin au mandat, sur demande de toute personne, s'il constate :

- que vous n'avez pas d'altération de vos facultés, et que c'est par erreur ou par fraude que le mandat a été mis en oeuvre ;
- que vous pouvez être suffisamment représenté dans le cadre des règles de droit commun (procuration) ou de celles du mariage (devoirs entre époux) ;
- que l'exécution du mandat peut porter atteinte à vos intérêts (par exemple, votre mandataire s'est éloigné de vous et n'est plus en mesure de savoir ou de comprendre ce qui doit être fait pour vous aider ou pour préserver vos biens).

La demande est présentée par écrit, sans forme particulière, au juge.

ANNEXES :

- ***glossaire***
- ***extraits du code civil (articles 457-1 à 459-2 et 477 à 494)***
- ***article 45-III de la loi du n° 2007-308 du 5 mars 2007***

GLOSSAIRE

- **Actes d'administration** : tous les actes permettant de gérer les biens, en dehors des actes qui aboutissent à leur vente, leur cession gratuite, leur perte ou leur destruction. Ces actes doivent permettre de conserver les biens dans le patrimoine d'une personne et éventuellement de les valoriser ou de leur faire générer des revenus.

- **Actes de disposition** : tous les actes qui aboutissent à ce que les biens sortent du patrimoine d'une personne, c'est-à-dire qu'elle n'en soit plus propriétaire. Ce sont des actes graves.

- **Altération des facultés** : diminution des aptitudes d'une personne à exprimer sa volonté au quotidien, à faire ou comprendre les actes de la vie courante, et les événements de sa vie personnelle.

- **Autorité parentale** : ensemble des droits et devoirs des parents à l'égard de leurs enfants.

- **Capacité juridique** : elle permet à une personne de faire des actes qui ont des effets juridiques. Les actes juridiques faits par une personne sans capacité juridique ne sont pas valides (exemple : acte de vente signé par un mineur).

- **Consentement** : accord d'une personne.

- **Compte de gestion** : description de la situation financière d'une personne (revenus et dépenses) sur une période donnée.

- **Curatelle** : mesure de protection d'une personne qui nécessite qu'elle soit assistée par son curateur pour réaliser certains actes de sa vie civile. Le curateur qui assiste la personne signe avec elle.

- **Facultés** : aptitudes d'une personne à faire, exprimer ou comprendre les actes et événements de sa vie.

- **Greffier du tribunal d'instance** : fonctionnaire chargé d'assister le juge d'instance et qui doit viser le mandant de protection future.

- **Inventaire** : liste de tous les biens d'une personne.

- **Médecin agréé** : médecin figurant sur la liste établie par le Procureur de la République, liste sur laquelle sont inscrits tous les médecins qualifiés et reconnus officiellement pour établir des certificats médicaux qui constatent qu'une personne souffre d'une altération de ses facultés.

- **Mesure judiciaire (de protection)** : mesure prise par le juge pour protéger une personne. Il existe trois types de mesure de protection : la sauvegarde de justice, la curatelle, la tutelle, appliquées selon le besoin croissant de protection.

- **Patrimoine** : ensemble des droits et des obligations d'une personne qui sont appréciables en argent (droits immobiliers, droits mobiliers, salaires, revenus, dettes, créances, etc...).

- **Personne de confiance** : selon le code de la santé publique, il s'agit d'une personne désignée par un patient (c'est-à-dire une personne malade) pour l'accompagner dans ses démarches médicales ; si le patient n'a plus sa lucidité, la personne de confiance doit être consultée par le personnel médical avant toute intervention ou traitement du patient, mais elle ne consent pas à sa place.

- **Personne morale** : il peut s'agir d'une association ou d'une société, pour laquelle travaillent des personnes physiques.

- **Rapport des actes diligentés** : dans le cadre de la protection de la personne, il s'agit du recensement et de la description des actes importants faits par le mandataire et qui concernent la personne même du mandant (exemples : actes médicaux, changement de logement, déplacement à l'étranger, procédure devant la justice...).

- **Représentant de la personne en tutelle** : il s'agit du « représentant légal » ou du « tuteur » qui, selon le code de la santé publique, doit recevoir certaines informations liées à l'état de santé de la personne sous tutelle. Son consentement ou son avis est nécessaire pour l'accomplissement de certains actes médicaux (par exemple, recherche biomédicale sur la personne sous tutelle, utilisation d'organes prélevés à l'occasion d'une intervention chirurgicale, stérilisation à visée contraceptive).

- **Révoquer** : mettre fin, annuler.

- **Tutelle** : mesure de protection d'une personne qui nécessite qu'elle soit représentée par son tuteur pour réaliser presque tous les actes de sa vie civile. Le tuteur agit et signe à la place de la personne en tutelle.

Articles du Code Civil

concernant la protection de la personne

« **Art. 457-1**. - La personne protégée reçoit de la personne chargée de sa protection, selon des modalités adaptées à son état et sans préjudice des informations que les tiers sont tenus de lui dispenser en vertu de la loi, toutes informations sur sa situation personnelle, les actes concernés, leur utilité, leur degré d'urgence, leurs effets et les conséquences d'un refus de sa part.

« **Art. 458**. - Sous réserve des dispositions particulières prévues par la loi, l'accomplissement des actes dont la nature implique un consentement strictement personnel ne peut jamais donner lieu à assistance ou représentation de la personne protégée.
« Sont réputés strictement personnels la déclaration de naissance d'un enfant, sa reconnaissance, les actes de l'autorité parentale relatifs à la personne d'un enfant, la déclaration du choix ou du changement du nom d'un enfant et le consentement donné à sa propre adoption ou à celle de son enfant.

« **Art. 459**. - Hors les cas prévus à l'article 458, la personne protégée prend seule les décisions relatives à sa personne dans la mesure où son état le permet.
« Lorsque l'état de la personne protégée ne lui permet pas de prendre seule une décision personnelle éclairée, le juge ou le conseil de famille s'il a été constitué peut prévoir qu'elle bénéficiera, pour l'ensemble des actes relatifs à sa personne ou ceux d'entre eux qu'il énumère, de l'assistance de la personne chargée de sa protection. Au cas où cette assistance ne suffirait pas, il peut, le cas échéant après l'ouverture d'une mesure de tutelle, autoriser le tuteur à représenter l'intéressé.
« Toutefois, sauf urgence, la personne chargée de la protection du majeur ne peut, sans l'autorisation du juge ou du conseil de famille s'il a été constitué, prendre une décision ayant pour effet de porter gravement atteinte à l'intégrité corporelle de la personne protégée ou à l'intimité de sa vie privée.
« La personne chargée de la protection du majeur peut prendre à l'égard de celui-ci les mesures de protection strictement nécessaires pour mettre fin au danger que son propre comportement ferait courir à l'intéressé. Elle en informe sans délai le juge ou le conseil de famille s'il a été constitué.

« **Art. 459-1**. - L'application de la présente sous-section ne peut avoir pour effet de déroger aux dispositions particulières prévues par le code de la santé publique et le code de l'action sociale et des familles prévoyant l'intervention d'un représentant légal.
« Toutefois, lorsque la mesure de protection a été confiée à une personne ou un service préposé d'un établissement de santé ou d'un établissement social ou médico-social dans les conditions prévues à l'article 451, et que cette personne ou ce service doit soit prendre une décision nécessitant l'autorisation du juge ou conseil de famille en application du troisième alinéa de l'article 459, soit accomplir au bénéfice de la personne protégée une diligence ou un acte pour lequel le code de la santé publique prévoit l'intervention du juge, ce dernier peut décider, s'il estime qu'il existe un conflit d'intérêts, d'en confier la charge ou subrogé curateur ou au subrogé tuteur, s'il a été nommé, et à défaut à un curateur ou à un tuteur ad hoc.

« **Art. 459-2**. - La personne protégée choisit le lieu de sa résidence.
« Elle entretient librement des relations personnelles avec tout tiers, parent ou non. Elle a le droit d'être visitée et, le cas échéant, hébergée par ceux-ci.
« En cas de difficulté, le juge ou le conseil de famille s'il a été constitué statue.

Articles du Code Civil

concernant le mandat de protection future

« *Section 5*

« **Du mandat de protection future**

« *Sous-section 1*

« *Des dispositions communes*

« **Art. 477**. - Toute personne majeure ou mineure émancipée ne faisant pas l'objet d'une mesure de tutelle peut charger une ou plusieurs personnes, par un même mandat, de la représenter pour le cas où, pour l'une des causes prévues à l'article 425, elle ne pourrait plus pourvoir seule à ses intérêts.
« La personne en curatelle ne peut conclure un mandat de protection future qu'avec l'assistance de son curateur.
« Les parents ou le dernier vivant des père et mère, ne faisant pas l'objet d'une mesure de curatelle ou de tutelle, qui exercent l'autorité parentale sur leur enfant mineur ou assument la charge matérielle et affective de leur enfant majeur peuvent, pour le cas où cet enfant ne pourrait plus pourvoir seul à ses intérêts pour l'une des causes prévues à l'article 425, désigner un ou plusieurs mandataires chargés de le représenter. Cette désignation prend effet à compter du jour où le mandant décède ou ne peut plus prendre soin de l'intéressé.

« Le mandat est conclu par acte notarié ou par acte sous seing privé. Toutefois, le mandat prévu au troisième alinéa ne peut être conclu que par acte notarié.

« **Art. 478**. - Le mandat de protection future est soumis aux dispositions des articles 1984 à 2010 qui ne sont pas incompatibles avec celles de la présente section.

« **Art. 479**. - Lorsque le mandat s'étend à la protection de la personne, les droits et obligations du mandataire sont définis par les articles 457-1 à 459-2. Toute stipulation contraire est réputée non écrite.
« Le mandat peut prévoir que le mandataire exercera les missions que le code de la santé publique et le code de l'action sociale et des familles confient au représentant de la personne en tutelle ou à la personne de confiance.
« Le mandat fixe les modalités de contrôle de son exécution.

« **Art. 480**. - Le mandataire peut être toute personne physique choisie par le mandant ou une personne morale inscrite sur la liste des mandataires judiciaires à la protection des majeurs prévue à l'article L. 471-2 du code de l'action sociale et des familles.
« Le mandataire doit, pendant toute l'exécution du mandat, jouir de la capacité civile et remplir les conditions prévues pour les charges tutélaires par l'article 395 et le dernier alinéa de l'article 445 du présent code
« Il ne peut, pendant cette exécution, être déchargé de ses fonctions qu'avec l'autorisation du juge des tutelles.

« **Art. 481**. - Le mandat prend effet lorsqu'il est établi que le mandant ne peut plus pourvoir seul à ses intérêts. Celui-ci en reçoit notification dans les conditions prévues par le code de procédure civile.
« A cette fin, le mandataire produit au greffe du tribunal d'instance le mandat et un certificat médical émanant d'un médecin choisi sur la liste mentionnée à l'article 431 établissant que le mandant se trouve dans l'une des situations prévues à l'article 425. Le greffier vise le mandat et date sa prise d'effet, puis le restitue au mandataire.

« **Art. 482**. - Le mandataire exécute personnellement le mandat. Toutefois, il peut se substituer un tiers pour les actes de gestion du patrimoine mais seulement à titre spécial.
« Le mandataire répond de la personne qu'il s'est substituée dans les conditions de l'article 1994.

« **Art. 483**. - Le mandat mis à exécution prend fin par :
« 1° Le rétablissement des facultés personnelles de l'intéressé constaté à la demande du mandant ou du mandataire, dans les formes prévues à l'article 481 ;
« 2° Le décès de la personne protégée ou son placement en curatelle ou en tutelle, sauf décision contraire du juge qui ouvre la mesure ;
« 3° Le décès du mandataire, son placement sous une mesure de protection ou sa déconfiture ;
« 4° Sa révocation prononcée par le juge des tutelles à la demande de tout intéressé, lorsqu'il s'avère que les conditions prévues par l'article 425 ne sont pas réunies, lorsque les règles du droit commun de la représentation ou celles relatives aux droits et devoirs respectifs des époux et aux régimes matrimoniaux apparaissent suffisantes pour qu'il soit pourvu aux intérêts de la personne par son conjoint avec qui la communauté de vie n'a pas cessé ou lorsque l'exécution du mandat est de nature à porter atteinte aux intérêts du mandant.
« Le juge peut également suspendre les effets du mandat pour le temps d'une mesure de sauvegarde de justice.

« **Art. 484**. - Tout intéressé peut saisir le juge des tutelles aux fins de contester la mise en oeuvre du mandat ou de voir statuer sur les conditions et modalités de son exécution.

« **Art. 485**. - Le juge qui met fin au mandat peut ouvrir une mesure de protection juridique dans les conditions et selon les modalités prévues aux sections 1 à 4 du présent chapitre.
« Lorsque la mise en oeuvre du mandat ne permet pas, en raison de son champ d'application, de protéger suffisamment les intérêts personnels ou patrimoniaux de la personne, le juge peut ouvrir une mesure de protection juridique complémentaire confiée, le cas échéant, au mandataire de protection future. Il peut aussi autoriser ce dernier ou un mandataire ad hoc à accomplir un ou plusieurs actes déterminés non couverts par le mandat.
« Le mandataire de protection future et les personnes désignées par le juge sont indépendants et ne sont pas responsables l'un envers l'autre ; ils s'informent toutefois des décisions qu'ils prennent.

« **Art. 486**. - Le mandataire chargé de l'administration des biens de la personne protégée fait procéder à leur inventaire lors de l'ouverture de la mesure. Il assure son actualisation au cours du mandat afin de maintenir à jour l'état du patrimoine.
« Il établit annuellement le compte de sa gestion qui est vérifié selon les modalités définies par le mandat et que le juge peut en tout état de cause faire vérifier selon les modalités prévues à l'article 511.

« **Art. 487**. - A l'expiration du mandat et dans les cinq ans qui suivent, le mandataire tient à la disposition de la personne qui est amenée à poursuivre la gestion, de la personne protégée si elle a recouvré ses facultés ou de ses héritiers l'inventaire des biens et les actualisations auxquelles il a donné lieu ainsi que les cinq derniers comptes de gestion et les pièces nécessaires pour continuer celle-ci ou assurer la liquidation de la succession de la personne protégée.

« **Art. 488**. - Les actes passés et les engagements contractés par une personne faisant l'objet d'un mandat de protection future mis à exécution, pendant la durée du mandat, peuvent être rescindés pour simple lésion ou réduits en cas d'excès alors même qu'ils pourraient être annulés en vertu de l'article 414-1. Les tribunaux prennent notamment en considération l'utilité ou l'inutilité de l'opération, l'importance ou la consistance du patrimoine de la personne protégée et la bonne ou mauvaise foi de ceux avec qui elle a contracté
« L'action n'appartient qu'à la personne protégée et, après sa mort, à ses héritiers. Elle s'éteint par le délai de cinq ans prévu à l'article 1304.

« Sous-section 2

« Du mandat notarié »

« **Art. 489**. - Lorsque le mandat est établi par acte authentique, il est reçu par un notaire choisi par le mandant. L'acceptation du mandataire est faite dans les mêmes formes.
« Tant que le mandat n'a pas pris effet, le mandant peut le modifier dans les mêmes formes ou le révoquer en notifiant sa révocation au mandataire et au notaire et le mandataire peut y renoncer en notifiant sa renonciation au mandant et au notaire.

« **Art. 490**. - Par dérogation à l'article 1988, le mandat, même conçu en termes généraux, inclut tous les actes patrimoniaux que le tuteur a le pouvoir d'accomplir seul ou avec une autorisation
« Toutefois, le mandataire ne peut accomplir un acte de disposition à titre gratuit qu'avec l'autorisation du juge des tutelles.

« **Art. 491**. - Pour l'application du second alinéa de l'article 486, le mandataire rend compte au notaire qui a établi le mandat en lui adressant ses comptes, auxquels sont annexées toutes pièces justificatives utiles. Celui-ci en assure la conservation ainsi que celle de l'inventaire des biens et de ses actualisations.
« Le notaire saisit le juge des tutelles de tout mouvement de fonds et de tout acte non justifiés ou n'apparaissant pas conformes aux stipulations du mandat.

« Sous-section 3

« Du mandat sous seing privé

« **Art. 492**. - Le mandat établi sous seing privé est daté et signé de la main du mandant. Il est soit contresigné par un avocat, soit établi selon un modèle défini par décret en Conseil d'Etat.
« Le mandataire accepte le mandat en y apposant sa signature.
« Tant que le mandat n'a pas reçu exécution, le mandant peut le modifier ou le révoquer dans les mêmes formes et le mandataire peut y renoncer en notifiant sa renonciation au mandant.

« **Art. 492-1**. - Le mandat n'acquiert date certaine que dans les conditions de l'article 1328.

« **Art. 493**. - Le mandat est limité, quant à la gestion du patrimoine, aux actes qu'un tuteur peut faire sans autorisation.
« Si l'accomplissement d'un acte qui est soumis à autorisation ou qui n'est pas prévu par le mandat s'avère nécessaire dans l'intérêt du mandant, le mandataire saisit le juge des tutelles pour le voir ordonner.

« **Art. 494**. - Pour l'application du dernier alinéa de l'article 486, le mandataire conserve l'inventaire des biens et ses actualisations, les cinq derniers comptes de gestion, les pièces justificatives ainsi que celles nécessaires à la continuation de celle-ci.

« Il est tenu de les présenter au juge des tutelles ou au procureur de la République dans les conditions prévues à l'article 416. »

*****

Extrait des dispositions transitoires de la loi du 5 mars 2007 portant réforme de la protection juridique des majeurs

« Article 45

(...)
« II. - Un mandat de protection future peut être confié à une personne physique dès la publication de la présente loi. Toutefois, ce mandat ne peut prendre effet qu'à compter de la date d'entrée en vigueur de celle-ci. »

5500 Foire aux questions (FAQ)

Une question .. .. .. Une réponse
.. .. numéro

Index alphabétique thématique

A

E

F

H

I

PHOTOCOMPOSITION
SCM • Toulouse

711556 - (I) - OSB-A - 80g - SCM - EDO
Dépôt légal : octobre 2012
Imprimé en France par I.M.E. - 25110 Baume-les-Dames

711556 - (I) - OSB-A - 80g - SCM - EDO
Dépôt légal : octobre 2012
Imprimé en France par I.M.E. - 25110 Baume-les-Dames